刘少奇与安源

中国中共文献研究会刘少奇思想生平研究分会 编
安源路矿工人运动纪念馆

黄 洋 主编

中共党史出版社

《追寻刘少奇足迹》丛书编委会

顾　　问：陈　晋　　张宏志
主　　任：王均伟　　刘　晖
副 主 任：杨志强　　聂　勇　　罗　雄
编　　委：易锦君　　黄　可　　熊学爱　　彭明建
总 主 编：杨志强　　聂　勇　　罗　雄
本册主编：黄　洋
撰　　稿：黄　洋　　黄　领　　张　丹　　黄爱国

前　　言

为了纪念伟大的马克思主义者和杰出的无产阶级革命家、政治家、理论家刘少奇诞辰120周年，由中国中共文献研究会刘少奇思想生平研究分会和湖南宁乡刘少奇同志纪念馆统一组织、安源路矿工人运动纪念馆编著了"追寻刘少奇足迹"系列丛书的《刘少奇与安源》。

安源，是刘少奇同志最早从事革命活动的地方。1922年9月至1925年春，他受党的委派在安源工作，先后担任安源路矿工人俱乐部全权代表、窑外主任、代理总主任兼窑内主任、总主任和汉冶萍总工会委员长等职，参与领导了闻名全国的安源路矿工人第一次大罢工。而后，他接替李立三的职务，全面负责安源工人运动。在安源工作的三年中，他怀着坚定的共产主义理想和信念，为党的事业忘我工作，将革命的理论与安源的实际结合起来，制定适合安源工作发展的斗争策略，使安源工人运动在全国工人运动低潮期间奇迹般地持续高涨，出现了持续两年多的兴盛局面，为全国工人运动树立了一面旗帜。安源因此被称为中国的"小莫斯科"。他全心全意为工人阶级服务，密切联系群众，艰苦奋斗，廉洁自律，表现了一个革命家的坚强斗志、高尚情怀、优秀品德和优良作风。

刘少奇对安源有着深厚的感情。新中国成立后，他作为党和国家的领导人，依然十分关心安源的生产建设和工人生活。他先后给安源镇工会写信，提议在安源建立革命烈士纪念碑；接见安源革命烈士后代和老工人代表；为《萍矿工人报》题写报头；接见萍乡市党政负责人和萍乡矿务局党委负责人，询问萍乡安源的生产和人民的生活情况。

刘少奇领导安源工人运动的伟大革命实践和艰苦朴素的工作作风，体现了我们党的优良传统，是一笔能昭示后人的宝贵的精神财富，永远值得我们弘扬和传承。

本书共分八章，主要介绍刘少奇领导安源路矿工人运动的伟大革命实践，以及新中国成立后关心萍乡安源生产建设和人民生活的事迹。附录为"刘少奇与安源大事记",并收录了刘少奇在安源的6篇著述。

《刘少奇与安源》一书的出版,不仅是对刘少奇的纪念,也是为传承红色基因而献上的一份珍贵的精神食粮。我们一定要以纪念刘少奇诞辰120周年为契机和动力,像刘少奇当年在安源那样,为了党和人民的事业艰苦奋斗,开拓创新。让我们更加紧密地团结在以习近平总书记为核心的党中央周围,高举中国特色社会主义的伟大旗帜,以马列主义、毛泽东思想、邓小平理论、"三个代表"重要思想、科学发展观和习近平新时代中国特色社会主义思想为指导,进一步弘扬"义无反顾,团结奋斗,勇于开拓,敢为人先"的安源精神,不忘初心,牢记使命,为实现"两个一百年"奋斗目标,实现中华民族伟大复兴的中国梦而努力奋斗!

目录

- 001　**第一章　风华正茂到安源**
- 001　1. 安源工人盼救星
- 008　2. 两个伟人的初交
- 014　3. 中央来了紧急信，即刻去安源
- 020　**第二章　领导第一次安源路矿工人大罢工**
- 020　1. 贯彻策略确定罢工
- 024　2. 有勇有谋哀而动人
- 029　3. 只身谈判针锋相对
- 033　4. 罢工胜利继往开来
- 042　**第三章　促进工团联合**
- 042　1. 参与筹建粤汉铁路总工会，援助开滦煤矿和京汉铁路工人斗争
- 044　2. 参与筹建湖南全省工团联合会，支援湖南工人斗争
- 047　3. 筹建汉冶萍总工会，支援汉冶萍旗下厂矿工人斗争
- 050　4. 筹划并组织罢工胜利周年纪念活动
- 054　5. 重振汉冶萍总工会，筹建中华全国总工会
- 060　**第四章　领导二七惨案后安源工人的斗争**
- 060　1. 贯彻执行"弯弓待发"的退守策略
- 062　2. 妥善处理六月风潮
- 067　3. 领导反对"三角同盟"的斗争
- 070　4. 领导安源工人第二次大罢工
- 074　5. 支持以阻运煤焦为手段的索饷斗争

077	**第五章　建设中国的"小莫斯科"**
077	1．按照苏维埃政权模式组建工会
082	2．筹建俱乐部讲演厅
084	3．发展工人教育事业
088	4．繁荣工人经济保障事业
091	5．提倡工人自治
093	6．加强党团组织建设
098	7．开创中国共产党反腐倡廉的历史先河
099	8．为中国工人运动理论奠基
102	**第六章　务实为民好公仆**
102	1．巧斗奸商
104	2．给工人拜年
105	3．替工人伸张正义
107	4．为农友撑腰
109	5．创建故工抚恤会
111	6．赈救灾民
113	**第七章　廉洁自律典范**
113	1．不肯坐轿子的窿外主任
114	2．拒绝邀请吃饭
115	3．安排胞兄下井挖煤
117	4．工资只要 15 元
117	5．自制"大炮"
118	6．开水泡饭
119	7．"唱戏的旧龙袍"
120	8．简朴的文明婚礼
123	9．忍痛送子
126	**第八章　心系安源**
126	1．复信范明庆并转安源镇工会
131	2．复信周怀德烈士之子周德华
134	3．为《萍矿工人报》题写报头

137	4. 亲切接见朱少连烈士之女朱子金
142	5. 在萍乡车站接见萍乡市党政负责人
147	6. 情系老矿工贺梅生
149	7. 接见安源老工人袁品高
155	附录：1. 刘少奇与安源大事记
166	2. 刘少奇在安源的著述
227	后记

第一章　风华正茂到安源

安源路矿,是萍乡煤矿(现称安源煤矿)和株(洲)萍(乡)铁路的合称。安源路矿工人队伍一诞生,便深受帝国主义、官僚资本家、封建军阀三重锁链的沉重压迫,过着牛马不如的非人生活,迫切期待着救星和能人领导他们闹翻身求解放。1922年7月中共二大后,留学苏联刚回国的青年共产党员刘少奇受组织委派到湖南工作。同年8月,刘少奇来到长沙清水塘,与湖南老乡毛泽东会面,开始了两个伟人的初交。此时,安源工人与路矿当局的矛盾日趋激化,斗争一触即发。9月初,毛泽东为加强对安源路矿工人大罢工的领导力量,派刘少奇立即赶赴安源,参与领导那里的罢工斗争。

1. 安源工人盼救星

安源地处江西省萍乡县区东南方6公里左右,位于天滋山脉中段的武公岭脚下。安源蕴藏着丰富的优质煤。这里的采煤历史可以追溯到宋代。到了清朝的康熙、雍正、乾隆时期,安源的煤炭生产有很大的发展,并且已经会烧炼焦炭。生产的煤焦可以顺着境内的萍水河,向西经渌江运销于湘江两岸,逐渐远及武汉。到了清光绪年间,安源的商办小煤矿至少有300多个,"各山土井林立,密如蜂房,甚至数丈之内并开两井,窿内挖穿"。[①]到1890年萍乡煤矿开办前夕,安源各大小煤井就有工人数千人。他们大多来自附近各地的农民,是安源路矿产业工人的先驱。

导致萍乡煤矿创建与发展的直接原因,是先于萍乡煤矿开办数年的湖北汉阳铁厂在冶炼中遇到了焦炭不足、焦炭质量不稳、购买洋焦价格昂贵等严重问题。1890年,洋务派后期代表人物、湖广总督张之洞为解决筑铁路、造船舰和枪炮等洋

[①]《萍乡煤矿总办张赞宸1904年奏报萍乡煤矿创办情形》,载《中国近代工业史资料》(第3辑),生活·读书·新知三联书店出版社1961年版,第444页。

1907年萍乡煤矿（即现安源煤矿）全景

务所需的钢铁，奏请朝廷拨款，聘请英国、德国、比利时等国工程技术人员，购进西方的机器设备，创办了中国近代大型钢铁厂——汉阳铁厂，并于1893年建成投产，还开办了大冶铁矿。铁厂投产不久，遇到的最大难题就是燃料不足与不合格问题。为解决煤焦短缺问题，他曾请来外籍矿师，在湖北江夏的马鞍山等地寻找煤矿，但是那一带的煤质灰多硫磺重，炼出来的焦炭都不适合炼钢。由于一直没有找到合适的煤，而汉阳铁厂所需焦炭量又非常巨大，国外进口焦炭价格非常昂贵，加上本来就缺少大量资金，汉阳铁厂生产的钢铁出厂价格要比从国外直接进口还贵。铁厂陷入了难以支撑的窘迫中，时开时停，无法正常生产，进而导致大冶铁厂铁矿石生产受阻，两个厂矿的生产极为艰难。

1897年6月，为尽快解决汉阳铁厂焦炭问题，从张之洞手中接过汉阳铁厂的督办盛宣怀派汉阳铁厂提调张赞宸经湖南湘潭来到萍乡，和德国矿师赖伦、马克斯等考察了萍乡东南一带的安源、高坑、紫家冲、王家源、龙家冲等处，得出了"焦炭为养命之源，萍乡为必由之路"的结论，便速呈报盛宣怀，为其创办萍乡煤矿提了重要的决策依据。经过一番周折，盛宣怀通过收买、兼并等方式，在基本控制萍乡煤炭资源之后，决定采用西方技术开发萍乡的煤炭资源。1898年3月22日，盛宣怀自任督办，委张赞宸为总办，下设机矿处、煤务处、材料处3个机构，负责建矿事宜，在安源创设了"萍乡等处煤矿总局"。由于矿址设在安源，所以萍乡煤矿又称安源煤矿。

然而，由于经营无方，第二年萍乡煤矿就出现了经济困难。1902年，清政府与德国礼和行签订借款400万马克的合同。合同规定德国为矿山提供所需的全部机器设备和工程技术人员，总工程师、各个生产部门的矿师、监工，均由德国人担任。因此，安源煤矿的生产管理权实际被德国资本家控制着。1904年，日本政府也觊觎着安源煤矿，乘汉阳铁厂和萍乡煤矿财政困难之机，指使日本兴业银行和大仓组财团,以安源煤矿的全部财产作抵押,向安源煤矿贷款100万日元。从此,日本凭着债主的地位,日益将势力范围向安源煤矿渗透,并逐渐将德国势力排挤出去,最终取得了对安源的绝对控制权。

萍乡煤矿总局办公大楼——盛公祠

安源距汉阳有500多公里,起初安源煤矿的煤都是通过水运到汉阳,但这种运输量小又费时费事,急需修建铁路解决运力不足问题。1899年至1905年,先后分段修建了株萍铁路,全长90公里。安源出产的煤主要通过株萍铁路外运出去,所以安源煤矿、株萍铁路就被通称为"安源路矿"。1908年,盛宣怀以汉阳铁厂、大冶铁矿和萍乡煤矿3个厂矿为主干,组建了汉冶萍煤铁厂矿有限公司,简称汉冶萍公司,盛宣怀任总经理。

随着萍乡煤矿的开办和株萍铁路的建成,一个崭新的近代产业工人阶级也在安源诞生和崛起。由于萍矿的兼并,原来在商井做工的许多工人成了煤矿工人,附近各县来这里谋生的劳苦大众也成了路矿工人。到1907年萍乡煤矿建成时,路矿工人已达七八千人。

萍乡煤矿井口——总平巷

安源路矿虽然是使用近代较先进的生产技术设备的企业,但生产劳动的主体部分——采煤作业,依然完全是靠手工工具,地面上的洗煤、炼焦、造砖等基本都是靠手工劳动。矿局实行两班工作制,一个班劳动12小时,加上进出矿井的时间,一班实际工作在14小时以上。工人每半个月才能休息一天,例假休息不给工资。有的

株萍铁路管理局安源火车房

工人为了生计所迫,连续打连班,一干就是一整天整夜,例假日也不休息。

工人在井下采煤的工具主要是岩尖(铁镐)和斧子这样的手工工具,照明用的是茶油灯。采煤工作面通常都是很狭窄低矮的,工人无法直立作业,只能蹲着或侧躺着挖。挖下的煤全靠人工拖运。工人们嘴里衔着小油灯,肩上挂着绳子拖着拖箕,在巷道里艰难地匍匐行进。有的巷道很陡,工人只能用头顶着拖箕运煤,其劳累是可想而知的。工人在井下干活是没有任何劳动保护的。他们赤身裸体,仅自备一条约3尺长的蓝布,在井下包在头上,出井后用作遮挡下体的遮羞布,到澡堂里又当搓澡巾。矿井内有些巷道和工作面因通风不良,温度很高,工人常常要在三十六七度的高温下作业。矿井内没有饮用水,工人往往不得不喝地下渗出来的脏水解渴甚至充饥。由于井下安全设备差,加上工头职员营私舞弊,偷工减料,井下工程质量非常差,经常发生冒顶、穿水、瓦斯爆炸等安全生产事故,工人的生命安全没有任何保障。建矿时任机矿处处长的李寿铨在日记中就记载了这类生产事故。例如,1905年11月4日直井穿水,淹死矿工1人;1907年7月连日出事故,火伤工2人,石伤工1人,均因伤重而死亡。据上海《时报》和长沙《大公报》等报纸报道,1908年12月萍矿矿井的一次大火烧死了百余人;1917年8月18日,井下火灾,仅东平巷九段就烧死工人90多人;1920年1月,发生瓦斯爆炸,窿道多处倒塌,压死工人39人,重伤5人;1920年2月,东平巷发生大火,死亡40人,伤20人。像此类安全生产事故每年都有发生,而矿局规定,事故死亡工人的抚恤金每人只有16元,而当时一匹马

安源工人采煤时使用的工具——岩尖

的价格却能值60元,可想工人的命连牛马都不如。一旦井下发生火灾,矿局往往把救井放在第一位,工人很多时候就活生生被堵闭在井下致死。当时工人中就流行这样一句话:"早晨下得矿井去,不知晚上出不出。"

除了生产条件的恶劣,工人的生活条件也是惨不忍睹的。工人的

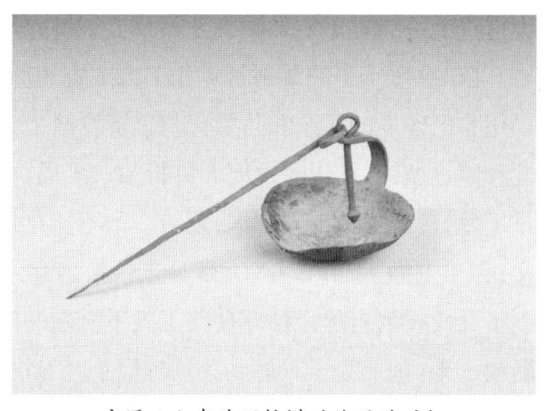

安源工人在井下挖煤时使用的矿灯

住宿条件龌龊不堪,每间房有1丈多宽,2丈多深,床铺摆了几路,每路又叠几层,每屋住50多人,窗子上挂满了烂旧衣服,黑暗无光,臭虫满屋,臭气熏人,跟阔大光亮的职员住处相比,简直是天壤之别。工人的伙食亦是极其低劣的。老工人回忆:"吃的是霉米、烂米烧出来的饭,菜是干菜,根本不知道是些什么东西做的,里面有草,有树皮,就是很难吃到的一点点肉也是发臭的。"[①]

工人即便在如此极端恶劣的环境下从事高强度、高危险的繁重劳动,拿到的薪资却是非常微薄的。1922年9月罢工以前,路矿两局工人的平均月工资是9.49元,而当时在矿上任职的德国矿师赖伦,每月工资高达200英镑,折合银元2120元,是工人月平均工资的265倍。即便他离职后,每年领取所

监工在井口监视安源工人进出班

谓的赡养费仍高达480英镑,折合银元5088元,是工人年平均工资的53倍。然而,

[①]宋新怀:《安源煤矿工人斗争生活片段》,载《安源路矿工人运动》下册,中共党史资料出版社1991年版,第983页。

就这点工资,也不能如数到工人手上。首先是各级工头采取克扣手段夺走一半左右。萍矿总监工王鸿卿每月克扣工人工资 3000 多元,超过他工资的 7 倍。其次是矿局用自己印发的矿票和竹筹代替工资发给工人,而矿票和竹筹的流通范围仅限安源和附近城镇,使用时也要大打折扣。矿局再就是不按时发饷,有时一拖就是几个月不发,甚至强迫工人存饷,发给一个不能兑现的《存饷证》来欺诈工人。矿工徐焕文,在矿上做工 20 多年,大部分工钱被迫存入矿局,却分文不能兑现,被逼得丢下妻子儿女投河自尽。株萍铁路工人王海南一家 4 口,因路局数月未发工资,家中已断粮 3 天。他的妻子只好到菜场拣烂菜叶充饥。王海南哭着向机务处处长求支饷洋 1 元。机务处长竟一文不给。王海南悲愤交加,向急驰而来的火车撞去,顿时身首异处,血肉横飞。他妻子看到这种悲惨情景,痛不欲生,带着两个儿子横卧在安源车站轨道中,只求速死。

不仅如此,工人的生活毫无尊严和自由。为了加强压榨掠夺,外国资本家和封建官僚买办在矿局内设立了庞大的管理机器。萍矿总局先后设置了 32 个处,职员 400 多人,各级工头 400 多人,还建立了最多时数量达八九百人的矿警武装,以及东南西北 4 个矿警队,加强对工人的监视和压制。一个企业,警察、法庭、监狱一应俱全。矿局的每一个职员,上到矿长下至工头管班,几乎人人都可以殴打工人,且工人不能反抗。工人稍有不如他们的意,便滥用私刑,用跪煤壁、戴木枷、坐快活凳、尖木马等十几种刑罚迫害工人,甚至故意制造借口和事端来打骂工人。工人中流传的长篇叙事歌谣《劳工记》有这样一段唱词:

> 那些职员似狼虎,他把工人作蚁子;
> 手拿哭丧棍一根,打得工人好伤心;
> 工人与他辩几句,就说:"你还心不服?!"
> 起手送警坐班房,尽是用的恶心肠!
> 有的不如他的意,挨打挨骂又闭气;
> 开口就骂:"妈的屁,我的棍子打人的!"①

---

① 《劳工记》(左万魁 1925 年 4 月上旬抄本),载《安源路矿工人运动》下册,中共党史资料出版社 1991 年版,第 842 页。

除了经济和政治上的压迫，路矿工人在精神上也同样遭受帝国主义及其走狗的压迫。在方圆不到 6 公里的安源镇，帝国主义、官僚买办就设立了 24 座教堂和庙宇，向工人灌输迷信思想，消弥工人的反抗意识。路矿当局还常用布告、劝告书之类的文书和其他方式，在各种场合宣扬资本家养活工人，哄骗工人要"安分守己"。

物质生活过着这般困苦的安源工人，自然更谈不上什么文化生活。他们的子弟完全被剥夺了受教育的权利。他们差不多七八岁就去矿上拾煤，十二三岁就进矿做童工。由于矿工工作的特殊性，以及过度劳累和恶劣的劳动条件，再加上没有保障的低标准物质生活，工人患职业病和其他各种病的不少，100 名矿工中几乎有 90 人患钩虫病。工人生了病也无钱治疗。工人如果有病、或因工负伤和被工头打伤致残，或者老年体弱等不能全力工作的，就会被矿局一脚踢开，只能在贫困中绝望等死。当时安源附近有个山窝叫芋头坑，无家可归的工人死后就被葬在那里，总计有六七千人。安源工人中流传着一首歌谣形容着他们凄凉的一生："少年进炭棚，老来背竹筒；病了赶你走，死了不如狗。"这就是当时安源工人悲惨生活的真实写照。

哪里有压迫，哪里就有反抗；压迫越深，反抗越烈。在三座大山的沉重压迫下，安源路矿工人对解放的要求自然更紧迫，更激烈。在中国共产党成立以前，安源工人就自发起来斗争，其中规模较大、有文献记载的斗争就有 7 次。这些自发性的斗争，包括破坏机器、同工头清算工资、罢工、捣毁洋人住宅、痛打监工、驱逐外国工程师和管理人员等。例如，1905 年 5 月，安源工人发生了迄今所见最早的罢工和痛打洋人的斗争。起因是德国矿师以"做工贻误"为由，扣发工人的工资，引起工人的极大愤怒。数以千计的工人在当地会党哥老会的发动和组织下，于 5 月 17 日开始罢工，捣毁窿工公事房和德国人的住宅，痛打德国矿师和华洋监工。1906 年 8 月，萍矿当局以"节约经费"为由，将窿工的三班制改为两班制，即将每天的劳动时间由 8 小时改为 12 小时，并遣散一批工人，遭到工人的群起反对，于 8 月 21 日举行罢工。由于矿局请来官兵镇压，逮捕了罢工首领，并将其带枷游街示众，罢工由于当局的武力镇压而完全失败。

其中最为著名的是 1906 年 12 月 4 日，由革命党人黄兴领导的，以推翻清政府为目的的萍浏醴武装起义，震惊中外。起义的爆发地是上栗麻石，安源则是起义计划中的"根据地"。在这次武装起义中，6000 多安源工农第一次大规模地参与其中。虽然安源工人最后因矿山被清军严密把守而未能按计划全部投入战斗，但在起义中英勇无比。八方井工人张秋生，东平巷工人周成远、林德牙、朱德生、殷桂林、温长发、顾长炎等,都是不怕死的好汉。这在中国近代产业工人的抗争中还是第一次。萍浏醴起义沉重打击了清朝反动统治,扩大了同盟会的政治影响,增强了革命党人武装反清的信心。

安源工人早期的自发斗争尽管还处于原始的骚动和零散的反抗阶段,工人的阶级斗争还处在萌芽状态之中,然而已经显示了中国早期工人运动的若干特点。安源路矿工人的斗争,表现了中国近代工人顽强不屈的革命精神,充分显示了中国近代产业工人的高度革命性和斗争性,为整个民族的解放事业做出了弥足珍贵的贡献。由于没有无产阶级革命政党的领导和马克思主义的正确指引,这些斗争最终都遭到反动当局的武力镇压,有的工人被枪杀,有的被关进监狱,有的被赶出矿山。灾难深重的安源路矿工人是多么期盼救星和能人来指出一条翻身解放之路啊。

2. 两个伟人的初交

毛泽东和刘少奇是湖南老乡。

1893年12月26日,毛泽东出生在湘潭县韶山冲。1898年11月24日,刘少奇出生在宁乡县花明楼炭子冲。尽管韶山冲和炭子冲只相隔40里地,两位湖南伟人也因各自早期在革命领域的出色表现引起了彼此的注意,然而直到1922年8月,两双有力的巨手才紧紧握在一起。

1922年初夏,刘少奇从苏联莫斯科东方劳动者共产主义大学回国后,很快同

1917年的毛泽东

刘少奇1924年在安源

上海的中国共产党组织接上了头,接着又同中共中央机关取得了联系。刘少奇向中共中央局报到后,党组织把他分配到中国劳动组合书记部的上海总部工作。书记部是中国共产党成立后指导全国工人运动的公开机关,总部在上海,北京、广州、长沙、汉口等地设有分部,那时的总负责人是张国焘。

1922年7月中下旬,中国共产党第二次全国代表大会在上海举行。刘少奇担任会议的工作人员。大会选出中央执行委员会,陈独秀为中共中央执行委员会委员长。会后,陈独秀找到刘少奇谈话,告诉他组织要指派他回湖南去工作,并把中共

中国劳动组合书记部旧址(上海)

二大的文件带给湖南党组织。刘少奇当即表示服从组织安排,坚决把党组织的任务完成好。在奔赴湖南的途程,想到自己即将以一个共产党员的身份,回到家乡从事革命,刘少奇心中感到分外高兴。

湖南这时已有毛泽东、何叔衡、李立三、易礼容、夏明翰、李六如等一批共产党员。1922年5月,长沙成立了中共湘区委员会,毛泽东任湘区委员会书记,并兼任

中共湘区委员会旧址长沙清水塘

中国劳动组合书记部湖南分部主任。

那是8月初的一天,刘少奇急匆匆地奔向长沙清水塘,去会见他早已久仰大名的毛泽东。清水塘22号,位于长沙市的小吴门外,那里有一大片菜园和一个面积不大但水质清澈的池塘,几株轻轻摇摆的杨柳伫立在塘边,显得格外宁静安详。池塘边有一幢普通的青砖小平房。当时的中共湘区委员会秘密机关便设在这里,毛泽东和他的夫人杨开慧也住在这个小平房里。这一天,毛泽东没有像往常那样外出。他正在等待中央派来的留俄归来的青年刘少奇。

毛泽东对这位小他几岁的青年老乡早就有所注意。刘少奇虽不在湖南第一师范上学,也未参加毛泽东组织的新民学会,但在五四运动中,他积极参加学生爱国运动;五四运动后期,赶赴北京,辗转保定,想去法国勤工俭学;赴法国留学不成,回到长沙,又去上海作赴苏联留学的准备。刘少奇这些踊跃向上的活动,毛泽东早有所闻。此时,毛泽东的脑海里翻动着这些记忆的浪花……

对于毛泽东,刘少奇更是早已久仰其名。1919年五四运动爆发后,毛泽东等人发起成立了湖南省学生联合会,声援北京学生运动;创办并主编了《湘江评论》;1920年创建了湖南共产主义小组。那时,刘少奇就知道声震湘潮的毛泽东了。从莫斯科回到上海后,刘少奇又听说湖南地区的工人运动正是在毛泽东的领导下开展得很是出色,中共中央给予了很高的评价,这让刘少奇更是打心底里佩服毛泽东那气势如虹、议论风生的文字功夫和卓越的组织领导能力。

毛泽东和刘少奇仰慕彼此许久,但老是不能直接见面认识。今天,他们在各自经历了一番艰辛的探索道路之后,终于相识了。他们一见如故,两双深邃的眼眸久久凝视着对方。刘少奇向毛泽东介绍了他在苏联克里姆林宫旁听共产国际第三次代表大会的情景,谈到他亲自聆听列宁演讲后的深刻感受;谈论了俄国社会主义革命的经验和意义;并报告了中国共产党第二次代表大会召开的有关情况,转交了陈独秀交给他的文件。毛泽东介绍了湖南的形势和组织情况,以及他对中国革命的考虑。他们互相自我介绍了这几年来追求真理、参加共产党的经历。他们谈论最多的还是在湖南指导工人运动的计划、方针和策略。

五四运动前后,先进的中国知识分子把出国留学、学习西方先进的科学技术和革命理论作为救国之路。一段时间内,国内许多地方都掀起了一股留法热潮。毛泽东和刘少奇也曾有赴法留学的念头,但几经周折后二人都没有去成。知道刘少奇后来去了苏俄留学,毛泽东对他怎么到的苏俄,并在那里加入共产党的传奇经历很是好奇。"刘少奇娓娓地向毛泽东道来这其中的过程。

1920年六七月,留法不成的刘少奇由于身上没钱,滞留在北京鼓楼附近的一位同学家里。这期间,他阅读了大量进步刊物,对马克思主义、对列宁领导的俄国无产阶级革命有了进一步的向往。正在这时,长沙《大公报》报道了毛泽东、何叔衡等创办俄罗斯研究会,组织革命青年到俄国勤工俭学的消息。于是,刘少奇下定决心,去苏联留学,寻求国家和个人的发展道路。他曾回忆这一思想变化过程说:"当时,我们这些中国青年,到苏联来就是为了寻找一条中国革命的正确道路。……看到人类历史上第一个工农当家作主国家,看到马克思列宁主义的伟大胜利。这就激起了向苏联学习的热诚。"[①]8月,直皖战争结束,主意已定的刘少奇急匆匆返回湖南。他通过原玉潭学校的老师梅冶成,在长沙找到何叔衡,再通过何叔衡找到长沙俄罗斯研究会并认识了船山学社的社长贺民范。10月,刘少奇经贺民范介绍,加入中国社会主义青年团。从此,他立下了留学苏联,学习列宁领导的俄国无产阶级武装起义夺取政权经验的决心。不久,贺民范给刘少奇写了一封信,推荐他到上海外国语学社留俄预备班学习俄文,做留学苏联的准备。

上海外国语学社由上海共产党早期组织于1920年9月创办,主要目的是为输送中国进步青年赴俄留学做准备,是中共第一代留俄生的摇篮,负责人杨明斋是共产国际派来的。刘少奇到上海后,住在霞飞路渔阳里6号,是中国社会主义青年团中央机关所在地。在这里,刘少奇与同是从湖南来的任弼时、萧劲光、任岳、周昭秋、胡士廉、罗亦农、卜士奇等人相识。1921年4月,刘少奇和同学们结束了在上海外国语学社半年的学习。上海共产党早期组织决定把他们分成几个小组,分别派往苏联留学。出发之前,大家都精心化了装,打扮成从事各种职业的旅客,表现出的气质也尽量与各自的"职业"相适应。刘少奇、萧劲光化装成裁缝,任弼时化装成理发师,大家都装作互不相识,只是暗地里互相关照,以眼神来"说话",以约好的动作来示意。

当时的北洋军阀政府,对列宁领导的俄国革命极端仇视。为了防范俄国十月革命对中国的影响,从1918年起,黑龙江省督军就封闭了中俄边境。所以,刘少奇等只能从海路赴俄。1921年5月,刘少奇一行通过上海外国语学社负责人杨明斋的联系和安排,带着陈望道、李汉俊和维经斯基写的介绍信,离开上海取道日本长

---

① 《刘少奇主席在莫斯科苏中友好群众大会上的讲话》,载1960年12月9日《人民日报》第1版。

崎和海参崴奔赴苏俄。此时,苏俄红军已经控制了伯力(今哈巴罗夫斯克),与日本控制的海参崴形成对峙。因此,当刘少奇等一到海参崴,就被北洋政府驻海参崴领事馆注意上了。他们怀疑这伙人是孙中山派往苏联的,便借故把他们几个人抓了起来。刘少奇等不知道是在哪个环节上出了纰漏,只好见机行事。领事馆大厅里摆开了阵势,审问者端坐案桌前,首先提问刘少奇。因事前有精神准备,特别是对自己所带这一组人有着巨大的责任感,刘少奇极力保持着镇静,故意用浓浓的湘音回答问题,不露半点破绽。他说自己是湖南人,因家乡严重受灾,衣食无着,迫不得已背井离乡,出来做手艺谋个生计。审问者问他会什么手艺。刘少奇连说带比划,说木工活、铁工活、缝纫都拿得起来。审问者将信将疑,把刘少奇仔细地打量了一番,并命人上前察看刘少奇的双手。好在刘少奇在留法预备班工厂实习了近一年,手掌上的老茧还没有完全蜕掉。一双做工的手使审问者没有什么再问的了,挥挥手,把刘少奇喝退一旁。刘少奇的应对自如,给其他人壮了胆。当审问者再问其他人时,大家都说是做某种手艺的,只要有活干,哪儿都去。由于大家恰到好处的回答,审问者找不到怀疑的证据,就把大家都放了。经过这场波折,同伴们都对刘少奇愈加佩服,对他更加信任了。

　　刘少奇一行机警脱险后,迅速与共产国际驻海参崴的秘密联络机关和海参崴大学的教授伊凡诺夫接上了头。伊凡诺夫一听他们曾被海参崴中国领事馆审问过,觉得他们不宜在此久留。于是告诉他们,红军驻守在伯力,他们应马上去伯力,以免节外生枝,发生不测。当即还给他们每人发了一张用俄文打印的秘密通行证,并告诉他们要妥善保管好,切记不遇红军不能暴露,否则会有生命危险。在伊凡诺夫的安排下,刘少奇一行登上了开往伯力的火车。火车在风雪中行驶得很慢,经过一整天才到达乌苏里。乌苏里是苏联红军和日军防线的交界处,伊曼河大桥横贯南北。桥南是白区,即由日本控制的区域;桥北是红区,即苏维埃俄国控制的区域。由桥南去桥北,各要口都有日本兵把守着,检查很严格。刘少奇急忙招呼大家下车,仍按原来三三两两的分散形式,夹杂在人群里挤过检查站。向前走了一段路后,在清点人数时发现少了任弼时,但又不敢寻找,刘少奇心中暗暗叫苦。正当大家万分着急时,一辆既不打灯又没有鸣笛的火车缓慢驶来,大家来不及多想,一个个纵身跃上这列只有3节车厢的火车。列车人员发现有人爬上车来,便上前进行盘问。刘少奇他们担心对方是白匪,回答时有点吞吞吐吐,行动也不自然,这更引起列车人员的警觉。他们吓唬这些年轻人,说如不老实交代就要把他们枪毙。刘少奇他们只好静静地坐下来。列车人员见此情景,便开始对他们进行严格检查。就在这时,一位同学身上的机密证件掉下,列车人员仔细看了一看,没有做声。刘少奇等顿时紧张起来。突然,这位列车人员发出一阵爽朗的笑声,打破了凝滞的空气。他拍拍刘少奇的肩膀,亮出了苏联红军军官的标志。刘少奇等弄清了眼前的列车人员就是红军以后,都不约而同地把身上的秘密证件掏出来,眼里闪动着激动的泪花。这位苏联红军军官把刘少奇他们带到列车长室,饱饱地吃了一顿饭菜,然后美美地睡了一觉。醒来之后,他们已经顺利到达了伯力。这时,任弼时也脱险赶到了伯力。

虽然到了伯力,但艰辛的旅程仍未结束。伯力以西地区,因战争破坏严重,许多路段还在修复之中,刘少奇他们一时还不能启程。在伯力休息五六天后,一行人才又改换行装重新启程。为保证路上的安全,他们决定分水陆两路出发:任弼时等人坐火车西行,刘少奇等人乘轮船西行,到布拉戈维申斯克会合后再乘火车前行,经赤塔去莫斯科。去布拉戈维申斯克的这一段水路也不太安全,有时走的是中国水域,有时走的是苏联水域,因此经常发生鸣枪停船检查的事。刘少奇作为领队人,始终保持冷静从容,使大家有了一种安全感。按照原定计划安排,刘少奇等顺利找到了布拉戈维申斯克的红军驻军司令部,并与先期到达的任弼时等人会合。在红军的帮助下,一行人乘坐一辆装载货物的闷罐车,继续前往莫斯科。此时,西伯利亚的残雪依然未消,车厢里非常冷,大家只好紧紧挤靠在一起,互相温暖。一路上,战争给苏联城市和乡村造成的创伤随处可见。火车在旅途中,也很难得到像样的供给,刘少奇细心地观察到,列车长也穿着一双破旧的长筒靴。由于供煤不足,火车靠烧木材提供动力,运行得很慢。另外,由于苏联国内战争还没有完全结束,经常有残匪袭扰火车。因此,火车的行驶异常小心,有时遇到敌情要在一个地方停留许久。

经过漫长的艰辛旅行,刘少奇等好不容易到了赤塔。赤塔四面环山,是苏联新建立的东西伯利亚远东共和国首府。刘少奇他们在这里得到补给后,经过贝加尔湖继续西行。一路上,苏联土地上的战争创伤随处可见,断壁残垣,满目疮痍,惨不忍睹。与此同时,刘少奇也由衷钦佩苏联人民在列宁和布尔什维克党的领导下,排除万难,意气风发地战胜帝国主义的武装干涉和经济封锁,积极发展国民经济,巩固苏维埃政权的革命精神。最使刘少奇感动的是,新生的苏维埃政权尽管如此困难,自己的人民吃不饱,却还拿出面包来给他们这些寻求革命真理的中国人,帮助中国革命。这种真正的国际主义精神,使刘少奇更加坚定了要像列宁领导的布尔什维克党一样,为共产主义事业奋斗终身的决心。

经过 3 个月的艰难跋涉，1921 年 7 月，刘少奇一行终于抵达了莫斯科，后即被分配到莫斯科东方劳动者共产主义大学中国班学习。同年冬，刘少奇同罗亦农、彭述之、卜士奇等一起，由中国社会主义青年团团员转为中国共产党党员。东方大学中国班的党员和团员组成中国共产党旅莫支部，加入东方大学总支部。刘少奇任支部委员，从此开始从事党务工作。对于早年在苏联的这段学习经历，1948 年 7 月 1 日，刘少奇在纪念党的生日给干部作报告时回忆说："到西天取经，只有一年就回来了。在苏联时间不长，也算取了经。取到的经不多就是了。当时我们学得不多，倒是我自己的革命人生观开始确定了。"这个革命的人生观"就是为了使中华民族、中国人民完全解放而奋斗，而且前途远大、目标远大，一直要达到共产主义"。①

听了刘少奇传奇的赴俄经历后，毛泽东对这个小同乡更是钦佩三分。首次相会，彼此的性格、智慧、胆略及远大抱负都给对方留下了美好印象。从此，两位湖南著名的无产阶级革命家开始了长达 40 多年的合作奋斗，共同为中国的革命和建设事业做出了辉煌的历史贡献。毫无疑问，这也是一次历史性的会见。从第一次会面后，毛泽东、刘少奇彼此逐渐熟悉起来。刘少奇除了多次出席毛泽东召集的党的会议外，他们还经常个别交谈，讨论形势和工作。

与毛泽东第一次在清水塘 22 号美好的初识相交，刘少奇心里一直有着深刻的怀念。1952 年，时隔 30 年后他第一次回到长沙，还专门和夫人王光美亲自去寻访当年和毛泽东初次见面的清水塘 22 号。可惜由于年久变迁，当年的旧址已经找不到了。

3. 中央来了紧急信，即刻去安源

1922 年 8 月，刘少奇向中共湘区委员会和毛泽东报到后，并立即投入工作。当时中共湘区委正在酝酿由湖南省学生联合会发起，成立湖南工学商各公团联合会。刘少奇参与领导了发起工作。这是统一战线组织问题，目的是团结各阶层民众，同依靠北洋军阀的由赵恒锡为湖南省长的反动政府开展合法斗争。1922 年 8 月 17 日，湖南工学商各公团联合会成立，选举李立三、易礼容、刘少奇、夏明翰、李六如等为联合会干事。联合会成立后，8 月 20 日，组织了一次游行大会。游行大会公推李

---

① 中共中央文献研究室、中共中央党校编：《刘少奇论党的建设》，中央文献出版社 1991 年版，第 510 页。

立三、易礼容、刘少奇等为代表,向湖南省议会进行交涉,递交请愿书,声明省长选举要尊重民意,反对武人、军阀为第一任省长。

由于在东方大学学习了马克思主义的政治经济学理论,刘少奇对工人运动情有独钟。早在东方大学求学期间,他填写"团员调查表"关于"现在愿做何事"栏目时就写道:愿从事"工人运动、青年运动"。所以在回国后,他就立即以火一样的热情投入到工人运动的洪流中。同全党的中心任务一样,1921年10月,中共湘区委员会成立后,亦将主要力量投入到发动工人运动中去。当时,中国劳动组合书记部湖南分部在长沙、衡阳、岳阳、水口山和湘赣边界的安源路矿等处工人中已经着手开展了工作。经过一段时间,安源路矿、粤汉铁路率先成立了工会组织。长沙的泥木工人、织造工人、水口山铅矿工人也在准备开展罢工和建立组织。

1922年9月初,刘少奇在长沙初涉工人运动,并崭露头角。9月5日,他和李立三、易礼容一起,出席长沙泥木工会成立大会。这时,长沙1500多名织造工人正在酝酿罢工,刘少奇在会上发言说:织造工人发出罢工宣言,请求各界援助,我们都是工人,所感受的痛苦与资本家的压迫都是相同的,故必须竭力援助他们得到胜利。援助办法有:一是致信织造工人,鼓励他们坚持到底,我们永远愿做后援;二是在外面散发传单,引起各界对织造厂东的公愤。刘少奇的援助提议得到与会人员的一致赞同。

这时,粤汉铁路长沙段工人酝酿罢工,中共湘区委已经派郭亮在岳阳发动。为了加强对粤汉铁路罢工的领导,毛泽东决定再派刘少奇到长沙沿线的第一线实施现场指挥,组织配合。9月6日,粤汉铁路岳阳、长沙、株萍和武昌徐家棚工人俱乐部组成全路工人俱乐部联合会,向路局和北京交通部提出惩办工贼、保障政治权利、增加工资等项要求。由于当局拖延不答复,9日,粤汉铁路武汉至长沙段3000多工人举行全线罢工。10日,郭亮在岳阳率领工人卧轨拦车。粤汉铁路全线瘫痪,斗争进入高潮。刘少奇忙得不可开交。

此时,在粤汉铁路工人罢工的影响下,江西安源路矿的工人群情振奋,纷纷议论罢工,准备酝酿爆发一场更大规模的罢工斗争。要组织1万多工人参加的大罢工,在湘区范围内还是第一次,没有强有力的领导是不行的。为了使罢工胜利更有把握,湘区党委决定必须再派一名得力干部去安源领导罢工。谁能担当此项重任?毛泽东再三考虑,认为刘少奇是最佳人选。于是,正在粤汉铁路前线紧张忙碌的刘少奇,忽然接到毛泽东的紧急通知,要他立即离开粤汉铁路第一线,去执行一项更为紧要的任务,那就是:根据中国劳动组合书记部的命令,经中共湘区委研究决定,派刘少奇马上去安源路矿,参加领导那里更大规模的罢工运动。

安源全景

安源是毛泽东亲自开辟的工人运动发源地。1921年7月,中国共产党第一次全国代表大会在上海召开。大会提出中国共产党应在产业工人中建立工会组织,以主要力量领导工人运动。毛泽东作为长沙共产主义小组代表出席了中共一大。会后回到湖南的毛泽东,思考并寻找着哪里才是适合开展工人运动的地方。同年11月,中共中央局发出通告,进一步指明各党支部在产业工人中,先要组织铁路工人。当时湖南境内除了粤汉铁路外,还有一条株萍铁路。株萍铁路有一半在江西境内,大多数工人集居在萍乡煤矿的安源。安源虽属江西萍乡,但由于临近湖南,且有株萍铁路与粤汉铁路相连接,因此历来在政治、经济上同湖南的关系密切。加之当时江西还没有共产党组织,所以,安源路矿便自然地被纳入湖南党组织开展工作的地区范围。

1921年秋,毛泽东以湖南一师附小主事的身份第一次来到安源考察,开始具体筹划开辟这里的工人运动。其实早在1920年冬,毛泽东就到萍乡短暂停留过一段时间,他对安源工人生活悲惨的现状早有所闻。此次到安源后,他深入到路局的机务处、矿局的锅炉房、洗煤台、炼焦处等地面工作处,以及窿工餐宿处参观访问,并下矿井广泛接触工人,了解工人生产、生活状况,询问和打听他们有关路矿的各方面情况,耐心仔细听取工人的呼声。经过实地考察后,毛泽东认为安源"是工人运动可能很快开展的地方"①,并对如何开展工作有了打算。12月,毛泽东带领李

---

① 李立三:《看了〈燎原〉以后》,载《安源路矿工人运动》下册,中共党史资料出版社1991年版,第907页。

立三等人第二次来到安源开展工作,号召安源工人组织起来,建立自己的团体。在离开安源时,毛泽东将领导和组织工人运动的重任交给了李立三,要他从平民教育运动着手站稳脚跟。遵照毛泽东的指示,李立三、蔡增准在安源办起了工人子弟学校和工人补习学校(即夜校),通过讲授文化知识,向工人传播马列主义。

1922年1月,吸收8名路矿工人加入中国社会主义青年团,成立了产业工人中的第一个中国社会主义青年团组织——安源团支部。2月,

1922年李立三在安源

又发展了一批工人党员,建立了中共第一个产业工人支部——安源党支部,由李立三任支部书记。同年5月1日,安源路矿工人俱乐部正式成立,李立三任俱乐部主任。过去受尽苦难的安源工人,如今终于有了自己的组织,有了靠山。他们要为维护自己的尊严和利益而斗争。俱乐部成立后,毛泽东再次来安源视察指导工作。他强调工人要加强团结,壮大组织,要求中共安源支部注意斗争策略,防止暴露党的组织。

安源路矿工人补习学校旧址(五福斋巷)

工人俱乐部的成立和发展,使路矿当局十分恐慌。他们想方设法要取缔俱乐部。萍乡煤矿副矿长舒修泰多次到俱乐部对朱少连、蒋先云等威吓利诱,1922年8月下旬,全国第一次工人运动高潮迭起,安源工人的斗争情绪也因之日益高涨。路矿当局

欠工人月饷已有数月，工人怨声载道，苦不堪言，纷纷要求俱乐部立即领导工人举行罢工。9月初，当局又扬言要采取高压手段，武力封闭俱乐部，安源路矿矛盾愈加激化。安源是否举行罢工如箭在弦上，发与不发？如何发？到了极为紧要的关头。而这时，安源党支部书记、俱乐部主任李立三因9月5日出席长沙泥木工会成立大会之后回了湖南醴陵老家。7日，毛泽东第四次来到安源。当晚，在牛角坡一位工人党员家里主持召开了党支部会议，参加会议的有朱少连、蒋先云、蔡增准、李涤生、周镜泉、朱锦堂等10余人，讨论罢工的形势和对策。经过讨论，毛泽东认为工人和路矿当局的矛盾问题只有靠罢工才能得到解决，并认为举行罢工的条件正在逐渐成熟。会上，毛泽东要求党支部有勇有谋地领导工人坚持斗争，夺取胜利。如何组织好罢工，毛泽东从安源路矿的具体情况出发，特别指出要十分注意斗争策略和斗争方式，一方面要利用路矿两局内部派系间的矛盾，特别是利用矿长与副矿长之间的矛盾，分化拉近，形成有利于我方的局面；另一方面要争取社会上大多数人的同情和支持。他通俗地解释了古代兵法中"哀兵必胜"的道理，要达到罢工胜利之目的，必须采取"哀而动人"的罢工策略。这次会议的参加者、罢工胜利后任俱乐部最高代表会议书记的朱锦堂回忆道："毛主席在会上介绍了全国几个地方工人罢工斗争的情况，给了我们斗争的勇气。毛主席根据安源阶级斗争的状况，作出了罢工的决定。并要我们采取'哀兵必胜'的策略，提出'哀而动人'的口号，以取得广泛的社会同情。还指示我们要胆大心细，有勇有谋，不要怕，大家团结起来了，力量就大。"①

会后，毛泽东立即写了一封信给李立三，叮嘱他火速回到安源领导罢工。李立三1963年在看了电影《燎原》后回忆说："毛泽东同志非常注意罢工战术问题。他在九月初写了一封信给我们，其中主要意思是：罢工胜利的条件首先要靠工人群众有坚固的团结和坚强的斗志，同时必须取得社会舆论的同情和支持。因此，必须运用'哀兵必胜'的道理，提出哀而动人的罢工口号。"②

临危受命的刘少奇，以最快的速度行动，先坐汽车到株洲，再急匆匆地转火车，终于在9月11日赶到了安源。这是他回到湖南后大约一个月时的事情。1964年8月10日，刘少奇在湖南省直机关及地市委干部会议上回忆这段历史时说："那时，

---

① 《朱锦棠回忆毛泽东来安源部署罢工》(1964年11月)，载《安源路矿工人运动》下册，中共党史资料出版社1991年版，第979页。
② 李立三：《看了燎原以后》，载《安源路矿工人运动》下册，中共党史资料出版社1991年版，第908页。

我刚从莫斯科回来,住了抗大式的学校,学了点马克思主义,只学八个月,就跑到上海,又跑回到长沙。那时,毛主席在这里,没有几天,就叫我去指挥粤汉铁路的罢工。粤汉路车已停了,中央来了紧急信,叫我到安源去。出了六元钱买汽车票才到株洲,爬上株萍铁路的火车。跑到安源,没几天就罢工。一罢工之后,别的人都躲起来了,那时李立三在那里,所有党员都躲起来了,只剩我一个,人也不认识,什么也不清楚。罢工中有各种问题发生,我有什么办法呢?还不就是听工人的。"①

溪云初起日沉阁,山雨欲来风满楼。刘少奇已经做好了万般准备,迎接这暴风骤雨般的安源大罢工的到来。

---

①黄铮:《刘少奇自述纪实》,广东人民出版社2009年版,第23页。

第二章　领导第一次安源路矿工人大罢工

临危受命的刘少奇到安源后,按照毛泽东的指示,与李立三一道于1922年9月14日引爆了安源工人大罢工的地火。这是刘少奇真正参与指挥的第一次工人大罢工。罢工斗争中,刘少奇毫不畏惧、正义凛然,代表工人与路矿反动当局作坚决斗争,使历时5天的安源大罢工最终取得完全胜利,不仅打造了中国早期工人运动中罕见的成功范例,也集中展现了刘少奇作为中国早期工人运动卓越领导者和优秀共产党人的高尚品格和坚强意志。

1. 贯彻策略确定罢工

在走进安源矿区的路上,刘少奇被沿途看到的严重两极分化的社会现象所震惊。身着大马褂、嘴吐大乌烟的矿局管理者、洋人、监工怡然自得地坐在撵轿上,大摇大摆地穿梭在安源街上,时不时伸出头来鞭策抬轿人:"快点,快点!"衣着褴褛的抬轿工用颤抖的双腿汗流浃背地爬上了盛公祠的阶梯。此时,瘦弱的"碳古佬"们裹着仅有的遮羞布从总平巷出井了。他们正为下一顿的着落而感到痛苦和惆怅。见到此番情景,刘少奇越发感觉自己的使命重大。他要不惜一切代价,拯救工人出火海。

1922年9月初,就在刘少奇到达安源之前,路矿当局要求萍乡县知事公署出告示,诬蔑安源路矿工人俱乐部为"乱党机关",训令其自行停闭。因粤汉铁路、汉阳铁厂工人大罢工的爆发,惊恐的路局不得不拖延了训令的发布时间。趁训令未公布之机,俱乐部于9月11日向路矿两局提出了三条"最低限度"要求:(1)路矿当局须呈请行政官厅出示保护俱乐部;(2)路矿两局每月须津贴常月费200元;(3)从前积欠及工人存饷限7日内发清。俱乐部要求这三项要求,当局须在12日中午12时前给予答复,以平息工人愤怒,否则就要举行罢工。同时,通过长沙《大公报》向中国劳动组合书记部和全国各工团发出快电,揭露路矿当局破坏俱乐部的种种阴谋,告知俱乐部提出的三项最低要求,并呼吁请求援助。12日午前,路矿两局作出的答复为俱乐部所不能接受俱乐部,两次致函要求两局再作答复,又加上增加工资、减少剥削和15日以前发清本月工资等条件,并限其13日下午4时前须将萍乡县署关于保护俱乐部的告示送达俱乐部,否则工人即举行罢工。恰在此时,中国劳动组合书记部来函,要求工人俱乐部迅速领导工人举行大罢工。函件指出:"请你们努力作最后的对待,不要为官威所降服!我们奋斗的精神,自有奋斗的代价。我们因压迫而死,毋宁奋斗而死,死有代价,死有价值。我们对于你们表无限的同情,决设法为诸君的声援!"①这一指示激励了安源工人的斗志,增添了工人的信心和勇气。工人同路矿当局形成对峙,安源市镇到处弥漫着激动不安的气氛,罢工已如弦上之箭,一触即发。

风尘仆仆赶到安源的刘少奇,来不及休息片刻就立即与俱乐部主任李立三取得联系,将湖南党组织的决定和意见作了传达,听候他的具体安排。接着,他一身工人打扮,下到矿井同工人一起劳动,了解工人的思想状况,揭露路矿两局破坏罢工的种种阴谋,强调加强团结、遵守纪律、听从指挥的重要性。他拉着工人的手问:"你们一个人能拉拢十个人吗?"工人信心百倍地说:"能,一定能!"他虚心听取工人对即将举行大罢工的意见和想法。他说:"我只是一个刚从莫斯科学习回来的青年,没有什么斗争经验,还要工人师傅们多教导,我会向你们好好学习的。"经过考察,刘少奇得出了安源工人运动无比重要的结论。"他认为,去安源开展工人运动非常重要,因为那里的工人,无论是数量还是质量都比较好,合乎党的基本政策和要求,党应该把这里作为南方工人运动的一个重点。"②而要夺取工人运动的胜利,必须有严密的组织、严明的纪律和切实的行动方案,以保持良好的秩序。在掌握较为翔实的情况后,李立三、刘少奇决定召开共产党支部和工人俱乐部负责人紧急会议,和大家共同讨论罢工的具体问题。

9月12日晚,紧急会议在一位老工人家里秘密举行。会议开始后,党员们你一言我一语,各抒己见,争论不休。一种意见认为矿局已扬言俱乐部是"乱党机关",发出了查封训令,新调来大批军警,如果举行罢工,很可能会遭到武力镇压。然而,李立三和多数同志认为,可以组织罢工,条件已成熟。之后,大家把目光都集中到党组

---

① 刘少奇、朱少连:《安源路矿工人俱乐部略史》(1923年8月10日),载《安源路矿工人运动》上册,中共党史资料出版社1991年版,第119页。
② 罗章龙:《少奇同志早期革命活动片断回忆》,载《红旗飘飘》第20期,中国青年出版社1980年版,第43—44页。

织派来的代表刘少奇的身上。望着大家投来信赖的目光,刘少奇坚定地支持李立三的意见,并胸有成竹地说出了自己的主张:"罢工有没有把握,先要认清有利于我们的斗争形势。我看举行罢工已具备了三个条件:第一,全国工人运动已掀起了高潮。现在群众的情绪很高,斗争的决心也很大;第二,俱乐部在群众中树立了威信,只要俱乐部一发动,绝大多数工人都会行动起来;第三,敌人害怕工人罢工,路矿当局的东家是帝国主义,他们是不敢得罪帝国主义的,如果我们一罢工,煤挖不出来,他们在帝国主义面前就交不了差。大家说对不对?"在讨论复工条件和罢工口号时,有些代表提出了一些激烈的言词和不切实际的过高要求。对此,刘少奇解释说:"罢工条件要从实际出发,提得合情合理,不可过分,罢工宣言也要多讲工人苦楚,少讲些与政治军阀有关的话语。"大家听了刘少奇的一番话,发出一片赞同声。

　　由于刘少奇对安源的情况事先了解得比较清楚,对形势分析又非常符合实际,与会党员都赞同他对形势的分析和判断。会议最后作出尽快举行大罢工的历史性抉择。历史证明,刘少奇的这种历史性分析和决定是完全正确的。

　　会议最后决定在俱乐部成立罢工指挥部,由李立三任总指挥,秘密策应,刘少奇任俱乐部与路矿当局谈判的全权代表,常驻俱乐部应付一切。为什么要李立三"秘密策应"呢?由于李立三自1921年冬在安源活动,反动当局认为就是他在工人中挑事,早已视他为眼中钉,想除之而后快。为着防范当局加害,保护李立三的安全,维护罢工指挥系统的正常运行,大家一致决定要李立三转移到秘密处策应,而由刚到安源、外人尚不知晓的刘少奇出面,在工人俱乐部坐阵指挥。李立三回忆道:"罢工时,他作代表,当时党组织不到二十个党员,十几个人开支部大会,决定少奇做代表。"[①]工人俱乐部从成立那天起,就是工人们的主心骨,在罢工中也就理所当然成为了指挥部的所在地。

　　李立三、刘少奇根据自己对罢工斗争的意义的理解,结合安源的实际情况,认真思考了毛泽东作出的立即组织安源路矿工人大罢工的决策。在他们看来,处在开创阶段的安源工人革命运动,正需要开展罢工斗争,以便把安源路矿的所有工人紧密团结起来。从当时情况来看,不仅组织罢工斗争的条件正在逐步成熟,而且工人面临的问题也只有通过罢工才能解决了。为了罢工斗争取得胜利,必须运用正确的

---

① 《李立三就安源工运史研究问题答北京大学历史系教师王兴等问》(1959年1月10日),载《安源路矿工人运动》下册,中共党史资料出版社1991年版,第900页。

策略,根据安源具体现实,只能进行"哀而动人"的罢工。只有运用这样的策略,才能极大地激励全体工人团结奋斗的热情,才能广泛地争取社会各界的同情和支持。

为了搞好这次罢工斗争,李立三、刘少奇依据

安源罢工指挥部

"哀而动人"的罢工策略思想,领导俱乐部从组织上、思想上、政治上做了大量细致的斗争准备工作:

首先,提出"从前是牛马,现在要做人"的罢工斗争口号。根据毛泽东关于运用"哀兵必胜、哀而动人"的罢工策略的指示,确定了"从前是牛马,现在要做人"的口号。这一口号从工人的尊严和人权出发,通俗精炼地表达了工人罢工的正义性和总目标,既激励和提振了广大工人群众的决心和勇气,又博得了社会舆论的广泛同情,为夺取罢工胜利发挥了重大作用。

其次,确定具体罢工目标和要求。结合安源路矿实际情况,确定以"增加工资""改良待遇""组织团体——俱乐部"三项为具体罢工目标,提出了17条要求,其中属于"增加工资"方面的有7条,属于"改良待遇"方面的有6条,属于"组织团体——俱乐部"方面的有4条。这17条要求,反映了全体工人的政治、经济、文化生活的共同利益,是"现在要做人"的最起码的条件。

再次,组织工人纠察队(监察队)。罢工指挥部成立工人纠察队,以共产党员周德怀为队长,各工作处派监守员把守矿区各要害位置。监察队持俱乐部旗帜,在街道和工厂附近巡逻,执行纪律,维护秩序,应付突然事变,随时准备同敌人做决死的斗争。同时,成立了秘密的工人侦探队,探察各处消息,及时向罢工指挥部报告,以掌握当局动态。

第四,决定文明罢工。规定了罢工期间严密的组织、管理纪律。罢工开始后,工人及家属必须"各归住房,不得扰乱";服从统一指挥,在工人俱乐部的同意下,方准开工;每个工作处要派一名工人代表常驻俱乐部传递命令和消息;每个工作处由监守员严密把守,必须要有俱乐部发放的准许通行的徽章才能出入。

第五，做好统战工作。当时的安源人口繁杂，街道拥挤，素有"小南京"之称。帮会组织众多，社会秩序混乱。为维护稳定的社会秩序，保证罢工的顺利进行，刘少奇指出，可以争取帮会，利用他们重信誉、讲义气的一面。洪帮是当地势力最大的会党组织。洪帮头目是矿上的顾问，包工头大多数是他的徒弟，矿上资本家利用他们压迫工人。他们又以"义气""保护穷人""为穷人谋幸福"等欺骗工人。许多工人为了生计所迫而加入。在众多的失业工人和附近农民、手工业工人以及游民无产者中间，洪帮会众也不少。因此，做好洪帮工作，对于确保罢工期间全体工人的团结一致和良好的社会秩序，以及争取失业工人和附近其他群众同情支持罢工，都有重要作用。李立三自告奋勇，深入势力最大的洪帮会。经巧妙耐心的工作，洪帮头目最终答应李立三的要求，保证在罢工期间关闭妓院、赌场、鸦片馆，不扰乱社会秩序。

第六，动员工人参与。刘少奇和李立三多次召开工人代表会议、群众大会，深入进行罢工动员，说明罢工的作用和意义，提出了明确的要求和规定，号召大家团结一致，听从指挥，勇敢斗争，确保罢工的胜利进行。与此同时，俱乐部加紧对部员尤其是新加入的多数部员的训练，使他们理解斗争口号和罢工宣言的基本精神，明确自己的责任，增强组织纪律性，以便在斗争中发挥先锋骨干作用。

充分的准备工作，为罢工斗争的顺利进行提供了有力保证。

2. 有勇有谋哀而动人

9月13日午夜，萍乡县署关于保护俱乐部的告示和路矿当局第三次答复仍然未到，俱乐部断然发出了罢工命令。命令迅速下达到全矿区。9月14日凌晨2时，十里矿区还处在一片寂静之中，突然安源火车站爆发出一阵震耳欲聋的汽笛声，紧接着修理厂、八方井等处的电笛高声长鸣，响彻云霄，冲破夜空。1.3万多名安源路矿工人参加的大罢工开始了！工人们如潮水般跑出车间，冲出工棚，涌出矿井。他们手中挥舞着旗帜、标语，高举着斧头、岩尖，大声疾呼："罢工了！罢工了！""从前是牛马，现在要做人！"……沉寂的路矿顿时沸腾了！

罢工开始后，安源一扫过去那种阴沉杂乱的景象。大街上、住宅区、工棚区、洗煤台、总平巷等，到处都粘贴着醒目的罢工标语和书写在大红纸上的罢工宣言。

9月14日上午，俱乐部一面致函萍乡县署和赣西镇守使，呈明罢工原委；一面致函路矿两局，陈述罢工理由和十七项要求，告知："如欲调商，请即派遣正式代表由商会介绍与俱乐部代表刘少奇接洽。"①并向汉冶萍公司发出电报,宣布罢工。与此同时,俱乐部向社会各界发表由李立三、刘少奇拟定的罢工宣言,向社会各界倾诉工人"做人家牛马"的苦难事实,说明工人所受压迫到了极点,使社会各阶层了解工人罢工的原由,取得他们的同情和支持。罢工宣言全文如下:

萍乡安源路矿工人罢工宣言

(1922年9月14日)

各界的父老兄弟姐妹们呵!请你们看:我们的工作何等的苦呵!我们的工钱何等的少呵!我们时时受人家的打骂,是何等的丧失人格呵!我们所受的压迫已经到了极点,所以我们要"改良待遇"、"增加工资"、"组织团体——俱乐部"。

现在我们的团体被人造谣破坏,我们的工钱被当局积欠不发,我们已再三向当局要求,迄今没有圆满答复,社会上简直没有我们说话的地方呵!

我们要命!我们要饭吃!现在我们饿着了!我们的命要不成了!我们于死中求活,迫不得已以罢工为最后的手段,我们要求的条件下面另附。

我们要求的条件是极正当的,我们死也要达到目的。我们不作工,不过是死!我们照从前一样作工,做人家的牛马,比死还要痛苦些,我们誓以死力对待,大家严守秩序!坚持到底!

各界的父老兄弟姐妹们呵!我们罢工是受压迫太重,完全出于自动,与政治军事问题不发生关系的呵!请你们一致援助!我们两万多人饿着肚子在这里等着呵!下面就是我们要求的条件:

(一)俱乐部改为工会,路矿两局承认工会有代表工人向路矿两局交涉之权。

(二)以后路矿两局开除工人,须得工会之同意。

(三)从本月起路矿两局每月例假废止大礼拜,采用小礼拜。

(四)以后工人例假、病假、婚丧假,路矿两局须照发工资。

(五)每年十二月须发给夹薪。

---

① 刘少奇、朱少连:《安源路矿工人俱乐部略史》(1923年8月10日),载《安源路矿工人运动》上册,中共党史资料出版社1991年版,第122页。

(六)工人因公殒命者,路矿两局须给以天字号棺木并工资三年,一次发给。

(七)工人因公受伤不能工作者,路矿两局须给营养终身,照工人工资多少,按月发给。

(八)路矿两局从前积欠工人存饷,一律发给。

(九)罢工期间工钱,须由路矿两局照发。

(十)路矿两局须指拨火车房后之木围及南区警察所前之大坪为建筑工会之基地,并共拨一万元为建筑费,每月两局各津贴二百元为工会常用费,从本月起实行。

(十一)以后路矿两局职员工头不得殴打工人。

(十二)窿工全体工人须加工资五成。

(十三)添补窿工工头,须向窿内管班大工照资格深浅提升,不得由监工私行录用。

(十四)窿工食宿处须切实改良,每房至多不得超过三十八人。

(十五)洗煤台须照从前办法,每日改作三班,每班八小时,工资须照现在长班发给,不得减少。

(十六)制造处、机器厂将包工改为点工。

(十七)路矿工人每日工资在四角以下者,须增加一角。

萍乡安源路矿两局全体工人同启[①]

罢工宣言寄送到各地报馆,长沙《大公报》、上海《申报》、《民国日报》、北京《晨报》等全国有影响的报纸,陆续报道了安源罢工的消息。安源罢工得到了社会各界的声援和支持。

安源商户看到工人罢工,以为要发生抢劫,纷纷关门闭店。列车停驶了,矿井也封闭了,街上看不见行人。罢工的工人都在宿舍或工作处待命。罢工秩序非常好,完全出乎人们的意料。由于先前争取了洪帮的支持,街上的赌场、妓院、烟馆都关门了,没有发生抢劫事件。街上偶尔出现的闲散人员,只要监察队的人一到,便马上躲避离开。工人众志成城、团结一心的强大威力,让路矿当局佩服得五体投地。安源显现出比以往任何时候都更加文明、有序的一面。

[①]《萍乡安源路矿工人罢工宣言》(1922年9月14日),载《安源路矿工人运动》上册,中共党史资料出版社1991年版,第41—42页。

罢工进行 4 小时以后,路矿当局如坐针毡。他们对工人的行动又怕又恨,想方设法用软硬兼施的手段迫使工人复工。矿长李寿铨火速致电萍乡县知事和赣西镇守使及汉冶萍公司,请求解决办法。心急如焚的李寿铨拍完电报后,即刻同路局处长李义藩赶往萍乡县城面见县知事和镇守使,呈告罢工情形,请求派兵镇压。

14 日下午 1 时,镇守使便派军队荷枪实弹赶到安源。军队到矿上后,在各个重要处所安置机关枪进行威吓,并宣布安源为特别戒严区,命令官兵:工人稍有反抗立即弹压。与此同时,总监工王鸿卿组织一些工头拉拢少数工人下矿井复工,结果复工未成,工头们却被堵在矿井里饿了一天。被狠狠地教训了一顿的王鸿卿不甘心失败,企图通过暗杀工人首领的手段迫使工人妥协退让,悬赏 600 块大洋密派武林高手刺杀李立三。刘少奇获悉后,立即让李立三转移到安全地方,并派人严加保卫。

路矿当局在重兵高压、拉拢分化、刺杀工人领袖等手段屡遭失败后,只得要商会代表和地方绅士充当调停人,与俱乐部代表磋商条件。14 日上午和晚上,安源商会代表谢岚舫等两次找到刘少奇,说:"路矿两局对工人所提要求皆可承认,只是现时难以办到,请先邀工人开工,再慢慢磋商条件。"这种浅薄的骗术自然蒙骗不了刘少奇,他当即决绝地告诉调停人:"工人所希望的在于解决目前生活问题,若两局不派全权代表从磋商条件下手,徒用一句滑稽空言作回话,事实上恐万不能解决。"

第二天,路矿两局不得不派全权代表到商会与刘少奇进行第一次正面接触。副矿长舒修泰见刘少奇坦然走来,立即迎过去,说是特意为刘代表设"便餐",并让刘少奇上前座。刘少奇走到桌子前,把凳子往后挪开,大大方方地说:"我不是来赴宴的,我是来商谈条件的,现在就开始谈吧。"

"刘代表别急嘛,先喝两杯再说不迟。"舒修泰装作十分热情地说。

"有话则长,无话则短,我只来谈条件。"刘少奇开始不耐烦了。等了一会,只见矿局代表在那嘀嘀咕咕商量什么。刘少奇见对方丝毫没有谈判的诚意,就直言不讳地说:"要工人先开工,再谈条件,恐怕难办!我这人做事有点固执,一万三千多工人也都很固执,他们死了心,如果路矿两局不答应条件,就别想要工人下窿!"

他继续补充道:"路矿两局也应该放明白一点,工人说话是算数的,事情再要弄大,我们俱乐部也无能为力!"说完站起身,大步朝门外走去。

就在 15 日,戒严司令李鸿程到达安源。矿局给每位官兵每天两块大洋的报酬,请他们占领俱乐部并驱散各工作处的工人监守员,强迫工人上工。

"你们这里谁是管事的?"总监工王鸿卿带着官兵蛮横地冲进了俱乐部。

"我!"刘少奇从容地向前一步。

"你是什么人?"带兵的敌营长疑惑地看着这个长得眉清目秀的瘦小青年。

"工人代表!"刘少奇坦然答道。

敌营长恃武逞凶:"好,你是代表,你负责,上面有令,要工人们立即复工!"

"复工?工人们的条件答应了吗?条件不答应一切免谈!"刘少奇硬气相对。

"条件?跟工人谈什么条件?你们罢工就是犯法,违反戒严司令部的命令,就要论罪。"敌营长勃然大怒,把手一挥,示意抓人。

这时数千工人闻讯冒死冲进俱乐部,要跟士兵拼命。这时刘少奇从人群中站出来,动情地向士兵宣传:"弟兄们,你们当兵的和我们做工的都是穷苦人,都要挣碗饭吃,养活一家老小,工人罢工是为了要吃穿,要活命。工人工钱几个月没发,无米下锅,大家的命活不成了,才不得已罢工,咱不能昧着良心帮助有钱人来压迫穷苦兄弟呀!"

刘少奇哀而动人的一番话深深打动了士兵们的心。加上当场工人人多势众,又没有蛮横举动,士兵们只得从后面撤出,边走边说:"我们都是外地人,谁愿意来干涉你们这种事?我们不过是王老爷两块钱一天请来的呀!"就这样,士兵一个个被挤出了俱乐部。当军队到各工作处驱散工人时,工人监守员和罢工工人致死不退,即便当士兵用机关枪顶到他们胸口时,也依然毫不退缩。听到有一工作处的工人被军队捕去,不一会就有数千工人围了上来,要求放人。军队见势不妙,不得不释放了这位工友。到16日上午,尽管一部分工作处被军队把守,但罢工工人严格服从俱乐部的命令,稳坐在餐宿处静候消息,无论当局用什么软硬兼施的计谋挑拨工人,没有一个工人自动上工。

16日早上,商绅学界人士致信俱乐部,希望俱乐部劝工人让步,先让工人复工后再谈条件,遭到了李立三、刘少奇的断然拒绝,声称"如果不先承认条件,就没有说话的余地"。同时,再次向社会各界发表宣言:

各界的父老兄弟:

米也贵了,布也贵了,我们多数工友——窿工,还只有二十个铜子一天,买了衣来便没有饭吃,做了饭来便没有衣穿,若是有父母妻子一家八口的那就只有饿死的一条路了！我们不能饿着肚子做工，所以要加工钱，我们不能赤着身体做工，所以要加工钱，但我们停工已经是几天了，他们还是不理，不是要强迫我们向死的路上走吗？

我们从前过得生活，简直不是人的生活，简直是牛马奴隶的生活，天天在黑暗地底做了十几点钟的工，还要受人家的打骂，遭人家的侮辱，我们决不愿再过这种非人的生活了，所以要改良待遇。现在我们停工几天了，路矿两局还是不理，不是要强迫我们向死的路上走吗？

路矿两局要强迫我们去死，我们自然是非死不可，现在两万多工人都快要死了！亲爱的父老兄弟们！你们能忍心见死不救吗？

我们要求路矿两局的条件是救死的唯一法子，不达到我们的要求，便没有生路，我们也只好以死待之。

各界的父老兄弟们！我们两万多人快要死了！你们能忍心见死不救吗？

安源路矿两局全体工人同启[①]

安源工人"哀而动人"的宣言，再次赢得了社会各界人士对罢工的同情和支持。

3. 只身谈判针锋相对

罢工进行到第三天，当局一招接一招的阴谋都被挫败。9月16日上午，路矿当局只得再次派人来到工人俱乐部，名曰请求派工人代表去戒严司令部"商量解决办法"，实则企图对俱乐部实行军法制裁，武力胁迫俱乐部领导人下令复工。

明知山有虎，偏向虎山行。刘少奇知道其中定有诈，仍力排众议，毅然决定以全权代表的身份深入虎穴。

工人群众十分担心自己的代表去谈判会受到迫害和拘押，纷纷劝阻刘少奇："他们肯定不安好心，你不能去！要去我们大伙和你一块去！"刘少奇理解工友的心情，他劝告大家："请大家放心，我会注意的。如果我们不去谈判，资本家反会说我们无理，我们就会授人以柄。我们正好利用这个谈判机会，同他们面对面的进行说理斗争，讲明工人的正当要求。"

[①]《安源路矿两局全体工人宣言》(1922年9月16日)，载《安源路矿工人运动》上册，中共党史资料出版社1991年版，第43页。

听说刘少奇毫无畏惧地答应并只身前往谈判,有位老工人说:"你去戒严司令部谈判,他们会加害你,这是自投罗网啊!"

"不要紧,为大家办事,就是龙潭虎穴也要闯呀!有万余工人在此,量他们也不敢把我怎样,放心吧。"刘少奇坚定地说。

萍乡煤矿局办公大楼(公务总汇)

戒严司令部设在矿局办公大楼,素称公事房,座西朝东,建于1906年,是二层砖木结构的欧式楼房,建筑面积2258平方米。台阶两边,架着机关枪,楼梯口、走廊里,密密站列着平端刺刀枪的军警。进门楼梯的两边,有气势汹汹的两排斜背盒子枪的宪兵,一副杀气腾腾的场面,如临大敌一般。

刘少奇赤手空拳,大步向戒严司令部走去。工人们放心不下,前前后后地跟随他一同前行。走到公事房大楼前时,工人已越集越多,把整个大楼围得水泄不通。

刘少奇向工人挥手告别后,从容不迫地穿过刀枪林立的军警防线,登楼入室,在戒严司令李鸿程和矿长李寿铨对面的座位上稳稳地坐下,开始与路矿当局的首领面对面谈判。

李鸿程首先假装客气地询问罢工过程,并做了一番劝导,然后向刘少奇提出保护锅炉房、打风机、发电机及维持社会秩序等三条要求。因为这几条在罢工前俱乐部就作出了承诺,并且确实是这样做的,所以刘少奇立即答应。接着,李鸿程要求俱乐部向路局工人下命令,每天开动火车两次。刘少奇一听,这不是变相让他答应先无条件复工吗?如果这样做,就意味着罢工的失败。他即刻断然拒绝了这一无理要求,并重申:"不从磋商条件入手,无解决之希望!"这时,李鸿程恶狠狠地瞪着刘少奇,扯开喉咙蛮横地吼道:"你们俱乐部为什么要鼓动工人作乱?"刘少奇正襟危坐,毫无惧色,立即反问道:"你们究竟是谈判,还是审问?是要解决问题,还是要把问题越搞越大?"

李鸿程立刻现出本来面目,大声威吓道:"如果坚持作乱,就把你这个代表先行正法!"刘少奇无所畏惧、义正言辞地反驳道:"万余工人的要求正正当当、明明白白,一点也不过分,如不能达到万余工人的要求,就是把我斫成肉泥,仍是不能解决的!"

李鸿程狂妄地威胁道:"我对万余工人也有法子制裁,我有万余军队在这儿!"

刘少奇蔑视地一笑,用力一挥手愤然答道:"那就请你下令制裁去吧!"

此时,将公事房大楼团团围住的数千名工人,有的高喊:"请我们俱乐部的代表出来!有事请矿长、旅长到俱乐部去商量!"有的愤怒高呼:"谁敢动我们刘代表半根毫毛,我们就打得路矿两局片瓦不留,就要让路矿两局全体职员不得活着离开安源!"工人的举动让李寿铨、李鸿程等惊恐万分。因为他们心里有数,工人们并非是简单的口头威胁。过去工人痛打洋监工、捣毁洋人住宅的事情,矿长李寿铨是亲眼见过的。况且如今工人的组织力量和思想觉悟已是今非昔比了,倘若真把万余工人惹恼了,局面将一发不可收拾。无可奈何之下,李寿铨只得请求刘少奇出面向工人作些解释。刘少奇来到走廊,向工人们挥了挥手,工人们顿时都安静下来了。他先把戒严司令的几条要求说给工人们听,工人们都点头答应;把不答应每天开动两次火车的理由也向工友做了说明,并劝导说:"工友们,谈判还在进行,请你们耐心等一下,一定会有结果的。"工人们顿时安静下来。

刘少奇说完回到公事房继续谈判。在谈判中,他据理力争、毫不妥协,但谈判仍无结果。李鸿程万万没想到这位年轻人有如此高的威望,有这么大的神通,再加上工人们团结得像一块磐石,如果再谈下去,定对自己不利。因此,他改以调和的口气说:"那就请刘代表下午再来这里商量吧。"

刘少奇怒不可遏地厉声答道:"若不磋商条件,即可以不来;至于说用别的方法可以解决,请你们把我斫碎罢!"说罢愤然拂袖,怒气冲冲地走出了戒严司令部。关于这场斗争,矿长李寿铨在当天的日记中作了这样的记载:

上午十时,李旅长到公事房会客厅,适俱乐部递呈,当由旅长派副官约该部头人刘少奇来,面询一切,极力开导,谕以三事:1、直井锅炉打风机须保护;2、电机及电机锅炉房须保护;3、安源地方须保守秩序,刘少奇均承认。旋由刘少奇出公事房演说与工人听。其时已聚集二千余人以上,三条均承认,唯路局每日开火车二次不承认。[①]

[①]《药石轩日记(节录)》(1922年9月至1923年11月),载《安源路矿工人运动》下册,中共党史资料出版社1991年版,第1271页。

李鸿程、李寿铨等人在刘少奇的大义凛然和万众工人团结一致面前束手无策,只得恳求工人代表再来商量解决办法。工人们见刘少奇平安出来了,都高声欢呼起来,簇拥着他返回俱乐部。刘少奇针锋相对、毫不妥协的斗争,打击了路矿当局盛气凌人、不可一世的嚣张气焰。李鸿程随即派人送来一封信,一反之前蛮横的态度,竟然代表驻军向俱乐部道歉,并表示他自己愿意充当调停人,请求俱乐部派代表进行商议解决。

刘少奇只身一人深入虎穴,在全副武装的军警面前无所畏惧,到戒严司令部同路矿当局进行谈判,表现了大无畏的精神和雄才胆量,深得安源工人赞赏和敬佩。工人称赞他是"一身是胆"的英雄。一位名叫张明生的工人听到传说后特地来问刘少奇:"听说你有十三块金牌护身,所以矿长和军队不敢动你,是吗?"刘少奇笑了笑说:"我们的斗争是正义的,真理在我们一边,因此我不怕。我哪有什么十三块金牌,半点也没得,一万多工人的团结,才是我们的力量源泉。"大罢工胜利后,安源工人对刘少奇在罢工斗争中智勇双全的故事仍津津乐道,他们自发地编了一首名叫《劳工记》(又叫《罢工记》)的长篇叙事歌谣,其中写道:

明知山中出猛虎,岂肯贪生又怕死。
偏偏要向虎山行,贪生怕死枉为人。
少奇下了坚决心,特到安源办工运。
任他把我为甚难,不畏汤火与刀山。
……
少奇同志好胆量,我往矿局去一趟。
代表全体众工人,见机而作把事行。①

4. 罢工胜利继往开来

9月16日上午,刘少奇与当局的初次交锋,工人方面明显占了上风。此时,电机处、锅炉房、发电机、鼓风机、抽水机等处的存煤即将用尽,面临停转的可能,一旦这些设备停止运转,井下积水不能及时抽出,整个矿井和设备将被水淹没报废,给

---

① 中国社会科学院近代史研究所、安源工人运动纪念馆编:《刘少奇与安源工人运动》,中国社会科学出版社1981年版,第132—133页。

公司和股东的利益造成严重损失。罢工开始后的危险期已经度过,俱乐部主任李立三现在可以出来活动了。晚上 12 点,从俱乐部传出消息,如果当局愿意磋商条件,就马上进行商议,否则李立三将即刻离开安源,任由"工人暴动"。听到消息,路矿当局首领急得像热锅上的蚂蚁。他们深知一旦李立三离开安源,后果不堪设想,再也坚持不住了,连忙答应与李立三磋商复工条件。

第二天即 17 日下午 4 时,李寿铨派矿局文牍课课长舒季俊为矿局全权代表,和路局全权代表李义藩,与俱乐部代表李立三、刘少奇在一家民房开始谈判。地方商绅四位代表充当调停人。谈判进行得异常艰巨激烈,俱乐部代表对主要条款坚决不让,同意在一些次要的问题上做必要和适度的让步。但路矿当局不肯多让步,双方唇枪舌战到 18 日凌晨 2 点,最后将复工条件商定为十三条草约。即便如此,当局仍然不想付诸实施。到早上 8 点,还是没有定论。此时离答复的期限只有一小时了,矿长李寿铨焦急万分,如果还不答应,恐怕工人真的马上就会"暴动",到时候矿产"不保"责任难担,只好答应条件,签订协议。

9 月 18 日上午,萍乡煤矿局、株萍铁路管理局、安源路矿工人俱乐部三方全权代表,在路局机务处举行正式签订协议的仪式。协议全文如下:

1. 路矿两局承认工人俱乐部有代表工人之权。
2. 以后路矿两局开除工人须有正当理由宣布,并不得借此次罢工开除工人。
3. 以后例假属日给长工,路矿两局须照发工资;假日照常工作者须发夹薪;病假须发工资一半,以四个月为限,但需有路矿两局医生证明书。
4. 每年十二月须加发工资半月,侯呈准主管机关后实行。
5. 工人因公殒命,年薪在百五十元以上者,须给工资一年,在百五十元以下者,给一百五十元,一次发给。
6. 工人因公受伤不能工作者,路矿两局须予以相当之职业,否则照工人工资多

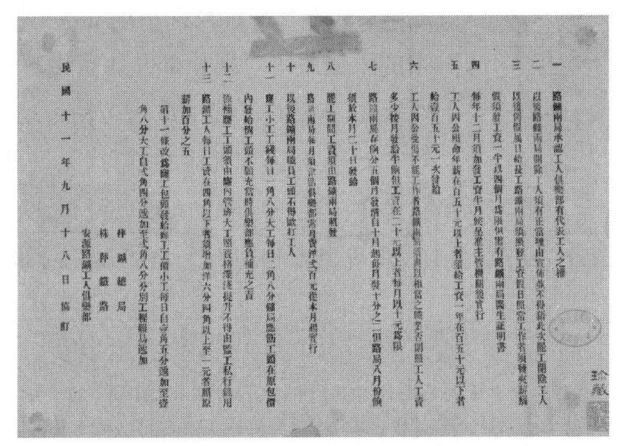

安源路矿两局与工人俱乐部三方代表签订的十三条协议

少按月发给半饷,但工资在二十元以上者,每月以十元为限。

7. 路矿两局存饷分五个月发清,自十月起每月发十分之二;但路局八月份饷,须于本月二十日发给。

8. 罢工期间,工资须由路矿两局照发。

9. 路矿两局每月须津贴俱乐部常月费洋二百元,从本月起实行。

10. 以后路矿两局职员工头不得殴打工人。

11. 窿工包头发给窿工工价,小工每月〔日〕自一角五分递加至一角八分,大工自二角四分递加至二角八分,分别工程难易递加。

12. 添补窿工工头,须由窿内管班大工照资格深浅提升,不得由监工私行录用。

13. 路矿工人每日工资在四角以下者须增加洋六分,四角以上至一元者照原薪加百分之五。

萍 矿 总 局 全 权 代 表 舒 　 印
株 萍 铁 路 全 权 代 表 李义藩印
安源路矿工人俱乐部全权代表　李能至印
民国十一年九月十八日协订①

工人俱乐部提出的条件几乎全部实现。至此,坚持5天的大罢工取得完全胜利!对于这次罢工的意义,刘少奇、朱少连在1923年8月10日合著的《安源路矿工人俱乐部略史》中作了如下总结和概括:"这一次大罢工,共计罢工五日,秩序极好,组织极严,工友很能服从命令。俱乐部共用费计一百二十余元,未伤一人,未败一事,而得到完全胜利,这实在是幼稚的中国劳动运动中绝无而仅有的事。追忆往事,仰瞻前途,于欣幸之余,实令人起无限兴感,增无量勇气!"②

签定条约的消息一传出,万余工人欢欣鼓舞,激动难捺。俱乐部决定当日下午在半边街广场举行庆祝罢工胜利大会。广场中央临时搭起一个演讲台,悬挂着俱乐

---

① 刘少奇、朱少连:《安源路矿工人俱乐部略史》(1923年8月10日),载《安源路矿工人运动》上册,中共党史资料出版社1991年版,第126—127页。
② 刘少奇、朱少连:《安源路矿工人俱乐部略史》(1923年8月10日),载《安源路矿工人运动》上册,中共党史资料出版社1991年版,第129—130页。

部部旗及国旗。下午2时许,数百名工友挥舞着小彩旗,簇拥着他们的英雄李立三、刘少奇等入场。顿时掌声雷动,万余人执帽高呼欢迎。胜利的心情同样激荡着李立三,他登台演说,宣布罢工胜利及三方签订的十三条协议。宣读完十三条协议之后,李立三指出:"我们这一次罢工的胜利,全在各位齐心。希望各位将此种精神永远保持着。因为我们工友的痛苦很多,一次是不能完全解决的。现在虽说胜利了,但所得的幸福究竟不多。所以这次不能解决的问题,只有留着以后再解决,终究我们是得最后胜利的。望各位暂且安心上工,保持着今日的热度去上工。"[①]

接着,刘少奇也发表了热情洋溢的讲话。他说:这次罢工斗争"胜利的取得,是由于大家团结得紧,斗争坚决。但是要知道,这次胜利仅仅是个开始,今后,我们要继续团结,共同战斗,争取更大的胜利!"

演说完毕后,全体工友齐声高呼"劳工万岁""俱乐部万岁"等口号。安源街上挂满了彩旗。在震耳欲聋的爆竹声中,李立三、刘少奇为前导,带领工人参加庆祝罢工胜利的大游行。游行队伍经新街绕矿区一周,返回老街后在半边街大操坪集体合影留念。

安源路矿工人庆祝罢工胜利

同日,工人俱乐部向社会各界发表"上工宣言",宣告罢工胜利结束。"上工宣

[①] 刘少奇、朱少连:《安源路矿工人俱乐部略史》(1923年8月10日),载《安源路矿工人运动》上册,中共党史资料出版社1991年版,第128页。

言"全文如下：

萍乡安源路矿工人上工宣言

罢工胜利了！气也出来了！从前是"工人牛马"，现在是"工人万岁！"我们的第一步目的已经达到了，我们宣告上工。

我们这次所得的胜利虽是很小，但这是第一次胜利，以后第二次第三次……的胜利是无穷的，故我们的痛苦在这次不能解决的，以后第二次第三次……再解决，只要我们自己的团体——俱乐部在这里。

我们这次罢工的"秩序、齐心、勇敢"，要算是我们神圣精神的表现。各界的朋友们！你们不要说工人无知识啊！

我们得了肖镇守使及戒严司令的维持，与绅商学各界的调停得力，使我们的条件完满解决，我们深深的谢谢他们！

我们这次罢工，是安源工人出头的第一日，是露布安源黑幕的第一日，我们从今日起，结紧团体，万众一心，为我们自己权利去奋斗！我们现在要祝：

工人万岁！

工人俱乐部万岁！

萍乡安源路矿全体工人同启[1]

截至9月19日早上4时，路矿两局工人全部复工。

中国劳动组合书记部得知安源罢工胜利的消息，即时来信祝贺，着重指出，这次罢工胜利不是工人的终极胜利，号召工人为实现共产主义的新社会而继续努力奋斗。贺信全文如下：

安源路矿工人俱乐部全体工友：

诸工友这次的罢工，敝部已经看见了诸工友是很有战斗能力和组织能力的，对

---

[1]《萍乡安源路矿工人上工宣言》(1922年9月18日)，载《安源路矿工人运动》上册，中共党史资料出版社1991年版，第45页。

于诸工友这次的大胜利,敝部是很佩服的欣喜的,敢向诸工友前庆祝胜利,大呼:

安源路矿工人俱乐部万岁!

全世界劳动阶级万岁!

敝部又敢用十二分的诚意敬告各工友:诸君这次的胜利,不是诸君终极的胜利,诸君终极的胜利是在于把资本阶级打倒,将全世界的产业由劳动者自己管理,建设共产主义的新社会之后。诸工友为得要达到终极的目的,终极的胜利起见,在现在中国无产阶级还没有实力举行社会革命的时期中,一方面要发展诸君已经学会了的战斗能力和组织能力,好打倒资本阶级;一方面要设法练习诸工友的管理能力,好待社会革命后,管理一切的产业,建设共产主义社会,这才是诸工友的真正胜利。诸工友的责任是很重大的呵!努力呀!奋斗呀!

全世界劳动阶级万岁!

共产主义万岁!

中国劳动组合书记部敬祝[1]

安源大罢工的胜利来之不易。因为这是在敌人重兵把守的地方,参加人数达1.3万余人。这样大规模的政治、经济斗争,没有高超的斗争策略和指挥艺术是无法获胜的。由于李立三、刘少奇等领导人指挥得当,组织严密,并合理运用毛泽东提出的"哀兵必胜"的策略,开展合法斗争,注意争取社会同情。因此,斗争取得了完全胜利,这无疑是中国早期工人运动中罕见的成功范例和光辉典范。

罢工胜利了!俱乐部犹如巨大的磁石,聚拢了工人的心。罢工前,俱乐部的会员只有700多人;罢工胜利后,万余工人争先恐后地加入俱乐部。随着队伍的发展壮大,俱乐部原先的组织机构变得不适应了。于是,1922年10月,俱乐部进行了改组,以俄罗斯苏维埃政权结构为模型,按照"由极小的基本组织而至极大的阶级组织"和"采用民主集权制"这样两个原则,选举各级代表和职员,建立自下而上的代表会议制度和工作机构。俱乐部以十人团为最小的基本组织,每个十人团选举十代表1人,每10个十人团选举百代表1人,每工作处选举总代表1人,由全体总代表

---

[1]《中国劳动组合书记部祝贺安源罢工胜利函》(1922年9月),载《安源路矿工人运动》上册,中共党史资料出版社1991年版,第46页。

组成最高代表会议,作为最高决议机关,选举朱锦棠为最高代表会书记。由全体百代表组成百代表会议,为最高复决机关。由百代表会议选举主任4人,李立三为俱乐部总主任,刘少奇为窿外主任,余江涛为窿内主任,朱少连为路局主任,组成主任团,下设文书股、教育股、互济股等7股。机构的改组,完善了俱乐部功能和作用,更加有利于领导工人开展新的斗争。

十三条协议是罢工斗争胜利的标志和直接的成果,使这个协议真正全面落到实处,是罢工胜利后俱乐部首当其冲的任务。十三条协议中的第一条最为重要:"路矿两局承认俱乐部有代表工人之权。"要彻底实现这一条,就必须打破包工制。安源煤矿自建矿用工以来,一直实行带封建性的包工制,由工头招工人进矿做工,矿局按人头和工作量将工资总数交给工头,再由工头分发给工人。工人的利益全部掌握在工头的手里。工头和矿上职员相互勾结,从中重力盘剥,发到工人手上的工资最后所剩无几。

罢工胜利后,工头和职员受十三条协议的制约,不能再像以前那样肆意剥削压迫工人。于是,他们处心积虑地与俱乐部作对,图谋捣毁工人团体。1922年10月下旬,他们乘俱乐部改组之机,在一部分职员的指使下,由6名工头牵首,仿照俱乐部的办法,秘密筹办了一个叫"游乐部"的组织,同工人俱乐部相抗衡。工头们连续秘密开会,商议正式组织团体,甚至有人动议先刺杀李立三,再行发动。当他们得知李立三正有事在长沙、几日后才归时,便商定在路上拦截谋杀,使李立三永远不得回安源。不料,这一消息很快被俱乐部侦探到。广大工人顿时群情激愤,立刻组织有力的反击。在刘少奇的领导下,工人们把密谋活动中的工头扭送到矿警局,指控他们犯有谋杀罪,要求进行严惩;同时严厉追查工头们秘密串连破坏俱乐部和谋杀李立三的事实。在工人们的强大力量面前,工头们胆战心惊,开始矢口否认,说他们只知道组织团体加入俱乐部及改包工制为合作制之事。直到第二天俱乐部集合全部工头开会询问时,才被迫承认他们的罪恶企图。至此,俱乐部趁机要工头表决赞成将各工作处的包工制改为合作制,并立即议定合作条规。改合作制后,工人自动组合生产,废除了中间盘剥,工人除了领取正常工资外,还可以分得若干红利,扫除了实现缔结团体契约权的障碍,大大维护了工人群众的合法利益。

在工人俱乐部的强烈要求下,矿局不得不将参与这次密谋活动的6名工头开除,还在酝酿之中的"游乐部"就这样被粉碎了。从此以后,矿局职员、工头中的反动势力,再也不敢明目张胆反对俱乐部了。俱乐部的政治地位进一步得到巩固。

罢工后达成的协议,有的仍需要经过反复的较量才能兑现。十三条协议中的第四条规定:"每年十二月须加发工资半月,侯呈准主管机关后实行。"1922年12月,俱乐部去询问此事时,路矿当局闭口不谈此事。12月23日,刘少奇和余江涛去找矿长李寿铨,代表工人要求增加半个月年终夹薪。李寿铨以"公司无复电"为由拒绝执行,并"告以路矿困难,达于极点,加工资半月,万做不到",希望俱乐部"劝导工人勿再要求"。[1]刘少奇等毫不让步,多次去矿局交涉,据理力争。工人们也纷纷以怠工、罢工进行威胁,终于迫使矿局答应了要求。俱乐部鉴于矿局现在确实经济上有困难,同意先发一半夹薪,另一半缓发,十一二月的工资推后一个月再补发给工人。这次年终夹薪斗争风潮断断续续持续到1923年2月中旬,即农历年关前夕,当局最终被迫按十三条协议,全部发给年终夹薪和此前各项月饷。

在刘少奇看来,党领导的工人斗争是互相支持的,"我们安源俱乐部的力量虽大,但是还要靠着外面各地的工友联络,互相援助,才能立脚"[2]。正是按照这种思想,安源大罢工胜利后不久,他领导俱乐部成功地指挥了萍乡煤矿局所属的永和煤矿和株洲转运局工人的罢工斗争。

永和煤矿位于萍乡县境内西部的湘东,小地名叫茶山里,离安源矿区20多公里,生产鼎盛时有工人2000多人。1917年由汉冶萍公司购置,1921年10月,公司派魏永治为代理矿长。公司买了这个矿后,发现无多大开采价值,一直没有正式开工,工人总数不过160人。由于地处经济落后的偏僻山区,技术又落后,而矿局职员却"摆尽官矿的官格,对工人则强迫作乡井式的苦工"[3],所以工人生活比安源一般的矿工还要苦。安源路矿工人俱乐部成立后,永和煤矿所有工人都加入了俱乐部。大罢工胜利后,永和煤矿工人也要求按十三条协议增加工资。公司以不受萍矿管辖,又不被汉冶萍公司承认为由,拒绝工人的要求,并将提要求的"最不安分者"工人开除。于是,刘少奇、李立三决定派俱乐部干部李涤生、蒋先云前往永和煤矿指导工人罢工。10月25日开始罢工,经过5天斗争,到29日,永和煤矿当局被迫与李涤生、蒋先云签订十条协议。从此,十三条协议在永和煤矿生效。

---

[1]《药石轩日记(节录)》(1922年9月至1923年11月),载《安源路矿工人运动》下册,中共党史资料出版社1991年版,第1276页。
[2]刘少奇:《对俱乐部过去的批评和将来的计划》(1923年8月20日),载《安源路矿工人运动》上册,中共党史资料出版社1991年版,第97页。
[3]《湘东分部报告》,载《安源路矿工人运动》上册,中共党史资料出版社1991年版,第381页。

株洲共有株萍铁路局和萍乡煤矿局工人280多人,包括矿局所属采木处、转运局工人和路局所属株洲车站工人。俱乐部成立后,朱少连、李涤生先后前往开展工作。大罢工胜利后,十三条协议在车站和采木处得到实施,转运局属汉冶萍公司运输处管辖,而十三条协议中有关增加工资的条款主要是根据萍乡煤矿井下工人的实际情况而制定的,转运局工人的工资计算方法与安源窿工不一样,因此转运局不承认十三条协议。1922年9月下旬,刘少奇、李立三商议,派朱少连、李涤生前往指挥。10月12日,俱乐部致函转运局,就增加工资问题提出三项要求,并限三日内答

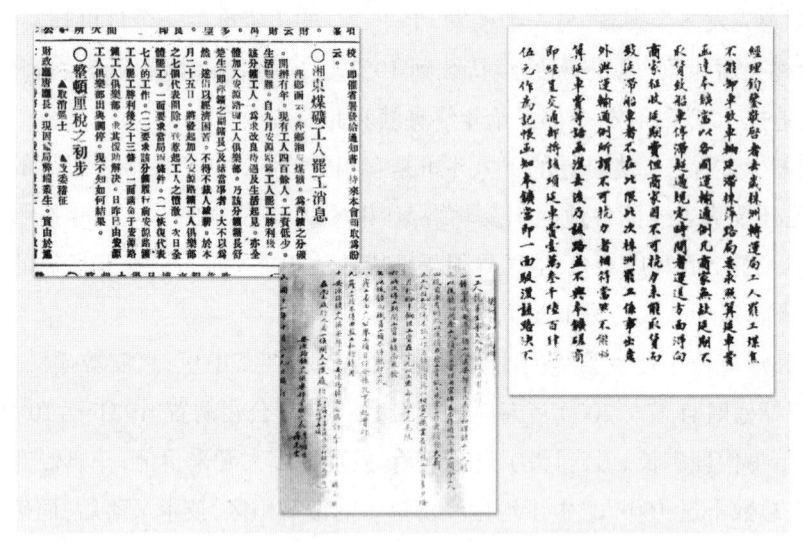

长沙《大公报》报道《湘东煤矿工人罢工消息》

安源路矿工人俱乐部第一届总代表及驻部职员合影(第二排右起第六名为刘少奇)

复。汉冶萍公司认为转运局工人罢工对公司影响不大,拒绝工人要求,双方僵持不下,交涉至1923年1月下旬仍无结果。1月21日至25日,株洲的路矿工人举行罢工,经过5天斗争,当局被迫答应条件,罢工终于取得胜利。这样,十三条协议在株洲的路矿各单位同样生效。

安源工人大罢工的胜利,迫使路矿当局签订了十三条协议,工人因而获得了许多从来没有过的直接利益,削弱了统治阶级的力量,壮大了工人阶级的力量,极大地提高了工人阶级的觉悟程度和组织程度,从而把工人阶级推上了历史舞台。刘少奇作为安源路矿工人运动的主要领导人,在安源大罢工斗争中做出了突出的贡献,立下了不朽的历史功勋。

第三章　促进工团联合

马克思、恩格斯在《共产党宣言》中指出:"（工人阶级）他们的斗争的真正成果并不是直接取得的成功,而是愈来愈扩大的联合。"①安源大罢工胜利后,刘少奇、李立三根据中共中央和湘区委员会的工团联合计划,以安源路矿工人俱乐部为主要阵地,通过罢工斗争加紧推行工团的产业联合和地区联合,以全面形成工人阶级队伍,造成前所未有的阶级大团结。1923年京汉铁路二七惨案发生后,全国工运进入艰难的低潮期。尽管如此,安源路矿工人俱乐部在刘少奇的主持和领导下,对各地工人斗争的援助并未稍减,并竭力设法推动工团联合,促进全国工运复兴。刘少奇曾论到这一阶段的工运成就时指出:"安源工人在'二七'失败后,不独强固自己的工会,竭力向前发展;并于援助同阶级的伙伴和谋全国工人的团结上,尽了很多的力。"②

1. 参与筹建粤汉铁路总工会,援助开滦煤矿和京汉铁路工人斗争

1922年9月初,刘少奇在长沙初涉工人运动,并崭露头角。当时,粤汉铁路长沙段工人正在酝酿罢工。1922年8月,中共湘区委已经派共产党人郭亮到岳州,组成了粤汉铁路岳州工人俱乐部。9月初,为加强对粤汉铁路罢工的领导,毛泽东决定再派刘少奇到长沙沿线的第一线实施现场指挥,组织配合。9月6日,粤汉路岳州、长沙、株萍和武昌徐家棚工人俱乐部组成全路工人俱乐部联合会,向路局和北京交通部提出惩办工贼、保障政治权利、增加工资等项要求,未得到答复。3天后,即9月9日,粤汉铁路全线工人大罢工。粤汉铁路工人俱乐部联合会发表《罢工宣言》说:"我们为解除压迫,维护团体,改良生活,增高人格,不能不与工贼奋斗,不能

---

①《马克思恩格斯选集》第1卷,人民出版社1995年版,第260页。
②刘少奇:《二七失败后的安源工会》,载《安源路矿工人运动》(上册),中共党史资料出版社1991年版,第446页。

不有这最后一举。""我们为生存而奋斗,为人格而奋斗,不达目的,誓死不止。"

粤汉铁路工人大罢工爆发后,安源工人俱乐部即时发表通电声援,并捐款援助。5天后,即9月14日,刘少奇、李立三领导安源路矿工人大罢工以相配合。安源大罢工胜利后,9月25日,刘少奇又派代表专程去送援助资金。粤汉铁路罢工坚持到9月28日,迫使军阀接受了工人提出的条件,并释放被捕工人,罢工取得胜利。此后,经过进一步筹备,在刘少奇等人的部署下,安源路矿工人俱乐部以株萍铁路工会的名义,与粤汉铁路的新河、岳阳、徐家棚3个工人俱乐部联合组成粤汉铁路总工会。11月1日,粤汉铁路总工会成立大会在长沙新河车站召开,受刘少奇、李立三的委派,安源工人俱乐部派朱少连、李涤生为代表出席大会。中国劳动组合书记部湖南分部、长沙各工团和学生联合会等30个团体的代表到会祝贺。粤汉铁路总工会是全国最早成立的铁路总工会,成立时有会员1900余人,1923年1月增加到2500余人。

开滦煤矿由唐山、赵各庄、林西、马家沟、唐家庄五矿组成。10月16日,开滦五矿俱乐部向矿局提出增加工资、改善待遇等六条要求,遭到矿局无理拒绝并扣压工人代表。10月23日,开滦煤矿3700多工人在劳动组合书记部的领导下举行罢工。之后,开滦五矿工人、秦皇岛码头工人、唐山铁路工厂工人和京奉铁路工人陆续罢工,罢工总人数达2万余人,成为安源大罢工之后全国规模最大的一次罢工。当时安源路矿工人俱乐部正在刘少奇、李立三的领导下忙于自身改组和推进工团联合。俱乐部得知消息后,于11月1日通电声援,并捐赠银元109元。通电痛斥英帝国主义及其走狗武力镇压罢工、残杀罢工工人的血腥罪行,并呼吁"我们除实力的经济援助外,希望全国工友都应该知道同阶级的利益关系,拿出阶级的同情心来援助他们,同时,更希望我们的指导者中国劳动组合书记部速即订出计划,命令全国各工团一致行动。全国工友们呀!赶快起来援助他们,救他们的命。"当开滦煤矿罢工斗争正在紧张进行时,劳动组合书记部于11月20日在北京秘密召开全国铁路工人代表会议。会议原旨议题是讨论开滦工人罢工事宜,不料持续25天的罢工以失败告终,于是转而商议筹建全国铁路总工会。安源工人俱乐部派代表出席了此次会议。会议通过10多件决议案,决定成立全国铁路总工会筹备委员会,并决定在最短时间内成立各路总工会,然后正式成立全国铁路总工会。安源工人俱乐部代表朱少连、李涤生被指定为全国铁路总工会驻株萍铁路的宣传联络委员。

这次代表会议后,京汉铁路工人即遵照会议决定,加紧筹建总工会。到1922年底,京汉铁路共成立了16个工会分会,广大工人迫切要求建立全路统一的工会组织。因此,京汉铁路总工会筹备委员会冲破军阀吴佩孚的重重阻挠和威吓,于1923年2月1日在郑州举行总工会成立大会。安源工人俱乐部代表和各地工团代表一道前往祝贺。然而,吴佩孚派军警捣毁了总工会成立大会的会场。为了反抗军阀暴行,总工会决定2月4日举行全路工人总罢工,并将总工会移到汉口江岸办公。共产党人项英等是此次罢工的领导人。随着一声汽笛长鸣,京汉铁路的3万名工人秩序井然地开始罢工。2月7日,吴佩孚命令其部下萧耀南等派军队包围总工会,血腥屠杀罢工工人,开枪打死工人50余人,打伤300多人,被捕入狱60余人,开除1000余人,工人家属也遭到洗劫,京汉铁路总工会江岸分会委员长、共产党员林祥谦,京汉铁路总工会法律顾问、共产党员施洋等先后惨遭杀害,制造了震惊中外的二七惨案。

1923年2月,二七惨案的消息传到安源,工人俱乐部立即联合粤汉铁路、水口山、长沙等处19个工团,组成湖南全省工团援助京汉铁路委员会,一方面发出快邮代电,痛数北洋军阀的滔天罪行,唤起全国人民的同情,呼吁请求社会各界的援助;另一方面发起募捐行动,募集一大笔资金救援京汉铁路遇难的工人。到3月初,安源工人共募捐到2600余元,陆续寄往京汉铁路各工会。

原本定于1923年3月召开全国铁路工人代表大会,正式成立全国铁路总工会的计划因二七惨案而中断,多数铁路工会被封闭或解散。经过一年的风波和整顿后,于1924年2月7日在北京秘密举行了全国铁路工人第一次代表大会。安源工人俱乐部派株萍铁路工人代表出席了大会。大会制定了《全国铁路总工会章程》,选出领导机构,正式成立中华全国铁路总工会,并发表宣言。然而,同年5月形势急转直下,铁总位于北京的秘密会所被军阀抄封,多数领导人先后被捕;铁总所属的京汉路、胶济路等工会也遭破坏,只有株萍铁路工会继续存在,并为恢复铁总而继续工作。一年后,1925年2月7日,全国铁路总工会在郑州举行了第二次代表大会。安源路矿工人俱乐部向大会致祝词,株萍铁路工人代表向大会报告了1922年罢工胜利后俱乐部的组织状况和教育、文化及经济事业发展情形。此后,各地铁路工人运动逐渐复兴。

2. 参与筹建湖南全省工团联合会,支援湖南工人斗争

1922年9月,刘少奇在参与领导筹建粤汉铁路总工会的同时,也积极参与领导了湖南全省工团联合会的筹建工作。9月16日，正当刘少奇在安源与路矿当局进行针锋相对的生死谈判时，劳动组合书记部湖南分部在长沙召开湖南各工团代表会议，安源路矿工人俱乐部和各工团代表20余人出席。会议讨论成立湖南劳动立法同盟问题。会议一致通过成立湖南劳动立法同盟，以同盟的名义发表通电，并起草同盟章程及劳动法案。劳动立法同盟的正式成立，使全省工团联合迈出了一大步。11月1日，刘少奇、李立三派朱少连代表安源路矿工人俱乐部出席粤汉铁路总工会成立大会，倡议成立湖南全省工团联合会，获得会上各工团代表的热烈赞同。当天即在粤汉铁路总工会会所举行全省工团联合会第一次代表会议，粤汉铁路总工会代表毛泽东、长沙铁路工会代表郭亮、安源路矿工人俱乐部代表朱少连、李涤生及其他工会代表30余人出席。会议宣告湖南全省工团联合会成立。坐落在长沙五一路、蔡锷路交接处宝南街的鲁班庙51号，是湖南省工团联合会的旧址所在地。11月5日，在粤汉铁路总工会会所召开第二次代表会议，20余名代表出席。刘少奇、李立三派安源路矿工人俱乐部干部朱少连、朱锦棠出席。会议讨论通过了毛泽东起草的《湖南省工团联合会章程》，选举毛泽东为干事局总干事，郭亮为副总干事。干事局设秘书、经济、组织、宣传4科，朱少连、朱锦棠和长沙泥木工会代表任树德、人力车工会代表罗学瓒等分别被选为各科正、副主任。由干事局向全国发布宣言，通报工团联合会成立情况，宣告湖南全省工人的统一组织——湖南省工团联合会正式成立。此时，湖南省工团联合会下辖工团15个，会员3万余人，与湖北省工团联合会并称为中国共产党领导的"两大地方组合"[1]。

　　湖南全省工团联合会成立后，在刘少奇、李立三的领导下，安源路矿工人俱乐部便积极致力于援助湖南各地的工人斗争，其中最突出的就是支援水口山铅锌矿的工人大罢工，并取得胜利。

　　水口山铅锌矿位于湖南常宁县北部，是湖南省官办企业、当时全国最大的铅锌矿，有工人3000余名。1921年10月，毛泽东第一次到衡阳指导建立三师党小组时就明确提出，你们要到水口山矿去，那里有很多工人，工人革命性最强，建党要与工人结合起来，在工人中发展党员、团员，建立党团组织。遵照毛泽东的指示，1921年冬至1922年4月，衡阳党组织在水口山矿发展70多名工人加入中国社会主义青年团，并吸收刘东轩、宋乔生等工人加入中国共产党。1922年4月，毛泽东亲临水

---

[1] 邓中夏：《中国职工运动简史》，人民出版社1953年版，第39页。

口山矿,提出了"生存权第一重要"的口号。同年9月18日,刘少奇、李立三领导的安源路矿工人大罢工取得胜利的消息传到水口山铅锌矿,好比点燃了一把巨火,矿区立即沸腾起来。中共水口山矿小组立即派工人党员刘东轩赴安源学习斗争经验。11月,应刘东轩的请求,刘少奇、李立三派俱乐部文书股长蒋先云、经济委员会委员谢怀德和工人李庆余、方福胜4人前往水口山,帮助那里的工人建立俱乐部。水口山矿局闻此情形,唯恐工人罢工潮波及本矿,召集各工头四处恐吓道:"你们工人当然可以组织团体,但是现在各处的工团,都是横行暴动,水口山为湖南官矿,断不能容你们随随便便。今特诚意劝你们,希望你们各守本分,勿信他人唆使。又闻安源方面有人来此,本局为维持矿局起见,已经派出无数人员各处密查。如本山工人,确不信劝,务要组织俱乐部,本局当予严惩。如安源有人来此,一经查获,即时就地正法"①。

11月22日,蒋先云、谢怀德等4人不顾威胁来到水口山矿,传播安源罢工斗争经验,帮助组织工人团体。当晚即召集工人积极分子开会,商量筹组工人俱乐部。次日,湖南省水口山工人俱乐部筹备处成立,组织临时干事会及临时代表会,公推罗同锡为临时干事会主任,刘东轩为副主任,蒋先云为全权代表。临时干事会决定以"十人团"为基层组织串连工人。在工人俱乐部筹备处,他们针锋相对地贴出了一张革命传单:工友们呀!我们成天成夜不要命的工作,也觉得快活吗?油盐菜米不够吃,父母妻子难养活,也觉得幸福吗?唉!再比我们苦没有了,还说什么快活呢!再比我们穷没有了,还说什么幸福呢!工友们呀!我们想想,为什么到这个境地呢?……近两年来,各铁路、各矿山也组织有工会,或是俱乐部了。……一人的力量很小,大众的力量无穷。我们已经觉悟了,醒来了!我们现今也组织一个'湖南水口山工人俱乐部'。……我们这个团体,何等正大,何等要紧!"②几天之内,就有成百成千的工人群众踊跃加入工人俱乐部。

11月27日,水口山矿工人在常宁松柏镇的康家戏台集会,庄严宣布水口山工人俱乐部正式成立。俱乐部成立后,随即向当局提出了承认工人俱乐部有代表工人之权、津贴俱乐部工作经费、增加工人工资、均分红饷四项要求。矿局对工人提出的

---

①鸣非:《湖南水口山工人俱乐部纪实》,载《安源路矿工人运动》上册,中共党史资料出版社1991年版,第63页。
②《中共党史人物传(精选本)》(第三卷英烈与模范卷下册),中共党史出版社2010年版,第182页。

合理要求置若罔闻,并且密谋破坏俱乐部。矛盾空前激化,大罢工势在必行。经过紧张的酝酿和准备,12月5日,一场震撼全国的水口山铅锌矿工人大罢工正式爆发。3000多名工人没有一人上工,就地集中抗议矿局残酷剥削和压迫工人的罪行。工人俱乐部发表罢工宣言,提出了争取工人自由,实行8小时工作制,改善工人政治、经济待遇等18项要求,责令矿局必须全部答复,否则,决不复工。罢工布告和传单贴满了矿山的每一个角落。安源工人俱乐部鼎力声援水口山工人的斗争,"除已给济水口山工人俱乐部罢工费用五百元,并屡函电湘省当局促其从速解决外,特再恳各界同胞共本天良,作各种实力援助,工人阶级幸甚。"①最终,在工人们坚决斗争和强大的社会舆论的声援之下,矿局迫于各方面的压力,不得不于12月25日签订承认工人俱乐部提出的改善工人待遇的18项要求,历时23天的水口山工人罢工斗争取得胜利。

这次罢工斗争,壮大了湖南工人运动的声势。它是湖南第一次工运高潮中产业工人罢工的高峰,有力地推动了全国工人运动的高涨,在中国工人运动史上占有光辉的一页。中国劳动组合书记部负责人邓中夏对此给予高度评价:"中国矿山虽多,唯有全部组织的,只有江西之安源及湖南水口山二处,而水口山铅锌矿罢工,其雄壮不亚于安源"②。

然而,反动势力总是不会轻易善罢甘休的。1923年11月,水口山铅锌矿工人俱乐部被赵恒锡武力解散,一些骨干分子来安源避难。刘少奇安排工人热情接待,并决定由安源路矿工人俱乐部帮助安排生活出路,支援旅费百余元。此外,俱乐部还在经济上援助了长沙泥木工、湘潭锰矿工会和株洲被捕工友等。1924年夏天,株洲、长沙一带发生大水灾。安源工人俱乐部救济株洲难民1130余元,又向湖南全省工团联合会赈灾捐款350余元,赈济长沙难民。

3. 筹建汉冶萍总工会,支援汉冶萍旗下厂矿工人斗争

1922年8月初,安源路矿工人俱乐部在得到汉阳铁厂工人罢工胜利的消息后,就曾想与汉阳铁厂工人俱乐部联合发起成立汉冶萍总工会。因本身力量还弱,

---

① 《安源路矿工人俱乐部声援湖南水口山罢工工人电》,载《安源路矿工人运动》上册,中共党史资料出版社1991年版,第55页。
② 邓中夏:《中国农民状况及我们运动的方针》,载1924年1月5日《中国青年》周刊,第13期。

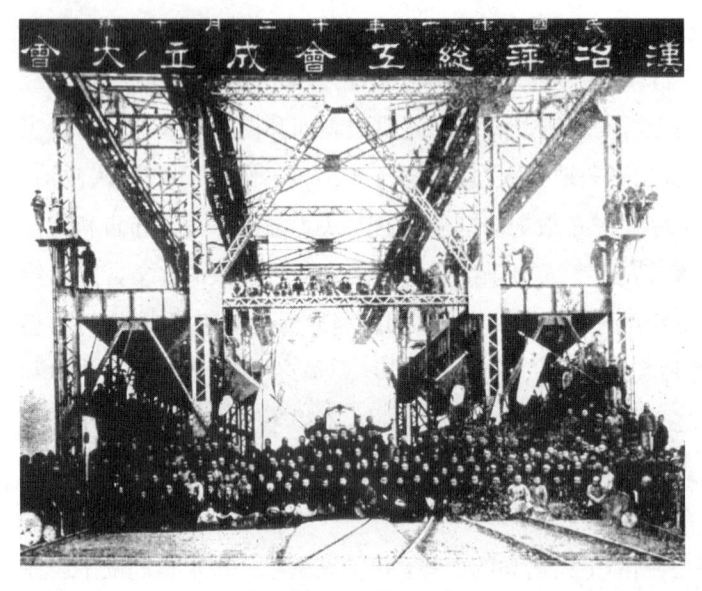

汉冶萍总工会成立大会

而且大冶厂矿和公司轮舶工人尚未组织起来，所以没有正式提出这一倡议。安源大罢工胜利后，俱乐部于10月间进行了机构改组，实力大增，公司所属其他厂矿的工人有的成立了俱乐部，有的正在组织，因而成立汉冶萍总工会的条件日益成熟。同月，正在筹建工人俱乐部的大冶钢铁厂工人为着争取各厂矿工友的有力帮助，便向安源路矿工人俱乐部提议成立汉冶萍总工会。经刘少奇、李立三商议，立即派安源路矿工人俱乐部路局主任朱少连、最高代表会议书记朱锦棠前往汉阳参与筹备。11月12日，汉冶萍总工会第一次筹备会在汉阳召开，安源路矿、汉阳铁厂、轮驳、大冶钢铁厂、下陆铁矿5个工团代表出席会议。会议讨论通过了组织大纲，决定总工会会址设于汉阳三码头老街。20日，召开了第二次筹备会议，修订章程和代表会议细则，起草宣言。12月9日，召开全体代表会议，通过《汉冶萍总工会章程》和成立宣言，宣告总工会成立。总工会以"联络感情，互相帮助，群策群力，谋工人阶级之利益"为宗旨。大会选举了汉冶萍总工会执行委员会，刘少奇被选为执行委员。汉冶萍总工会是由汉阳钢铁厂工会、安源路矿工人俱乐部、大冶下陆铁矿工人俱乐部、汉冶萍轮驳工会、大冶钢铁厂工会5个团体组成，总计有会员3万余人，是当时中国最大的产业工会组织。

12月10日下午1点，汉冶萍总工会成立大会在汉阳三码头老街会所隆重举行。会场布置得很是壮丽，到处摆满了各界送来的牌匾，乐声、鞭炮声，齐震耳鼓。到会的有5个工团的代表，以及各地工会观光团和武汉各民众团体代表，总计2000余人。首先由大会主席李立三致词。他说："今天是汉冶萍总工会成立之日，即是我们汉冶萍这个大产业之下的3万余工人团结携手之日；我们无量欣慰。……我们要知道组织团体,是工人运动必要的要求,是社会进化自然的现象。本会之成立,也就是以上所说的自然结果。"[1]他着重说明了汉冶萍总工会最近的三项奋斗目标:第一,求政治法律之保障,即努力参加政治活动,在法律上争得平等的对待,争得集会、结社、言论、出版之自由权及罢工权;第二,求经济的改善,即要求减少工作时间,增加工资,改善工厂的卫生设备,要求有受教育的机会;第三,求人格和地位的提高,反对对工人的侮辱和蔑视,提高工人作为世界的创造者在社会中应占的地位。接着,20多位各团体代表和来宾工友发表祝词或贺信。他们从不同角度论述了工人阶级组织起来、联合起来为争取应得的权利而斗争的必然性和必要性,大家希望汉冶萍总工会的工友不要辜负自己的历史使命。

汉冶萍总工会成立后,安源路矿工人俱乐部一直在其中发挥着中流砥柱的作用。根据俱乐部的预算安排,除了每月向总工会缴纳30元(后增到80元)的会费外,还每月向汉阳铁厂工人俱乐部拨付活动经费80元,以保障他们的工人俱乐部正常活动的开展。1923年1月,汉阳铁厂、大冶钢铁厂和下陆铁矿工人分别为增加工资、改良待遇而罢工的时候,安源路矿工人俱乐部除了通电声援外,由李立三、刘少奇牵头,协同其他工团代表前往协助指挥。汉冶萍总工会是全国最早成立的产业工团组合,它所属的5个工会,除安源工会外,都是全国最早成立的省级工会——湖北省工团联合会的主要成员。可以说,以刘少奇、李立三为主要带头人的安源路矿工人俱乐部发起和参与筹建的汉冶萍总工会,对援助汉冶萍公司旗下其他厂矿工人的斗争做出了重大贡献,也对湖北省和全国工人运动的发展做出了重要贡献。

1923年京汉铁路二七惨案发生后,汉冶萍总工会遭到军阀的武力封闭,所属的5个工会除安源工会外,均因军阀的摧残和压迫而难以开展活动。就在这个紧要关头,同年2月,安源路矿工人俱乐部总主任李立三被中共中央调任中共武汉区执委会委员长。刘少奇接替李立三代理俱乐部总主任,同时兼任俱乐部窿内主任。在汉冶萍总工会第一次代表大会上被选为执行委员的刘少奇,始终没有忘记总工会成立时的三大目标和自己的历史使命。惨案发生后,总工会仅剩下人数不多的骨干在汉阳秘密工作。在刘少奇的支持下,安源路矿工人俱乐部每月为他们提供45元的活动经费,自1923年7月起每月增至80元,1924年5月起增至120元。1923年下

---

[1]《汉冶萍总工会成立》,载《安源路矿工人运动》下册,中共党史资料出版社1991年版,第1160页。

半年,汉阳铁厂大批工人被解雇。安源工人俱乐部组织救助汉阳募捐委员会,从工人中募集到救助款310余元;俱乐部干事会并作出决定:"尽力援助汉阳铁厂失业工友恢复工作。"①在政治环境严重恶化的情况下,安源路矿工人虽然生活艰苦,但对各地工人的援助却有增无减。1923年2月至1924年8月,安源路矿工人俱乐部累计向湖南全省工团联合会、粤汉铁路总工会和汉冶萍总工会提供活动经费达2100多元。

4. 筹划并组织罢工胜利周年纪念活动

刘少奇领导安源工人在全国工运低潮中进行着艰难的斗争。他要向反动势力证明工人阶级并没有从此倒下。1923年5月1日,是国际劳动节,亦是安源路矿工人俱乐部成立一周年的日子。为了显示工人俱乐部的威望,鼓舞士气,在刘少奇的主持下,工人俱乐部决定在五一节召开全体部员大会,举行大规模

安源路矿工人庆祝五一劳动节暨安源路矿工人俱乐部成立一周年

的游街活动以示纪念。5月1日这天,安源路矿两局全体工人停工一天,1.3万多工友都挥舞着旗帜来到半边街大操场集合,以"八小时工作、八小时休息、八小时教育及俱乐部成立万岁"作为纪念活动口号。刘少奇在会上发表演说。会后举行盛大游行,"沿途旗帜掀天,呼声雷动,颇极一时之盛。此次示威运动以后,工人更知自己力量之浩大,精神为之大振。"②

刘少奇在领导工人坚持斗争的过程中始终没有忘记马克思关于"全世界无产

---

① 《工人俱乐部干事会报告》,载《安源路矿工人运动》上册,中共党史资料出版社1991年版,第322页。
② 刘少奇、朱少连:《安源路矿工人俱乐部略史》(1923年8月10日),载《安源路矿工人运动》上册,中共党史资料出版社1991年版,第113页。

者联合起来"的教导。1923年8月,安源路矿工人俱乐部举行换届改选,正式选举刘少奇为俱乐部总主任、朱少连为路局主任、陆沉为窿外主任、朱锦棠为窿内主任。俱乐部干事会议决定由总主任刘少奇担任对外一切交涉和负责内部整理、训练等工作。当月,刘少奇便主持制定了工人俱乐部工作计划,重新把对外发展、推动工团联合的问题提到议事日程上来。同年9月,他决定利用举行安源罢工胜利周年纪念活动之机会,邀请各地工会代表来安源参加纪念活动,以加强各地工会之间的联系,促进全国工团联合。

9月中旬正值白露季节,秋风飘过安源天空,一夜秋雨,把原本被煤尘笼罩的群山洗得清新碧绿,景色格外绚丽。位于安源半边街广场的安源路矿工人俱乐部门前,扎起了用松柏和鲜花装饰得焕然一新的牌楼,屋内围墙四周挂满彩旗,正门头上悬挂着一块写着"劳工神圣"大字的横条,两边悬挂着"有团结精神,有阶级觉悟;是劳工保障,是人类福星"对联。除工人俱乐部外,工人消费合作社和各工人学校都扎起了引人注目的牌楼,古老的安源矿山到处呈现出一派繁华和喜庆的节日气氛。

9月17日,应邀请前来参加罢工胜利周年纪念活动的各地党组织和工会代表纷纷来到安源,他们是:中共中央宣传教育委员会委员高君宇、中共湘区执委会书记李维汉、中共武汉区执委会委员长李立三,以及中国劳动组合书记部、全国铁路总工会筹委会、湖南全省工团联合会和汉冶萍总工会等各地工会代表,从而成了除广东以外全国各地工会代表的一次重要集会。当晚,刘少奇率新选出的俱乐部全体主任团成员看望了各地来宾,并对他们的到来表示热烈欢迎。

18日,是安源路矿工人大罢工胜利周年纪念日,路矿两局全体工人停工一天,以示纪念。当天,半边街广场上搭起了临时讲台。台上挂着写有"安源路矿工人俱乐部罢工胜利周年纪念典礼"的红布白字横幅,讲台正中间摆着象征安源路矿工人的岩尖、铁锤和火车轮图案组成的俱乐部部徽。

上午8时许,安源工人子弟学校的学生举着写有"全世界无产阶级联合起来"

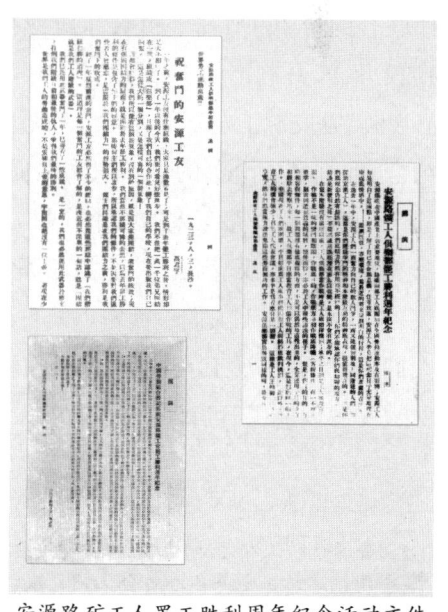

安源路矿工人罢工胜利周年纪念活动文件

"安源路矿工人俱乐部万岁"等口号的条幅进入会场，来自全国各地的工会代表也纷纷入场，1.3万余工人早已聚集在此等候纪念会开幕，口号震天动地。随后，俱乐部路局主任朱少连宣布大会开始，大家齐唱《安源路矿工人俱乐部部歌》，歌声响彻云霄。

此次安源路矿工人俱乐部罢工胜利周年纪念活动，收到了来自中国劳动组合书记部、全国铁路总工会筹备委员会、湖北民权运动大同盟、武汉青年学会、北京工人周刊社、北京劳动通讯社、湖北全省工团联合会、湖南全省工团联合会、京奉路总工会山海关分会、津浦铁路工会浦镇分会、粤汉铁路徐家棚工会、水口山工人俱乐部、汉冶萍总工会、汉阳钢铁厂工会、正太铁路总工会石家庄工会等15家工团的来函来电。

大会现场，中国劳动组合书记部、全国铁路总工会筹备委员会、北京工人周刊社、湖北全省工团联合会、湖南全省工团联合会、水口山工人俱乐部、汉冶萍总工会的代表上台发表了祝词。他们高度赞扬安源路矿工人俱乐部"增了中国劳动运动历史的光荣"，"是中国一万数千新式产业军的大团结"，"教育的发展，经济的建设，精神的紧结，声誉的树立，使他基础更加稳固，前途更显光明，环顾全国，确是劳动界的一根柱石"，是"照耀黑暗社会中的一颗明星"[1]。祝词从不同角度向安源工人俱乐部提出了不满足于现在成就，不自我独立，统一力量，扩大和坚固团结，推动全国工团联合的希望和任务，并要求继续执行因二七惨案发生而未能实现的中共中央1922年11月制定的工团联合计划，指出安源工友："应当都感到一个历史工作的必要，就是安源工友不但要扩大和坚固他们本地的团结，且要注意援助别地矿工的结合，促进矿工全国的总组织"，以促成"铁路工友总组织的实现"，那时便可组织"矿工、海员和铁路工人的三角同盟"，形成"中国劳动阶级的骨干势力"[2]。

随后，李维汉、高君宇、李立三等党组织负责人发表演讲。他们高度赞许"在过去一年中，安源工人们一面奋力向自己的敌人斗争，一面又能援助别地方同阶级的人们（如援助京汉工人），这都是你们阶级斗争的精神和本阶级互助的精神表现"；称赞安源创造了"可喜的一个新景象"，"这一年的经过，无处不表现工友们团结的

---

[1] 载《安源路矿工人运动》上册，中共党史资料出版社1991年版，第70—76页。
[2]《全国铁路总工会筹备委员会祝词》，载《安源路矿工人运动》上册，中共党史资料出版社1991年版，第72页。

精神和力量"。安源工人俱乐部能取得胜利,"没有别的原因,只是因大家能团结,能奋斗的缘故","有团结的奋斗,才有今日的成绩。"最后,他们深切嘱托安源工人俱乐部要继续奋斗前进,担负起自己的职责和历史使命,"希望安源工人扩大同阶级的互助精神和自治精神","不但要促进了安源本地团结的强度,且要进而与全国矿工团结,再进而与全国别业工友及全世界工友联合。"①

  李立三等发表完讲话后,刘少奇走上台。他首先代表俱乐部对前来参会的各位嘉宾、工团代表和安源工友表示热烈的欢迎,随后他润了润嗓子,激情澎湃地发表了《对俱乐部过去的批评和将来的计划》的演说。首先他回顾道:"我们安源自去年9月罢工胜利以后,继续至今,所得的胜利——增加工资,打破包工制度——要算已经成功第一步的工作——工人解放运动最初步的工作。在这一点点的成功里面,我们已经用尽了许多的力量,经过了许多的经验,做出了许多的错误,这总算使我们这些缺少奋斗经验的人,在这里面得到了很多的教训。"他希望大家能明白,"增加工资减少时间这种经济的奋斗,在工人将来全部的利益上看来是很小的,但是我们必得要做这种利益很小的运动,才能使工人目见利害的关系团结起来,才能训练工人的奋斗能力及方法,这是工人解放运动最初步的工作。"②

  因此,为了"不使前日的成功失败,赶紧引导全体工友向劳工解放运动的正当道路前进。"接下来,刘少奇毫不留情地揭露了过去一年来俱乐部主任团成员李立三、朱少连、余江涛、陆沉以及他自己在工作和品质上的不足和失误,指出"各主任到后来都有点官僚的态度,对工友很少细心和悦。"然后,又逐一对俱乐部各工作股的工作错误进行了总结和批评,指出了总代表、百代表、十代表和部员在这一年里做出的不少错误事实和表现的许多错误观念。他告诫大家,"工人以罢工手段要求普遍的增加工资和减少工头职员无理的压迫与剥削,并不是我们工人的目的,乃是一种手段,即是利用群众的'利害'心理划清资本家与工人之界限使工人阶级自觉的团结起来。"③

  针对过去的错误,刘少奇对俱乐部接下来的工作开展确定了三项工作计划:

---

①载《安源路矿工人运动》上册,中共党史资料出版社1991年版,第79—90页。
②刘少奇:《对俱乐部过去的批评和将来的计划》(1923年8月20日),载《安源路矿工人运动》上册,中共党史资料出版社1991年版,第92页。
③刘少奇:《对俱乐部过去的批评和将来的计划》(1923年8月20日),载《安源路矿工人运动》上册,中共党史资料出版社1991年版,第91页。

（一）努力建设与内部整顿，以稳固并扩大安源团体的基础；（二）扩大组织，由安源地方的组织进而为全国的组织；（三）训育部员，提高工人阶级的智识并训练工人作事的能力。要求俱乐部下届办事人员和全体工友将这三项工作视为自己的责任和任务，随后，他又根据各工作股的实际情况，提出了具体的工作要求和目标。

刘少奇激昂的讲话不时被一阵又一阵热烈的掌声和欢呼声打断。

最后，刘少奇真心诚意地说道："今日正当热烈纪念上年罢工胜利的日子，各工友心里当然个个回想到上年罢工时间的情形和俱乐部一年来说经过各种艰难困苦的事变；大家尊重这个纪念日并尊重俱乐部而庆祝，使我不得以十二分的诚意希望俱乐部在将来有无穷的发展。"并希望大家"保持前日团结的精神，奋勇前进！则我诚意希望之将来的俱乐部，当从大家的齐心努力中得来。"①

说到这，刘少奇心中满腔澎湃的热血早已沸腾，带头高呼"安源路矿工人俱乐部万岁！"这呼声响彻安源天际。会后，举行了声势浩大的示威游行。

安源路矿工人罢工胜利周年纪念活动，总结了工作，交流了经验，促进了各工团之间的团结和友谊。这次纪念活动所产生的文献，包括工人俱乐部及其各委员会各股的工作报告，被编印成《安源路矿工人俱乐部罢工胜利周年纪念册》，向全国各地工会发行，其目的之一，正如该纪念册的《发刊词》所说，是为了使"我们的朋友知道了我们的过去，以便有所指教，或有所借鉴，作联合运动的基础。"②

5. 重振汉冶萍总工会，筹建中华全国总工会

安源路矿工人俱乐部在斗争中越战越强。特别是它能在全国革命形势逆转的情况下"巍然独存"，极大地鼓舞了广大工人。与三年前刚回国的年少相比，刘少奇在政治和实际工作经验上都已成熟很多，受到了社会各方面的广泛关注，被公认为全国的工人运动领袖。

1924年初国共两党实行合作后，各地在二七惨案后被查封的工会纷纷恢复，使一度消沉的工人运动重新走向复兴。在推进安源工人运动向前发展的同时，刘少奇领导了汉冶萍总工会的组织恢复工作。1924年9月，刘少奇利用湖南、湖北两省

---

① 刘少奇：《对俱乐部过去的批评和将来的计划》（1923年8月20日），载《安源路矿工人运动》上册，中共党史资料出版社1991年版，第104页。
② 本馆藏《安源路矿工人运动俱乐部罢工胜利周年纪念册》，转引自刘善文：《安源路矿工人运动史》，上海社会科学院出版社1993年版，第181页。

工团联合会和汉阳铁厂、大冶新铁厂等工会来安源参加罢工胜利两周年纪念活动之机,秘密召开汉冶萍总工会第二次代表会议,重振汉冶萍总工会。

9月16日上午,刚在俱乐部召开的有数千工人参加的庆祝安源罢工胜利两周年纪念大会上发表演讲的刘少奇,下午2点匆匆忙忙赶往俱乐部办公大楼会议室,秘密召开汉冶萍总工会第二次代表大会。安源工会代表和其他汉冶萍总工会工团代表共15人出席。会议由刘少奇主持。他首先回顾了汉冶萍总工会成立以来的工作情况。针对当前形势,他指出:"目前,全国的劳工运动虽然仍处于低潮,但这只是暂时的现象,全国劳工运动很快就会复兴!""为了尽快实现工人阶级的产业联合,今天我们在这里召开汉冶萍总工会第二次代表会议,正式恢复汉冶萍总工会的组织及其活动。"最后他慷慨激昂地说:"我们今后不仅应为我们自己的团体,为我们万余苦朋友,努力奋斗;我们更应为我们全国乃至全世界的苦朋友努力奋斗!"[①]

根据刘少奇的提议,与会代表一致同意敦请湖北全省工团联合会代表陈潭秋、湖南全省工团联合会代表袁达时、中共安源地执委会书记宁迪卿、中国社会主义青年团安源地执委会秘书贺昌4人为会议顾问。大会至18日结束,共开会6次。在刘少奇的主持下,与会代表讨论了在军阀压迫下如何开展活动和防止工贼破坏工运的办法,决定以注重政治斗争为恢复工会活动的基本立足点,并通过4个决议案和1个通告。大会宣告汉冶萍总工会恢复。按照民主集中制的原则,全体代表以无记名投票的方式选举了汉冶萍总工会临时执行委员会组成人员,选出临时执行委员5人、候补委员5人,刘少奇当选为临时执行委员会委员长。这次会议之后,汉冶萍总工会机关移驻安源。刘少奇一面继续领导安源工人运动,一面从安源抽调干部前往汉阳铁厂、大冶新铁厂和铁矿秘密开展工作,使这些地区的工人运动很快又得到恢复和发展,为中国共产党在长江流域领导的工人运动树起了一根支柱。

由于刘少奇当选为汉冶萍总工会临时执行委员会委员长,即将调离安源,参与中华全国总工会的筹建工作,"1924年(安源路矿工人俱乐部)是第三次改选,刘少奇奉党的命令调他处工作,总主任由陆沉担任"[②]。

1925年1月,中国共产党第四次全国代表大会在上海召开,明确提出无产阶级在民主革命中的领导权和工农联盟问题,为迎接日益高涨的北伐革命做准备。同

[①] 刘少奇、朱少连:《安源路矿工人俱乐部略史》(1923年8月10日),载《安源路矿工人运动》上册,中共党史资料出版社1991年版,第138页。
[②] 杨近兴自传(1968年11月),原件存安源路矿工人运动纪念馆。

时,为了更好地指导正在走向复兴的工人运动,中共中央认为成立全国总工会的条件已经成熟,决定同年5月1日在当时的革命中心广州召开第二次全国劳动大会。

在这以前,1922年1月香港海员工人大罢工的胜利,极大地鼓舞了中国工人阶级的斗争信心,推动了全国工人运动的发展。为了加强对工人运动的领导,中共中央决定由中国劳动组合书记部发起召开全国劳动大会。1922年5月1日,第一次全国劳动大会在广州召开,这是中国劳动运动史上的第一次大会。但会上没有成立全国总工会,只决定以中国劳动组合书记部作为全国工人组织的总通讯机关。为了更广泛的团结工人群众,第二次全国劳动大会不再以劳动组合书记部的名义召集,而是由两个全国有影响的、最大的产业总工会——全国铁路总工会、汉冶萍总工会,邀同中华海员联合总会、广州工人代表会共同发起召开。刘少奇则代表第二次全国劳动大会的发起单位之一——汉冶萍总工会前往广州参加大会和全国总工会的筹备工作。

1925年春,刘少奇告别了工作两年多的安源,和工友们依依惜别后,携同妻子何葆珍一起离开安源,前往广州。

时间紧,任务重,一到广州的刘少奇便立即投入紧张的大会筹备工作。正当此时,1925年3月12日,从北京传来国民革命领袖孙中山因肝病逝世的噩耗,举国悲痛,纷纷举行各种悼念活动。对孙中山推崇备至、极为敬仰的刘少奇很快在《中国工人》第4期发表了《悼孙中山先生》一文,深切缅怀革命先行者孙中山的丰功伟绩,并号召全体国民发扬孙中山"天下为公"的革命精神。他写道:"处在半殖民地的中国工人阶级,还是受了外国帝国主义与中国军阀的两重压迫,所以最近中国工人阶级争斗的目标,是积极的推倒外国帝国主义与军阀,促成中国的国民革命。""中山先生死了,中国工人阶级以后的责任加重了,要拥护中山先生的主张,依照中山先生的策略,继续中山先生'革命数十年如一日'的精神,整齐队伍,不断的向帝国主义与军阀奋斗。"4月12日,广州各界举行了孙中山先生追悼大会,刘少奇代表汉冶萍总工会在会上发表演说,呼吁全国工人阶级联合起来,继承孙中山先生遗志,完成尚未成功的国民革命大业。

随着革命形势的好转,立即正式成立中华全国总工会,以加强对全国工人运动的领导,迎接大革命高潮的到来,已经成为中国共产党当时刻不容缓的紧急任务。第二次全国劳动大会要讨论通过的文件达30多个,其中《工人阶级与政治斗争决议案》《经济斗争决议案》《工农联合决议案》和《中华全国总工会总章》等文件,是刘少奇在短短一个月时间里起草或主持起草的。在大会筹备期间,刘少奇还撰写了《"二七"失败后的安源工会》一文,发表在1925年4月出版的《中国工人》第4期。文章概述了"二七"失败后安源工运的主要成就和主要经验,指出:"在这种全国工人运动极沉寂的时期里面,独有一个安源路矿工会,偏偏不是这样,偏偏还能打破阻碍发展自如"。谈到安源工人运动坚持和发展的经验时,文章指出:"安源工友其所以在'二七'失败后能做到这样好的原因,就是工友能够齐心,能够奋斗,又能够看清环境"。文章号召全国工友"注意学安源工友的战术——齐心、奋斗、看清环境取决自己战斗的方式!"①

刘少奇在全国第二次劳动大会上讲话

1925年4月29日,第二次全国劳动大会第一次预备会议召开。刘少奇代表筹备处在会上报告了参加本次大会的团体、代表人数以及经费筹集等情况。

5月1日至7日,第二次全国劳动大会在广州召开。1日上午,第二次全国劳动大会和广东省第一次农民代表大会的代表,和广州市工人、郊区农民、革命军等各界人士10余万人,举行了盛大的游行,庆祝五一劳动节。随后,在广州大学大礼堂举行大会开幕式,刘少奇、廖仲恺等被推选为大会主席。出席大会代表281人,代表166个工会,54万多会员。安源路矿工人俱乐部选派代表朱少连等参加汉冶萍总工会代表团出席大会。大会期间,刘少奇向大会作了《工人阶级与政治斗争决议案》的报告,明确提出中国无产阶级在民主革命中的领导地位和工农联盟问题,指出:"中国的民族革命运动,非得工业的无产阶级参加,并取得领导地位,提携着广大的农民群众进行,是不成功的。""工人阶级参加民族革命必须保持阶级的本色,指示革命的出路,引导革命到底。"决议案指明了民族革命的目标:"我们的目标,是要推翻

---

①刘少奇:《"二七"失败后的安源工会》(1925年4月),载《安源路矿工人运动》上册,中共党史资料出版社1991年版,第445、448页。

帝国主义,打倒军阀,实现民族解放,促进世界革命,还是要经过长期的斗争才能够得到。"①这个决议案随后被大会一致通过。

第二次全国劳动大会经过热烈讨论,通过了《经济斗争决议案》《组织问题决议案》《工农联合决议案》和《中华全国总工会总章》《铲除公贼决议案》《加入赤色职工国际决议案》等30多个文件。

中华全国总工会旧址

第二次全国劳动大会在工人运动发展史上具有重大意义。"这次大会,对于中国革命与工人阶级解放的出路有深刻的认识:在政治上,极力主张参加国民革命以打倒帝国主义与军阀,为解放的初步,并主张与农民有亲密的联合。同时在经济上,规定每星期五十四小时工作制,及以物价为比例的工资制,主张改善童工、女工之劳动条件。还有更应加以注意的决议,就是成立'中华全国总工会'。"②从此,中国工人阶级有了统一的全国性组织。大会选举了由林伟民、刘少奇、苏兆征、邓培、刘文松、李立三、邓中夏、李启汉、项英、郭亮等25名委员组成的中华全国总工会执行委员会。推举海员出身的工人领袖林伟民为中华全国总工会执行委员会委员长,刘少奇、邓培和刘文松为副委员长,邓中夏为秘书长兼宣传部长,李启汉为组织部长,孙云鹏为经济部长。第二次全国劳动大会的召开和中华全国总工会的成立,是继中共

①邓中夏:《中国职工运动简史》,人民出版社1953版,第153、157—158页。
②中共中央宣传部党史资料室编:《党史资料》,1954年第4期,第8页。

四大之后促成第一次大革命高潮的重要因素,标志着中国工人阶级的团结和对中国革命的认识发展到一个新的阶段。

这时,不到 27 岁的刘少奇正式成为了全国工人运动的领袖,从此担负起领导全国工人运动这一光荣而艰巨的任务。

第四章　领导二七惨案后安源工人的斗争

1923年京汉铁路二七惨案发生后的全国工人运动低潮期中,刘少奇认真贯彻毛泽东制定的"弯弓待发"斗争策略,领导安源工人挫败了路矿当局武力封闭和瓦解工人俱乐部的种种企图,使工人俱乐部在全国工人运动低潮期中一直"巍然独存"[①]。

1. 贯彻执行"弯弓待发"的退守策略

正当安源工人在为巩固胜利成果齐心奋斗的时候,全国工人运动蓬勃发展的局势突然出现重大的逆转:北洋军阀直系头目、直鲁豫三省巡阅使吴佩孚,在帝国主义支持下,调动2万多军队,从1923年2月7日起,在汉口、郑州、长辛店等地疯狂逮捕和杀戮京汉铁路罢工工人和领袖。沿路各地大批工人被捕被杀,工会相继被军阀封闭,制造了震惊中外的二七惨案。全国工运因而转入低潮。在这个严重关头,安源路矿工人俱乐部总主任李立三,因为工作需要在1923年2月被中共中央调任中共武汉区执委会委员长。中共湘区执委会决定由刘少奇代理安源路矿工人俱乐部总主任,同时兼任窿内主任。

媒体报道《京汉铁路工人大罢工流血真相》

---

① 邓中夏:《中国职工运动简史》,人民出版社1953年版,第109页。

第四章　领导二七惨案后安源工人的斗争

在全国工人运动转入低潮的艰难日子里，安源路矿工人俱乐部面临着严峻的考验。作为安源路矿工人俱乐部代总主任的刘少奇更是面临着巨大的压力。在全国工人运动低潮期中，安源工人运动如何生存和发展？成为摆在刘少奇面前的首要任务。

同年4月下旬，中共湘区执委会书记毛泽东奉调离湘去中共中央工作之前，到安源巡视指导工作。毛泽东听取了刘少奇的工作汇报后，在俱乐部召开工人代表会议，介绍了二七惨案的经过和全国的形势，指示安源工人采取"弯弓待发"之势，提高警惕，加强防范，齐心奋斗，好好保护工人俱乐部；他还讲到，工人必须同农民联合起来，才能打倒军阀。

刘少奇遵照毛泽东的指示，立即对工人俱乐部的斗争策略相应地作了调整：由"哀而动人"的进攻，转变为"弯弓待发"的防守。刘少奇1925年4月在记述二七惨案后安源工会的斗争策略时写道："安源工会眼见全国工会的失败，立取守势，并劝戒工人不要骄傲，不要乱动，竭力团结内部，以防资本家之进攻；一方对资本家的破坏，奋斗到底，毫不退缩"；工会"又能乘着资本家和军阀勾结未深，资本家内部党派分歧之际，拿拢地方绅商，制止资本家之破坏手段"①。由此可见，"弯弓待发"防守策略的要点，一是立取守势，加强防范，随时准备反抗敌人的进攻；二是对于敌人的进攻，毫不退缩的斗争到底。为此，首先必须从思想上和组织上加强工人内部的团结，同时必须善于利用统治阶级内部的矛盾。毫无疑问，这是一条适合当时安源工运实际情况的马克思主义的策略方针。

在实现上述策略转变的过程中，作为这一策略的组成部分，为了保存实力和有利于工作，党对干部队伍作了局部的调整。二七惨案后，因

刘少奇著《二七失败后的安源工会》

---
① 中共中央文献研究室、中华全国总工会编：《刘少奇论工人运动》，中央文献出版社1988年版，第16页。

为中共武汉区执委会领导成员陈潭秋及李求实和其他一些重要干部在当地不能立足,党决定从安源调李立三去武汉任党的区执委会委员长,而将陈潭秋、李求实等调到安源。稍后,湖南、京津、安徽等地一些干部也因在当地遭到敌人追捕而奉调到安源工作。李立三于1923年2月离开安源去武汉。他所任书记的中共安源路矿支部,改建为中共安源地执委会,由朱少连担任书记,他所任工人俱乐部总主任一职由刘少奇代理。李求实于同年4月来到安源,任中国社会主义青年团安源地委委员、安源路矿工人俱乐部文书股长兼管劳动介绍所工作,后又兼任《安源月刊》(后改为旬刊)总编辑。陈潭秋也在1923年8月以前到达安源,先后担任安源工人学校教员、工人俱乐部代理窿外主任,1923年12月被选为中国社会主义青年团安源地委委员,先任秘书,后任委员长。同年秋,因在衡阳参与领导学生运动而被学校当局开除的共产党员黄静源,由党的湘区委派到安源,任工人俱乐部株洲分部办事员兼工人学校第七校教员,后任中共安源地委委员、安源路矿工人俱乐部副主任。1924年春,曾任中国社会主义青年团太原地委书记贺昌因遭敌追捕,由党派遣从京津地区来到安源,担任安源路矿工人俱乐部文书股长、《安源旬刊》总编辑、中国社会主义青年团安源地执委会秘书等重要职务。

此外,二七惨案后至党的三大之前,从湖北和湖南调来的干部有唐绍予、吴化之、徐全直、易足三、盛得亲、柳季刚、向五九、黄五一、何葆贞(即何宝珍)、李一纯等不下30人。从苏联留学回国的任岳、萧劲光、胡士廉、汪泽楷于1924年秋奉派到安源工作。1924年和次年上半年奉调来安源工作的,还有湖南的李树彝、刘士奇、陈清河,安徽的龚逸清、曹谷芸等。各地干部的陆续到来,为安源工运的坚持和发展增添了力量。这些外来干部同本地工人中涌现出来的群众领袖如朱少连、周怀德、谢怀德、袁德生、刘昌炎等团结一致,在刘少奇的正确领导下,贯彻执行"弯弓待发"的退守策略,使安源路矿工人运动在全国工运低潮期中继续坚持并获得发展。

2. 妥善处理六月风潮

京汉铁路二七惨案发生后,刘少奇领导安源路矿工人俱乐部组织工人除继续坚持1月21日开始的株洲转运局大罢工以外,还一面声援和捐款救济京汉路被难工人,一面遵照毛泽东关于"弯弓待发"的指示,立取守势,准备应付可能发生的险要情况。不久,北洋政府交通部来电要安源路矿两局趁各地工会被封之机封闭工人俱乐部。吴佩孚亦来电催促封闭。一些对工人运动抱着敌视态度的资本家和工头也蠢蠢欲动。刘少奇得知这一消息,立即通知工人俱乐部严密组织,加强防范,随时准备决死的反抗。刘少奇1925年4月所著《"二七"失败后的安源工会》一文有如下记述:

> 个个工人无不拼命保护工会,常自动的做侦探,把口子,四处逡巡,日夜不息,满市只见工人密布,如何尽力维护工会,如何向资本家示威恐吓,如有工贼,工人即群起提至工会,加以惩戒,或在工人寄宿舍禁止其自由行动。所有各军警及重要机关,与邮政、电报、电话等交通机关均有工人暗中把守。如此在一小市镇之中,万余工人全体动员出发,资本家稍有动作,工人即刻知道,如是资本家的秘密不能保守,行动不能自由,工贼的破坏无从下手;在工会方面的一切秘密反能保守,行动反能自由。工会能够知己知彼,所以百战百胜;资本家彼此消息不能互通,更不知道工会的消息,所以百战百败。如果资本家以军队包围工人,工人即包围工厂,包围资本家、职员等,要死即行大家死在一块,资本家终于有投鼠忌器之忧,不敢与工人流血。①

矿局见武力封闭不行,便向汉冶萍公司提议"停工改组(即将萍矿故意关门,将工人遣散,再从新召集工人开工)"②,借以解散工人俱乐部。公司则考虑到汉阳、大冶两铁厂都靠萍乡煤矿的煤焦维持生产,汉阳兵工厂也要靠萍乡煤矿供应煤焦,一旦萍矿停工,这几个工厂便也只有跟着停产,不仅企业大受损失,而且地方治安会大乱。所以,对于矿局所提停工改组的主张"未加允许"③。

汉冶萍公司见靠路矿两局的力量不能封闭工人俱乐部,便转而求助于江西督理蔡成勋,企图借助地方兵力实行武力封闭。为此,派曾任萍乡煤矿矿师的大冶铁厂副厂长黄锡赓专程到萍矿调查一切,协同策划。然后由公司董事会长孙宝琦于这年5月24日专函蔡成勋,请求武力封闭安源路矿工人俱乐部。孙宝琦将日本的掠夺、公司的腐败给企业造成的困难归咎于工人俱乐部,说什么"自上年工潮发生后,敝公司各厂矿受患甚深,而尤以萍乡煤矿为最重。推原祸始,皆由路矿工人俱乐部

---

① 中共萍乡市委《安源路矿工人运动》编纂组编:《安源路矿工人运动》(上册),中共党史资料出版社1991年版,第447页。
② 少奇、少连:《安源路矿工人俱乐部略史》(1923年8月10日),《安源路矿工人运动》(上册),中共党史资料出版社1991年版,第135页。
③ 少奇、少连:《安源路矿工人俱乐部略史》(1923年8月10日),《安源路矿工人运动》(上册),中共党史资料出版社1991年版,第135页。

所产生。现在工潮虽渐平复,而工人俱乐部尚在,矿工恃为护符,动辄聚众要挟,滋生事端,俱乐部又遇事干涉,致使萍矿员司失其管束能力,经费亦陡然膨胀,竟有难于维持之势",告以公司"欲求整顿,必先将工人俱乐部取消,然后方有着手之处"。因此,请蔡成勋"令饬赣西肖镇守使督饬营县,迅将路矿工人俱乐部取消"①。公司"恐赣省当局视为寻常函件,不甚措意",又派黄锡赓持函专程前往南昌,面交蔡成勋,并"将萍矿艰困情形及请取消原因,面为陈述"。黄锡赓遵命持函赶赴南昌,于6月19日面晤蔡成勋,陈述一切。蔡成勋知道安源工人早已严阵以待,怕惹起工人强烈反抗,酿成大祸,因面对公司所请婉言以拒,表示:"目前正值多事之际,矿工事未便过严取缔,俟大局平静再行设法,肖镇使处当饬知维持。倘工人有不轨举动,自可按法惩戒"②。公司随即将交涉结果电告萍乡煤矿矿长,当局的这一阴谋也因工人早已准备决死的反抗而就此破产。

就在汉冶萍公司与蔡成勋交涉武力封闭工人俱乐部的过程中,工人与路矿两局之间的一场严重较量已经形成。

这一年的5月间,萍乡煤矿局所属修理下厂的总监工,暗中给该厂6名月薪在30元以上的机械工人增加工资,其中不无情面的关系,含有拉拢少数工人以瓦解工人团结的意图。此事被该厂其他工人获悉,群起向矿局提出普遍增加工资的要求。接着,修理上厂工人也提出同样的要求。不几天即牵动全矿,矿局各工作处工人也都提出这一要求,发展到如矿长所说:"迭次聚众围逼首领,总监工不遂所求,遂哄聚事务所哗噪,多方喻解不听"③。矿局一面致电公司,告以"近来工又[人]骄横,不受管束,非痛加惩创,别无办法",请公司转求江西督理从速下令武力取消工人俱乐部;一面请工人俱乐部出面解决。刘少奇代表俱乐部声明:此事系矿局职员惹出,本部事先并未与闻,故不能负责,仍请矿局解决。

6月11日、14日、17日,工人聚集在矿局公事房,向矿长要求普遍增加工资,并要求预支本月工资过端午节(6月18日),"喧嚣竟日"④,实际上成了局部罢工。经矿局再三请求,刘少奇代表工人俱乐部与矿局谈判。考虑到"矿局经济困难,普遍

---

① 汉冶萍公司总、副经理致黄锡赓函(1923年5月28日),《安源路矿工人运动》(下册),中共党史资料出版社1991年版,第1308页。
② 汉冶萍公司为暂缓取消工人俱乐部致萍矿矿长电(1923年6月20日),《安源路矿工人运动》(下册),中共党史资料出版社1991年版,第1310页。
③ 李寿铨致汉冶萍公司经理函抄件(1923年6月27日),藏安源路矿工人运动纪念馆。
④《李寿铨日记》,《安源路矿工人运动》(下册),中共党史资料出版社1991年版,第1283页。

增加工资既为事实上所不能;地方又以时局的关系,万不能让风潮再加扩大"①,刘少奇提出由普遍增加工资改为每月加发两个假日的工资,即除原有两个星期天照发工资外,另外两个星期天亦照发工资。矿局以每月需加发七八千元,数额太大,当即表示拒绝。

萍乡煤矿修理工厂

刘少奇又提出矿局每月津贴俱乐部教育经费 1000 元,俱乐部将工人常月费减半,聊以表示矿局职员之错误。经过反复磋商,矿局被迫答应,但多数工人不满意。于是,刘少奇提出再增加一项条件:由矿局租借建筑俱乐部地皮并津贴建筑费 1 万元。矿局此时已经得知江西督理蔡成勋不同意立即用武力取消工人俱乐部,因而不敢硬性拒绝,便答应呈报公司核准实行。萍乡煤矿局在致汉冶萍公司的电报中说:"如贵处有准备,即乞电复拒绝,任其决裂,此间已商军界防备。否则拟请先行电复,派专员来矿会勘地段能租与否,以宕之;一面赶请会长速电赣督,立饬肖使取消该部,以绝根株";并恶狠狠地说:"到此地步,非猛剂不能起沉疴"②。

就在这时,株萍铁路管理局也借"矿局工人谢怀德与路局站长伍寿廷发生小小冲突"③一事,向工人俱乐部发起进攻。事情的起因是:1923 年 6 月间,湖南军阀第二十五师押煤兵到安源火车站购运大米,被安源路矿工人俱乐部经济委员会委员谢怀德阻止。谢怀德对因车站将大米外运造成安源谷米涨价异常愤怒,当场痛打了站长伍寿廷。路局职员即以此为借口,故意夸大事实,联名具禀赣西镇守使,要求派军队封闭工人俱乐部。这件事令刘少奇十分头痛。他一方面要维护工人利益,另一方面要应付路矿当局为封闭工人俱乐部而制造的各种口实。刘少奇当即召开俱乐

---

① 少奇、少连:《安源路矿工人俱乐部略史》(1923 年 8 月 10 日),《安源路矿工人运动》(上册),中共党史资料出版社 1991 年版,第 134 页。
② 李寿铨致汉冶萍公司电(1923 年 6 月 25 日),《安源路矿工人运动》(下册),中共党史资料出版社 1991 年版,第 1312 页。
③ 少奇、少连:《安源路矿工人俱乐部略史》(1923 年 8 月 10 日),《安源路矿工人运动》(上册),中共党史资料出版社 1991 年版,第 134 页。

部代表会议,严厉批评了谢怀德的鲁莽行为。他要求工人不再发生无组织的行动,有事须由俱乐部出面与当局接洽,以免给当局以口实。为了保护谢怀德的人身安全,遂将他调离安源,派往湖南衡山,参与领导岳北农民运动。

与此同时,刘少奇向工人代表通报了路矿当局企图借故谢怀德殴打伍寿廷一事封闭工人俱乐部的情况。工人们得知这个消息,十分气愤,纷纷要求与路矿当局决一死战。鉴于当时形势险恶,刘少奇极力劝告工人不要乱动,越是紧要关头,越要加强团结,以防资本家的进攻。经过反复教育,工人们加深了对党的防守策略的认识,停止了不间断地进攻的要求。刘少奇一方面指示俱乐部派出大批工人纠察队四处巡逻,加强防范,随时准备应付各种意外情况的发生;另一方面以俱乐部的名义致函路矿两局,揭露其伎俩,提出严厉责问和警告。该函写道:

敝部自成立以来,对于路矿两局,无时不谋其前途之发展,所以裨益于矿政路政者,实不在少数,事实俱在,有目共睹。而路矿两局对于敝部初无维护之心。敝部自维力薄,然自卫亦尽有余;徒以路政矿政兴废,地方人民之安危,对于国家前途,关系綦重。是故敝部一切措施,但所以谋矿局路局前途之发展。此旨竟不能为两局当局所谅解,敝部实深遗恨。今特函达,希即贵局今后对敝部之态度,明白惠复,以释工人疑虑。①

路矿两局接到俱乐部来函,不敢再提派兵封闭俱乐部之事。赣军督理蔡成勋亦闻工人力量强大,不敢贸然行动。赣西镇守使肖安国"亦以此事系内部纠纷,碍难以武力压迫,致酿成不可收拾之局面等语回答公司"。

在刘少奇的斡旋下,俱乐部与矿局之间的谈判才渐有进展。又经过半个月的磋商,刘少奇代表俱乐部向矿局提出的四项条件,矿局完全同意。同时,矿局也以近来出产日渐减少,应请俱乐部特别维持;又因为工人对于厂规常常不能遵守,应请俱乐部向工人加以劝告等,向俱乐部提出三条。刘少奇亦予以承认。于是,矿局和俱乐部达成七条协议,全文如下:

---

① 少奇、少连:《安源路矿工人俱乐部略史》(1923年8月10日),《安源路矿工人运动》(上册),中共党史资料出版社1991年版,第135、136页。

萍矿总局与安源路矿工人俱乐部协订条件

1. 凡薪资每日在一元以上之工人，上年罢工时未增加工资者，照原薪增加百分之五。

2. 矿局每月津贴工人俱乐部经费一千元（原有二百元之津贴在内）。从十二年七月起付给。

3. 矿局以后增加工人工资，须通知俱乐部。

4. 矿局对于学徒，每年须考查其成绩一次。

5. 俱乐部对于矿局出产应竭力维持，照现人数，使每日平均出产额达二千三百吨以上之数目。

6. 矿局所订工人通守规则，无论何处工人及代表，皆应共同遵守。如有违犯，照该规则办理。

7. 以后工人如有事项，应由俱乐部主任团与矿局接洽，不得动辄聚众喧扰要挟，并不得动辄罢工妨碍工作，如有此项情形，应由俱乐部负责。

萍　矿　总　局　舒　印
安源路矿工人俱乐部　刘少奇印
民国十二年七月十一日协订①

在刘少奇的正确领导下，安源路矿当局武力封闭工人俱乐部的企图被粉碎，以给少数工人增加工资为手段瓦解工人团结的阴谋亦被挫败。通过这场斗争，工人不仅成功地捍卫了自己的团体，而且争得了新的经济利益。

3. 领导反对"三角同盟"的斗争

1923年11月，萍乡煤矿矿长李寿铨告老辞职还乡，汉冶萍公司调大冶铁厂副厂长黄锡赓接任其职。黄到职后的第一件大事，就是精心策划摧垮工人俱乐部，宣

---

①少奇、少连:《安源路矿工人俱乐部略史》(1923年8月10日),《安源路矿工人运动》(上册),中共党史资料出版社1991年版,第134、135页。

称要在6个月内实现这一目标。恰在这时,赵恒惕在吴佩孚的帮助下将谭延闿赶跑,重新统治湖南,从此抛弃了"省宪自治"的招牌,依附于直系军阀,加紧镇压革命运动。由此,岳北农工会和水口山工人俱乐部相继失败,湖南自修大学及其附设补习学校也被其下令封闭。这样,中共湘区委员会所领导的群众团体,仅剩安源路矿工人俱乐部继续公开存在。1924年初,株萍铁路局局长和赣西镇守使都换上了直系人物,萍矿矿警局长也换上了一个与直系有关系的蛮横武人。这些情况的变动,无疑有利于黄锡赓实现其计划。他深知全凭武力行不通,必须另想高招。经过与地方官厅反复磋商,"始定内外接应之法"。这就是一面"派人潜入该党游说,使其内溃,俾收一举之功"①,亦即派奸细混入工人俱乐部,侦探内情,游说挑拨,从内部分化瓦解;另方面由工职协济会纠集基督教会和无政府党,结成"三角同盟"②,向工人俱乐部发动进攻,然后相机由地方官厅助以武力,一举摧垮工人俱乐部。

在安源这个只有8万人口的市镇,竟然有好几座基督教教堂。其中圣公会牧师龙永鉴同矿局勾结最为紧密。他与矿局电机工程师易鼎新共同策划组织工职协济会,吸收反动职员、工头和工贼加入,进行反对工人俱乐部的活动。该会以"主持公道,反对俱乐部为其目的",尤其注重笼络青年工人。它"极其下流无耻,以美酒佳食诱骗青年加入",火车房和修理厂的学徒中受其欺骗和引诱加入者不少。到当年9月间,它的党徒发展到六七十人,而实际参与活动的不过二三十人③,但其活动很猖獗。以上三股反动势力,在矿局的纠集下联成一气,做各种破坏工人俱乐部的宣传,同时竭力分化瓦解工人俱乐部的组织,破坏工人俱乐部的各项活动。例如工人

安源基督教天主堂

---

①黄锡赓给汉冶萍公司董事会函(1924年10月8日),《安源路矿工人运动》(下册),中共党史资料出版社1991年版,第1316、1317页。
②林育南视察安源团务报告(1924年11月4日),《安源路矿工人运动》(上册),中共党史资料出版社1991年版,第278页。
③青年团安源地委报告(1924年10月3日),《安源路矿工人运动》(上册),中共党史资料出版社1991年版,第267、268页。

俱乐部举行群众集会或街头演讲,基督教会便指使其教徒到场传教,加以扰乱。无政府党则竭力拉拢工人俱乐部的青年部员加入其组织,在青年工人中煽动反对工人俱乐部委派的青年部委员;青年部召集青年工人开展活动时,该党即派遣党徒捣乱。工职协济会亦竭力拉拢工人加入,借以分化瓦解工人的团结,破坏工人俱乐部的组织。

针对矿局出现的异常情况,刘少奇立即派出工人侦探队秘密侦察,很快获悉了矿局的上述阴谋。青年团安源地委指定一名团员加入无政府党,以调查其内幕;又在各种会议上揭露矿局和反动的"三角同盟"的阴谋,进行解释和宣传,劝告工人不要加入其组织,宣布"如有加入者,即认为破坏工会之行为,群起而驱逐之"[1]。工人得知敌人阴谋,"众愤异常,见无政府党即欲抱打以甘心。"对此,青年团安源地委"指出此种办法之欠妥,暂须以和平态度,劝告一般青年,使其勿入其中也。"[2]与此同时,中国社会主义青年团安源地委根据团中央的部署开展了反基督教运动,采取作报告、放映幻灯、演文明戏、发传单等形式,向工人和学生广泛进行了反基督教宣传,抨击帝国主义通过宗教在中国进行侵略活动,结合揭露安源基督教会勾结工职协济会及无政府党反对工人俱乐部的行径。在反对"三角同盟"的斗争中,刘少奇身先士卒,亲自参加反对基督教运动。为了扩大宣传力度,中国社会主义青年团安源地委"尚与两校合组一宣传队,为普遍之宣传,由少奇同志负责进行,执委派了二十四个同志参加。"[3]

在这场瓦解和反瓦解的斗争过程中,矿局职员中的矛盾日益加深,于1924年9月发生了下级职员罢工事件。1922年9月安源路矿工人大罢工胜利后,萍矿下级职员受其影响,亦组织了自己的团体——萍矿同仁俱乐部,以保护下层职员利益为宗旨,并曾为改良生活待遇与当局进行过一些斗争。1924年9月1日,矿局一小职员遭到稽核处长马载飏的迫害致死,同仁俱乐部全体部员于9月7日一致罢工,要求矿局开除马载飏。

遵照刘少奇的指示,安源路矿工人俱乐部对同仁俱乐部罢工表面上"持中立态

---

[1]青年团安源地委报告(1924年10月3日),《安源路矿工人运动》(上册),中共党史资料出版社1991年版,第268页。
[2]青年团安源地委报告(1924年10月3日),《安源路矿工人运动》(上册),中共党史资料出版社1991年版,第269页。
[3]贺昌:《团务报告》(1924年12月3日),《安源路矿工人运动》(上册),中共党史资料出版社1991年,第402页。

度","暗中却想帮助同仁俱乐部,驱逐马处长(反对工部最激烈之一人),藉此联络小职员,以后接头做事可免许多麻烦"①。遵照工人俱乐部的命令,工人照常进班,如有工可做,即照常做工,无工可做,亦到班守坐,并严守秩序,不去代做职员的工作。同时,安源路矿工人俱乐部向萍乡县署和赣西镇守使署声明:职员罢工,工人严守中立,不参与任何方面之行动,因职员罢工所造成的各种工程上的危险,工人及工人俱乐部概不负责。

同仁俱乐部这次罢工,由于矿局调军警武力干涉,加上职员内部分化,到第三天即告失败。同仁俱乐部被封闭,其骨干10余人被矿局开除。同仁俱乐部这次罢工虽然遭到失败,但在一定程度上削弱了矿局对工人俱乐部的进攻。

"同仁俱乐部罢工失败后,矿局之气焰日高,态度变硬,想将工人管理权一概收回,对俱乐部采取'不齿'主义。同时,又用前次破坏同仁俱乐部之方法,马首东向,破坏工部"②。然而,工人俱乐部的团结力和战斗力远非同仁俱乐部可比。通过一系列工作和斗争,矿局这次破坏和瓦解工人俱乐部的企图终于未能得逞。1924年9月底,黄锡赓向公司提出辞职,不几天即离开安源。无政府党经过青年团组织的回击,到1925年上半年即"已无形消灭了"③。

4. 领导安源工人第二次大罢工

1924年,汉冶萍公司濒临破产。公司所欠日债已达4000余万元,所产生铁和矿砂,以极低廉的价钱送到日本偿还债款,因而亏本甚巨。官僚买办集团为了摆脱困境,拼命地向工人转嫁危机,滥发矿票,拖欠工饷,解雇工人。同年底,萍矿当局已有五六个月未给工人发过全饷。发的也是矿票(矿票的价值比市场流通的光洋每元少二角五分甚至三角)。工人无法生活,终于酿成了一场声势浩大的索饷罢工斗争。这场斗争开始时是工人自发组织的,后来刘少奇、陆沉因势利导,领导工人将斗争引向深入,最终赢得了罢工斗争的胜利。

---

① 青年团安源地委报告(1924年10月3日),《安源路矿工人运动》(上册),中共党史资料出版社1991年版,第268页。
② 青年团安源地委报告(1924年10月3日),《安源路矿工人运动》(上册),中共党史资料出版社1991年版,第268页。
③ 青年团安源地委报告(1925年8月),《安源路矿工人运动》(上册),中共党史资料出版社1991年版,第491页。

这场斗争从 1924 年 12 月下旬开始,持续到 1925 年 1 月 15 日才结束,分为两个阶段:

第一阶段从 1924 年 12 月下旬至 1925 年 1 月 5 日。这一阶段是工人自发地向各工作处首领围索欠饷,同时因为已经听说矿局将

萍乡煤矿发行的矿票

取消年终夹饷,并将勾结军队武力解散工人俱乐部,所以围索欠饷带有"集众示威,以图抵制"①矿局进攻之意。经过工人 12 月下旬围索后,矿局答应 1925 年元旦前发给工人半月工饷。至 12 月 30 日,矿局的许诺不曾兑现,仅发给窿内工人矿票 1 元、窿外工人矿票 2 元。工人对此大为不满。当天下午 2 时,趁矿长召集各工作处处长开会之机,各处工人包围矿局公事房,要求发给欠饷。至 5 时许尚无结果。工人围候者愈集愈多,达二三千人。矿局经反复商量,决定每人暂发矿票 2 元,其余欠饷待急电请公司火速汇款再发。工人对此答复仍不满意,愤怒地冲入矿局公事房质问矿长。在工人的围困下,当局被迫同意当月每人发矿票 3 元,其余欠饷将在 1925 年 1 月 5 日先发半月。索饷工人闻此答复,始陆续离散。

然而,矿局这一答复,不过是缓兵之计。到 1 月 5 日,不但没有如数发给 12 月 30 日许诺的半月工饷,反而又以"公司损失"为借口,提出取消工人的年终夹饷。年终夹饷是 1922 年 9 月大罢工迫使路矿当局签订的十三条协议的内容之一,已经实行两年。稽核处长马载飏却说"年终取消加饷,系矿长奉经理特令执行"。他要俱乐部领导人"转告工人,万勿因疑俱而生误会,因误会而酿成巨变"②。工人听到这一消息,认为当局"有意破坏条约,群情激愤,大有暴动之势"③。

---

① 马载飏致汉冶萍公司函(1924 年 12 月 31 日),《安源路矿工人运动》(下册),中共党史资料出版社 1991 年版,第 1324 页。
② 马载飏致汉冶萍公司经理函(1925 年 1 月 9 日),《安源路矿工人运动》(下册),中共党史资料出版社 1991 年版,第 1325 页。
③《萍矿索饷风潮将益扩大》,《安源路矿工人运动》(下册),中共党史资料出版社 1991 年版,第 1180 页。

第二阶段是从 1925 年 1 月 6 日至 15 日。这一阶段是在安源路矿工人俱乐部领导下,为反对矿局取消年终夹薪而展开的斗争。

当时,安源路矿工人俱乐部的总主任是陆沉。刘少奇虽然在 1924 年 9 月安源路矿工人俱乐部第三次换届选举中卸任总主任职务,准备调往外地工作,但他毕竟是俱乐部的老领导。当陆沉将路矿当局企图取消工人年终夹饷的情况向刘少奇汇报后,刘少奇认为,矿局取消年终夹饷,意在破坏十三条协议。如果这一阴谋得逞,不仅工人的经济利益会受到损害,而且俱乐部也将成为非法组织,遭到当局封闭。为了挫败敌人的阴谋,俱乐部一方面继续与矿局交涉,敦促其速发年终夹饷;一方面致函赣西镇守使署和萍乡县署,请转令矿局照发欠饷、夹薪,以免酿成风潮。

1 月 7 日,是矿局向窿外工人发夹饷之期。可是,当局迟迟不发。俱乐部即向全国各公团发出快邮代电,指出:"自去年 7 月以来,矿局(汉冶萍公司组织之一的萍矿)对于我们工食继续停欠,我们生活十分痛苦","矿局不独不将欠饷发给,反要取消年终夹薪半月。查矿局每年 12 月发给夹饷半月,载在协约,业已发给两年,本非红利性质,不能借口公司损失而取消","现在我们已群起向矿局索取夹饷,给清积欠工食,非达到目的不止"①。代电请求全国各界团体对安源工人的行动予以援助。

与此同时,刘少奇、陆沉召开全体俱乐部十代表会议,决定用和平手段向矿局围索,并指派工人纠察队严格检查部员证,以防不法分子乘机破坏捣乱。俱乐部还印发了《请看萍矿取消工人年终夹饷之理由》《萍矿工人同萍矿算算帐》等传单,驳斥矿局取消年终夹饷的理由,号召工人为正义、为生存而奋斗。

7、8 两日,工人遵照俱乐部的指示,有组织地向矿局进行围索。慑于工人的压力,8 日上午,矿局即在公事房召开各处首领会议,讨论年终夹饷问题。多数与会者主张速发年终夹饷;否则,工人罢工危及产业,谁也难负其责;以马载飚为首的少数人却极力反对,主张绝对不发,讨论最终无结果。

工人得不到圆满答复,更加义愤填膺,纷纷向各工作处围索,吓得各处长不敢到任履行自己的职责。8 日,窿内煤产量由 2000 吨减至 1600 吨;9 日,减至 1100 吨。窿外各机器制造厂工人几乎全部罢工。

---

① 《安源路矿工人俱乐部快邮代电》(1925 年 1 月 7 日),《安源路矿工人运动史料》,湖南人民出版社 1980 年版,第 432 页。

在索饷斗争中,俱乐部的对外宣传赢得了社会各界的同情和支持。官厅和绅商面对工人的行动采取了和平的态度。进驻萍乡不久的鄂军混成旅司令部表示,该部分属客军,对工人与矿局间发生的纠纷不便干涉。安源商会会长沈开运、保卫团团长罗国曦均表示欲竭力调停,以期和平解决。他们并说:如果矿局坚持取消工人年终夹饷,则全市商家实力援助工人。安源矿警局亦向汉冶萍公司发出电报,代为工人催饷。有的矿警对工人说:"工人索饷,出自饥寒,武力制止,扪心有愧。"[①]当地驻军、官厅及商会亦分别向汉冶萍公司总事务所发出电报,说明年终夹饷不能取消之理由,请公司责令萍矿速发年终夹饷;如公司回电坚持取消,则由此造成的各方面损失,矿局应负责赔偿。

1月9日,矿局召集各工作处首领会议,决定在春节前尽快向工人发清年终夹饷,并托商会正式向工人俱乐部转达。

安源路矿工人俱乐部从商会获悉这一消息后,于10日召开全体代表、干事联席会议,报告解决经过。工人对此表示满意,于是开始复工,一切秩序、工作,均恢复原状。

1月14日,工人俱乐部代表刘少奇、陆沉来到矿局,请求在本月15日之内发给年终夹饷。当局忽然变卦,矢口否认其通过商会答复在春节前发给工人年终夹饷之许诺,声称他们"不知道"此事,"夹饷须待公司回电,有则有,无则无"[②]。刘少奇、陆沉听到这话,愤怒异常,指责矿局欺人太甚,急忙去找绅商调人。调人听到这一消息亦十分愤怒,大骂矿局毫无诚意。到15日,工人们得知矿局改变态度、出尔反尔的消息后,群情激愤。上午10时,各工作处半数以上工人罢工,纷纷向各处处长围索。矿长、矿师和矿局公事房被三四千人围住,非要矿局当日发清年终夹饷不可。

俱乐部深怕工人群众闹出越轨行动而不利于斗争,遂四处张贴"严守秩序"的布告,并临时派出工人纠察队1600人,一方面阻止军队前来干涉;另一方面以防止坏人乘机捣乱。

上午12时,绅商调人来到公事房,当场质问矿长为何出尔反尔、鼓动风潮?并声言:"如因此发生意外,所有地方商绅各界损失,应请当局负责赔偿"[③]。代矿长舒修泰此时已无法应付,提出召集各工作处长开会研究。正被工人包围的各工作处长

[①]《萍矿索饷风潮续志》,《安源路矿工人运动》(下册),中共党史资料出版社1991年版,第1183页。
[②]《萍矿风潮又轩然大作》,《安源路矿工人运动》(下册),中共党史资料出版社1991年版,第1186页。
[③]《萍矿风潮又轩然大作》,《安源路矿工人运动》(下册),中共党史资料出版社1991年版,第1187页。

在工人的簇拥下来到矿局公事房,立即开会研究年终夹饷问题。多数与会者主张即刻发清欠饷,但矿局当面人物不敢承担责任。于是,矿长、矿师及各处长一一签字,集体负责。在签字时,只有稽核处长马载飏拒绝,并与代矿长舒修泰发生争执。经舒修泰再三劝说,马载飏才勉强签字。

这时,矿局再次向俱乐部代表刘少奇、陆沉和绅商调人明确表示,同意发给年终夹饷。工人俱乐部总主任陆沉即向群众演说,转达矿局答复,请大家撤围离散。工人深怕矿局再次玩弄骗局,非得在当日把欠饷发清不可。矿局无现款,只好搜集矿票2万余元,先发给工人夹饷7天半,剩下7天半俟17日临时支票发给。晚7时,围索工人始散。至此,安源工人第二次罢工获得完全胜利。

5. 支持以阻运煤焦为手段的索饷斗争

1925年1月罢工获胜后,工人们勉强度过了俱乐部成立后的第三个新年。新年一过,矿局照旧拖欠工饷。到3月下旬,一直未发过全饷。究其原因,一方面是由于日本帝国主义的无情掠夺和公司买办集团的腐败,导致经济状况的进一步恶化,公司将这种恶果转嫁于工人,借以支持残局;另一方面,日本帝国主义和公司买办集团蓄意以饿困为手段激怒工人,为武力镇压工人制造借口。当时就有人在《安源旬刊》上发表文章指出这一点:"公司不是不知道萍矿的危急,为什么总不把饷来呢?……恐怕是日本洋人故意使萍矿闹得不得下台,他们便好来动手吧(?)"[①]后来的事实证明,这个猜测完全正确。当时,日本国内所炼生铁已经够用,不需要汉冶萍公司提供生铁,而只需矿石,所以汉冶萍公司的炼钢、炼铁炉到1924年10月已全部停炼,仅剩大冶铁矿专为日本制铁所采运铁矿石。这样一来,作为燃料采运机构的安源路矿对于汉冶萍公司来说也就不那么重要了。日本和汉冶萍公司过去镇压安源工运时存在的顾忌因而基本消除。1924年下半年,特别是1925年1月以后,公司完全置萍矿于不顾,任其糜烂,以造成用武力整顿萍矿的借口。由此看来,工人这时候的索饷斗争,不仅是维持最低经济生活所必需,而且含有保卫工人团体和以往争得的全部成果的意义。

由于长期拖欠工饷,工人困苦已达极点,幸运一点的以番薯度日,更多的是天天吃黄菜叶,甚至到菜市场拾取被丢弃之烂菜叶或拔野菜充饥。工人向各工作处首

---

① 《萍矿欠饷情形》,《安源路矿工人运动》(上册),中共党史资料出版社1991年版,第475页。

领和矿局围索已完全无效。刘少奇以安源路矿工人俱乐部的名义,多次致电汉冶萍公司催索亦无答复,于是只有阻运焦煤一法。1925年3月中旬,工人俱乐部致函矿局,指责当局"三次承认发清旧岁欠饷,然皆一次未践前言",告以十日之内"贵局若不急为设法将欠饷发清,则安源现所存积之煤焦,须一律停运"[①]。萍乡煤矿局接函后久不答复。工人不得已于3月30日停运焦煤,并声明:如果再不解决问题,将停运全部煤炭。这一举动,获得社会各界同情。4月9日,汉冶萍总工会在长沙《大公报》上发表致湖南省长赵恒惕公开信,表示支持萍矿工人阻运焦煤,要求他严令汉冶萍公司"速筹发欠饷,以息风潮"[②]。由于公司和矿局久无答复,工人无法生活,生产逐渐萎缩乃至完全停顿。4月21日,全矿仅出煤900余吨(平常日产2000吨以上),22日减至350多吨,24日完全停顿,直到5月初,实际上已形成罢工。1925年4月刘少奇在离开安源之前,勉励工人要坚持斗争,直至最后胜利。工人们一致表示,要牢记刘少奇的嘱托,把阻运煤焦的斗争进行到底。

这时,汉冶萍公司总经理盛恩颐及其日本主子着手"通盘计划"所谓"整顿"萍矿办法。为此,日本顾问吉川雄辅和日本制铁所所长齐藤,由铁厂厂长吴健、公司会计所所长赵兴昌陪同,于4月21日亲自来安源视察,以决定是否继续维持萍矿。工人以为吉川一行是来解决欠饷问题。22日,当吉川一行在代矿长舒修泰陪同下,乘坐八顶轿子到紫家冲参观时,千余工人即上前围索欠饷。当时正有4位农民挑着大粪在路边休息。愤怒已极的工人们提起粪桶,朝洋人和职员身上泼去,并把停放在路边的几顶轿子砸烂。吉川等人连滚带爬逃回安源。次日上午,又有千余名工人包围吉川等人的住处盛公祠,要求公司火速拨款救济工人。迫于工人压力,吉川和赵兴昌"允诺5月10日以前汇银六万两,预发一个月欠饷"[③]。工人急不可待,聚众要求立即发饷,直到晚7时半才散去,并声言明天还要来围索。吉川等人不得不当夜提前离开安源。

舒修泰恼羞成怒,连日请赣西镇守使加派一个营到矿山,加上原有驻军一个营

[①]《安源路矿工人俱乐部致萍矿总局函》(1925年3月),《安源路矿工人运动》(上册),中共党史资料出版社1991年版,第436页。
[②]《汉冶萍总工会关于萍矿实行停运焦煤的快邮代电》(1925年4月9日),《安源路矿工人运动》(上册),中共党史资料出版社1991年版,第444页。
[③]马载飚致汉冶萍公司经理函(1925年4月25日),《安源路矿工人运动》(下册),中共党史资料出版社1991年版,第1330页。

和武装矿警500人,矿山兵力已近2000人,大有动武之势。对此,工人俱乐部一面加强防范,一面于5月25日向全国各报馆、各工团发出快邮代电,倾诉工人因矿局长期拖欠工饷而所受种种痛苦,揭露矿局"到现在还要屡次向官厅拨弄是非,要官厅用武力来压迫"工人;郑重表示:如果当局敢于动武,工人将与之"同归于尽"[①]。同时,与矿局严重交涉,请将所存焦煤20万吨,从速招商拍卖,以其所得略发工饷,稍解工人倒悬之急,并于26日"邀集矿局当局及安源商会、赣西镇守使等各方要人开会讨论萍矿之存在问题,提出以萍矿出产维持萍矿,与汉冶两处之关系必须改变,以免自取灭亡"[②]。迫于各方面压力,矿局只得同意减价拍卖煤焦。阻运煤焦的斗争坚持到5月中旬,汉冶萍公司才先后两次汇来现洋十八九万元,够发两个月欠饷。之后,公司再也没有汇款,其余欠饷和以后正饷只得继续由矿局卖煤和东挪西借来零碎发给。到当年9月上旬,累计欠饷已达50余万元,等于全矿5个月工饷的总额。这次以阻运焦煤为手段的索饷斗争,在极其困难的情形下持续数月之久,取得了局部的胜利。

在二七惨案发生后的两年多时间里,安源路矿当局及其主管机关北洋政府交通部和汉冶萍公司,以武力封闭、分化瓦解和饿困等多种手段或结合进行,或交替使用,向工人俱乐部进攻。刘少奇按照毛泽东制定的"弯弓待发"策略思想,领导工人坚持不懈地进行反封闭、反瓦解、反饿困的斗争,使工人俱乐部在风雨飘摇中一直巍然屹立。

[①]《安源路矿工人俱乐部快邮代电》(1925年4月25日),《安源路矿工人运动》(上册),中共党史资料出版社1991年版,第461、462页。
[②]《如箭在弦萍矿工潮》,《安源路矿工人运动》(下册),中共党史资料出版社1991年版,第1190页。

第五章　建设中国的"小莫斯科"

1923年二七惨案后,全国各地工会普遍被军阀政府查封,中国共产党领导的第一次工人运动转入低潮。然而安源工人运动却得到巩固和发展,取得令人瞩目的成绩。曾任中国劳动组织书记部主任的邓中夏在《中国职工运动简史》中写道:"在此消沉期中,特别出奇的要算安源路矿工人俱乐部,真为'硕果仅存'。""安源煤矿,那时却好似工人的'世外桃源'。工会仍旧巍然独存。"①安源因此而被誉为中国的"小莫斯科"②。安源工人运动持续不断向前发展,和刘少奇执行正确的斗争策略,领导工人开展卓有成效地斗争密不可分。俱乐部在组织建设、教育文化、经济保障等方面得到长足发展,并对廉政建设进行了有益的探索与尝试。与此同时,刘少奇还对工运理论进行了深入研究与思考。

邓中夏《中国职工运动简史》一书记载安源工会在二七惨案后"巍然独存"。

1. 按照苏维埃政权模式组建工会

刘少奇极为重视工运组织的建设。在他的直接领导下,安源路矿工人俱乐部

---

①邓中夏:《中国职工运动简史》(1930年6月),人民出版社1953版,第109页。
②刘少奇:《中国职工运动简史》(1939年5月),《安源路矿工人运动史》,上海社会科学院出版社1993年版,第205页。

"组织之完善,实力之充实,诚为国内劳动团体所仅见"①,因而被誉为全国"劳动界的一根柱石"②,"照耀黑暗社会中的"一颗"明星"。

安源路矿工人俱乐部的组织建设是刘少奇运用马克思列宁主义与中国工人运动相结合的产物。

刘少奇、李求实在安源合写的《俱乐部组织概况》

1923年10月,刘少奇和俱乐部文书股长李求实合写了文章《俱乐部组织概况》一文,提出了在工运低潮期间进一步完善和巩固工会组织的精辟见解:"在资本主义的社会里面,工会的意义是:(一)保护工人阶级的利益;(二)反抗资产阶级的作战机关——营垒;(三)加深工人阶级的觉悟,训育工人抵抗的能力与产业管理的知识。工会的组织必须十分严密,极有系统,和军队一般,如此,在工作上才能完成他的使命,才能达到他真实意义的目的。"③按照刘少奇的这种思想指导,1923年8月,在安源路矿工人俱乐部第一次换届选举前夕,刘少奇以俄国苏维埃政权为蓝本,主持拟定一套新的组织法。

一是加强了十人团组织建设。十人团,是工人俱乐部的基本组织。即部员每十人(或十人以下)联成一团,选举十代表一人;再由十个十人团(或十个以下)选举百代表一人;每工作处选举总代表一人。总代表、百代表由各工作处十代表选举。

二是组织最高代表会。最高代表会为俱乐部最高决议机关,由各处总代表组织。俱乐部各种较大事项,皆须在最高代表会通过。最高代表会每月1号及16号各开常会一次,有要事也可组织临时会议。会中由各总代表互选书记一人,开会时为主席。

---

① 湖南全省工团联合会庆祝安源路矿工人大罢工胜利周年祝词,《安源路矿工人运动》(上册),中共党史资料出版社1991年版,第75页。
② 湖北全省工团联合会庆祝安源路矿工人大罢工胜利周年祝词,载《安源路矿工人运动》(上册),中共党史资料出版社1991年版,第74页。
③ 少奇、求实:《俱乐部组织概况》,《安源路矿工人运动》(上册),中共党史资料出版社1991年版,第139页。

三是组织百代表会议。百代表会议为俱乐部复决机关,由各百代表组织,每月1号开常会一次,报告俱乐部一月工作之经过,或议决最高代表会提交之复议案件。

四是制定了十代表会议制度。原定全体十代表会议每月开会一次,但由于十代表共有1300余人,俱乐

安源路矿工人俱乐部总代表会议室(内景)

部没有这样大的会场,所以改为每月开各工作处全体十代表会议一次,会期轮流进行。开会时由各处总代表为主席,报告俱乐部一个月来所经历之大事,讨论各工作处之问题,并由讲演股负责讲演。各工作处部员大会也因会场关系,未曾如期举行。全体部员大会定于每年5月1日举行一次;有要事时,召集临时大会。此种大会只能简单报告,余则全为演讲会。

五是完善了俱乐部办事系统。即由全体百代表会议选举总主任、窿外主任、窿内主任、路局主任4人组成主任团,总理俱乐部一切部务。各级代表会议闭会期间,主任团为俱乐部最高机关。再经最高代表会之通过,由主任团委任各股股长1人,各股委员若干人;由各股股长及主任团组织干事会,为俱乐部办事机关,主任团为

安源路矿工人俱乐部主任团办公室

安源路矿工人俱乐部第二届职员表
（1923年8月）

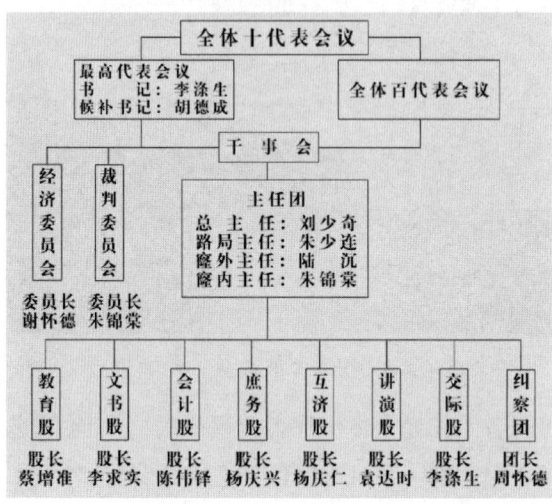

```
                    全体十代表会议
                          │
        最高代表会议 ──────┼────── 全体百代表会议
        书记：李涤生
        候补书记：胡德成
                          │
                        干事会
                          │
    ┌─────────┬───────────┼───────────┐
   经济       裁判        主任团
   委员会     委员会    总主任：刘少奇
                       路局主任：朱少连
                       路外主任：陆沉
                       路内主任：朱锦棠
  委员长    委员长
  谢怀德    朱锦棠
                          │
  ┌────┬────┬────┬────┬────┬────┬────┐
 教育  文书  会计  庶务  互济  讲演  交际  纠察
  股   股   股   股   股   股   股   团
 股长  股长  股长  股长  股长  股长  股长  团长
 蔡增准 李求实 陈伟铎 杨庆兴 杨庆仁 袁达时 李涤生 周怀德
```

改组后的安源路矿工人俱乐部组织系统

干事会的首领。因事实上的需要，俱乐部只设8股，即教育股、互济股、会计股、文书股、庶务股、讲演股、游艺股、交际股。每股各设股长1人，委员人数根据实际需要而定，各股办事另订细则。

六是建立经济委员会。罢工胜利后，工人俱乐部的经济大大扩充，事实上需要增设一个监督与保管的机关，遂由最高代表会决定推选9人组织经济委员会。

邓中夏在叙述到安源路矿工人俱乐部的代表会议制度时指出："这种组织，可说是议会制度与苏维埃制的混合组织，诚有可议之处，但无论如何，当时该矿全体工人，是已经完全组织在一个严密系统之下。"[1]这种组织形式，比罢工斗争期间和罢工以前的组织更加严密、更加系统，对于当时工人斗争和各项工作的开展提供了有力的组织保证；同当时全国各地"只有上层组织，没有下层组织"以及会员大会、代表会议和委员会议"在组织的运用上的确模糊不清"[2]的工会组织相比，无疑是很先进的。但是，随着时间的推移和斗争实践的发展，逐渐显露它的不足。主要有两点：一是没有真正形成深入群众的基本组织。按照上述组织法，俱乐部最高机关直接统率1000多个十人团，而十人团除十代表收取常月费外，毫无其他活动和作用，所以组织仍很散漫，与"只有上层组织，没有下层组织"的工会相差无几；二是各级代表会和委员会的职责仍有不当不明之处；全体十代表会仅仅听取报告，没有权力可言；百代表会议的权力往往与最高代表会议的权力相冲突，妨碍事务进行。

刘少奇认为，俱乐部"过去的一年中，事业的发展，经济的扩充，部员的进步，乃至各种经验的昭示，已经使我们深感俱乐部现时的组织有改进的必要"。为了"催促

---

[1] 邓中夏：《中国职工运动简史》，人民出版社1953年版，第111页。
[2] 邓中夏：《中国职工运动简史》，人民出版社1953年版，第41页。

俱乐部的组织更走近于他的母亲——苏维埃的俄罗斯组织"[1],刘少奇提出了一个新的组织法,交全体十代表大会讨论,按照这个组织法,俱乐部须重新改组,改组的主要内容是:(一)不再以十人团为基本单位,而以工作处为基本单位;在各工作处组织工作处干事会作为俱乐部的基本组织;工作处干事会统率本处所有的十人团。(二)不再以总代表会议为最高代表会,而以十代表会为最高权力机关;十代表会闭会期间,以总代表会为最高机关;取消百代表会议。(三)改干事制为委员制:将过去的干事会改为执行委员会,直隶于总代表会之下,在总代表会闭会期间,为俱乐部最高机关;执行委员会由正副主任4人,教育、讲演、出版、游艺、经济、合作、纠察、裁判等委员8人,以及青年部部长和秘书长各1人,共14人组成。这个组织法获得俱乐部最高权力机关——全体十代表大会通过,随即按此办法对俱乐部重新改组。

在刘少奇的主持下,1924年8月,安源路矿工人俱乐部进行第二次换届选举。除文书股改为秘书处、交际股因交际事务实际上早已由主任团进行而取消外,俱乐部各股一律改为委员会。其中互济股改为合作委员会,下辖合作社;会计股、庶务股和经济审查委员会保管部合并成立经济委员会,内设会计、保管、庶务三科。新成立纠察委员会,下辖纠察团。这样,在1924年8月改选的俱乐部主要工作机构有:隶属于总代表会的经济审查委员会,隶属于执行委员会(由原干事会改组而成)的秘书处、青年部、各工作处干事会(共40余个)和教育、讲演、出版、游艺、经济、合作、纠察、裁判8个委员会,以及教育委员会所属的工人学校、工人图书馆和劳动童子军,出版委员会所属安源旬刊社,合作委员会所属消费合作社,纠察委员会所属纠察团,还有紫家冲、湘东、株洲3个分部的办事处。此外,为工作需要还设

安源路矿工人俱乐部纠察团团部(内景)

---

[1] 少奇、求实:《俱乐部组织概况》,《安源路矿工人运动》(上册),中共党史资料出版社1991年版,第141页。

立了一些临时性的工作机构。例如,1923年为建造讲演厅而成立的建筑委员会,每年换届选举时组织的改选委员会、俱乐部章程修改委员会,需要进行较大规模募捐活动时组建的募捐委员会等。

全体十代表会议为最高权力机关,相似于苏俄的全俄苏维埃代表大会。总代表会议和百代表会议为立法、行政及管理的最高机关,相似于苏俄的全俄苏维埃中央执行委员会。由总代表会议和百代表会议选举产生执行委员会,相仿于苏俄的人民委员会(部长会议)。

在刘少奇领导下,经过改组后的安源路矿工人俱乐部,机构更加完备,制度更加健全,系统更加严密,职责更加分明,真正形成了深入工人群众中的有力量的工会基本组织。这在全国各地工会组织中是不多见的。它的内部建设,对当时安源工人的斗争提供了有力的组织保证和思想保证,也为未来中国共产党领导的工会建设乃至政权建设,培养了干部,积累了经验,树立了典范。

2. 筹建俱乐部讲演厅

为了使工人俱乐部有一个活动和办公的场所,也为了壮大工人的声威,刘少奇发动号召俱乐部全体工友捐资捐工,于1923年10月18日动工修建安源路矿工人俱乐部讲演厅。在朱少连撰写的《建筑委员会报告》中这样写道:"本部自成立后,因无相当会场,于部

安源路矿工人俱乐部旧址——半边街广场(罢工后)

员之训练,实感困难,特于民国十一年年终夹薪捐款项下,指拨洋一万元,为建筑讲演厅经费。后以地址难觅,迟未兴工,适本部后面丁姓住宅出售,遂价购其屋,拆为建筑讲演厅地址。"①

在建设讲演厅的过程中,刘少奇花了不少心血。为了使建设工程制度健全、管

---

① 少连:《建筑委员会报告》,《安源路矿工人运动》(上册),中共党史资料出版社1991年版,第366页。

理规范,俱乐部商议决定从会员中选举21人组成建筑委员会,由俱乐部路局主任朱少连担任委员长,下设采办处、庶务处、会计处、工程处,图纸由工人金春海、李武云设计。

刘少奇对建筑俱乐部讲演厅十分关心。他亲自找到金春海提出设计要求,说:"讲演厅要建得比较高,对着盛公祠,让资本家也看看工人的威风,外表要有民族特色,上面要有俱乐部部徽图案。"从设计图纸到准备材料、监督施工,刘少奇都仔细过问。为了采购讲演大厅中间的柱子所需的粗壮木材,他亲自到株洲挑选合适的材料。在1924年8月俱乐部换届选举大会上,建筑委员会还向全体会员报告资金使用和建设情况。

1924年5月1日,安源路矿工人俱乐部讲演厅正式落成。讲演厅坐落在安源山牛形岭脚下,旁边是宽阔的半边街广场。楼房为四层砖木结构,顶高17米,第一层为讲演大厅,厅内长23米,宽18米,正面筑讲演台一座,台前正厅可容坐800人,并制有靠椅226把。台对面及左右,共建通楼三层,第一层可坐300人,第二层可坐150人,第三层可坐100人,第二、三、四层外墙均为玻璃装潢,楼内每层四角的栏杆上雕刻有精美的花果绿叶。楼上楼下全部装有电灯。讲演台上悬挂长幅横匾和幕布,横匾为"全世界无产阶级联合起来呵";两侧是红布黑字的对联:左边为"有团结精神,有阶级觉悟",右边为"是劳工保障,是人类福星"。整座楼房粉刷油漆一新,十分壮观。演讲厅落成这天,安源工人喜气洋洋地在自己的演讲厅里举行庆祝国际劳动节,纪念安源路矿工人俱乐部成立两周年。当刘少奇宣布俱乐部讲演厅落成典礼正式开始时,会场上鼓乐喧天,掌声雷动,鞭炮的硝烟四处弥漫……

工人俱乐部讲演厅建成后,安源工人经常在这里举行各种集会和演出、游艺等娱乐活动。安源大罢工、二七大罢工纪念日,列宁、李卜克内西逝世纪念日,工人领袖黄爱、庞人铨被害纪念日、十月革命节,都在演讲厅召开纪念大会。俱乐部的例行代表大会和工人学校的演讲会、游艺会,也经常在这里举行。这些集会活动,有不少是

安源路矿工人俱乐部讲演厅(内景)

刘少奇主持进行的。

为了演讲更富效果,使人们身临其境,俱乐部宣传股采取了多种形式的演讲,其中尤以化装演讲更为吸引人。所谓化装演讲,就是借用戏剧、文明戏的表演艺术,根据特定人物的身份、性格和职业等特点,利用化妆材料,塑造人物的外部形象。这在安源是家喻户晓、尽人皆知的事。刘少奇、黄静源、萧劲光等人都在此讲演或演文明戏。讲演的题目繁多,有《觉悟之路》《嫖赌之害》《怎样解除青年工人之痛苦》《我们的胜利》等。讲演厅从落成到同年8月,俱乐部共组织讲演31次,共计听众三四万人次。据俱乐部讲演股报告记载,这些讲演"很能引起一些工友来听,所收效果很大"[①]。

1951年7月8日,刘少奇给安源镇工会的信中这样写道:"我曾在安源工作过三年,安源的许多事情,至今我还记忆得很清楚,俱乐部的大会场还是我经手修建的"[②]。信中提到的"大会场"就是讲演厅。

安源路矿工人俱乐部讲演厅是20世纪20年代中国产业工人在党的领导下自行集资、自行设计、建设规模最大、建筑风格最具特色的工会大厦,更是安源当时被誉为中国"小莫斯科"的象征和标志,是党领导下中国工人运动发展历史的一座里程碑。

1982年2月23日,安源路矿工人俱乐部旧址被国务院列为全国重点文物保护单位。如今,它依旧静静地矗立在安源半边街广场,仿佛默默地向游客诉说着往年的工运辉煌。

3. 发展工人教育事业

安源工人运动的成功,很大部分的原因取决于刘少奇等共产党人在工人中卓有成效地进行了马克思主义的宣传教育,这一点连共产主义运动的敌人都看得很清楚。曾有国民党反动派的一家报刊载文说:"安源共党之所以有根深蒂固的基础,确实是过去共党在安源有充分的'赤色教育'。……所以安源能成为共党的小'莫斯

[①] 黄五一:《讲演股报告》(1924年10月),《安源路矿工人运动》(上册),中共党史资料出版社1991年版,第332页。

[②] 刘少奇:《复范明庆并转安源镇工会的信》,《安源路矿工人运动》(下册),中共党史资料出版社1991年版,第893页。

科'"①。

刘少奇正式接任安源路矿工人俱乐部总主任后,于1923年8月作了题为《对俱乐部过去的批评和将来的计划》的工作报告。他从无产阶级实现改造社会的这一历史使命的高度,论述了工人教育的意义、内容和方法。在全国工运陷入低谷的现实环境中,刘少奇提出,无产阶级改造社会、实现共产主义这一伟大事业,要经过三个步骤,而现时在做的是第一个步骤的工作。这一步所要达到的总目标是"使无产阶级团结起来,养成无产阶级支配社会的潜伏势力"。他指出,实现这一目标的办法是通过争取增加工资、减少工作时间的斗争,将工人团结起来,并"以过去奋斗的经验切实教育工人,使工人明了自己阶级在现在及将来社会上的地位,工团终极的目的,与达到这个目的方法,养成极健全的奋斗者,成功无产阶级有方法的支配社会的潜伏势力的大组合。"根据这一认识,结合安源的实际情况,他将"训育部员,提高工人阶级的知识并训练工人作事的能力"②,列为工人俱乐部"前进的方针"的三项内容之一。刘少奇关于工人教育的理论和实践,使党领导下的白区工人运动获得了一种难得的活动空间。

在刘少奇的直接领导下,1923年上半年,安源工人补习学校暨工人子弟学校由1所增加到3所。在校的学生人数增加很快,补习学校由200多人增加到319人,子弟学校增加到

安源路矿工人子弟学校第三校师生合影

497人。同年下半年,又在紫家冲、湘东、醴陵、株洲4个分部各办一校,学校由3所增加到7所。校名改为"安源路矿工人俱乐部工人学校",原工人补习学校和子弟学

---

① 《共党在安源之教育概况》,《安源路矿工人运动》(下册),中共党史资料出版社1991年版,第1367、1369页。
② 刘少奇:《对俱乐部过去的批评和将来的计划》(1923年8月20日),《安源路矿工人运动》(上册),中共党史资料出版社1991年版,第91、101页。

校分别改为"工人学校"的补习部和子弟部。为了解决工人住所离学校远、上学不方便的实际困难,俱乐部于1924年初决定在各工作处设立读书处,最多时设立了16个读书处,在校学生总数为2000人左右。

在开办读书处的同时,安源路矿工人俱乐部还创办了1所工人图书馆,设立了10处公共阅报处,并在工人学校内增设妇女职业部。1924年5月,俱乐部在工人学校内新设置了一个负责管理青少年的机构——劳动童子军,下分3个队,计有8个排,共计64人。他们站岗放哨,掩护工人革命活动,参加游行、讲演、散发传单,开展革命宣传活动,以抵制帝国主义、封建军阀通过基督青年会及政府办的童子军对青少年进行的奴化教育。这一组织收效显著,后来发展成为中国共产党领导下的儿童团及中国少年先锋队的前身。

俱乐部教育股编印了一套适合安源路矿工人及其子弟实际情况的教材,如《小学国语教科书》、《工人读本》(共3册)、《补习教科书》(共4册)等。到1924年上半年,初步形成了一个比较完整的工人学校教育体系。

刘少奇在安源工作期间,经常教育工人俱乐部的干部:工人教育并不单指学校教育,还应当包括全部宣传工作和群众文化娱乐体育活动。所以,工人俱乐部及其所属教育委员会、讲演委员会和游艺委员会都应该是教育机关。其中教育委员会管理工人学校、读书处、阅报处、图书馆,是日常向工人群众进行思想理论教育和科学文化知识教育的主要

安源路矿工人俱乐部教育股编印的《小学国语教科书》

阵地。讲演委员会是向工人和社会各界进行革命宣传的常设机构,代表俱乐部统一组织各种重要纪念日的群众集会游行、讲演、街头宣传、制发标语传单等大型宣传活动,并负责新闻出版和书刊发行以及各种活动中的思想发动和宣教工作。游艺委员会则负责管理群众性的文化娱乐活动和体育活动。

刘少奇十分注重革命报刊在安源路矿工人中的重要作用。他刚到安源,便对中国劳动组合书记部北方分部机关报《工人周刊》十分关心。每天无论多忙,都忘不了看报。他办公室的《工人周刊》总是夹得整整齐齐。1922年,刘少奇担任《工人周刊》的特邀通讯员。他不但自己带头撰写稿件,而且组织别人在杂志上发表了不少介绍

安源路矿工人斗争的文章。

刘少奇非常重视革命报刊在安源工人教育中的重要作用。他接任总主任后,要求工人消费合作社代售《向导》《新青年》《先锋》《工人周刊》《劳动周刊》《警钟周报》《星期日》和《京汉工人流血记》等革命书刊,给工人教育提供广泛的教材。当时有一部反映京汉二七惨案的新书《京汉工人流血记》最为畅销,合作社新进200册,不到3天便被抢购一空。喜欢读书看报的工人日趋增多,更坚定了刘少奇在安源编辑出版报刊的决心。

1923年上半年,刘少奇为了"使工友切实明了俱乐部各项情形及提高工友普通知识起见"①,决定创办工人俱乐部自己的刊物,定名为《安源月刊》。8月下旬,安源月刊社成立,由俱乐部文书股长李求实兼任主编,首先集中力量编辑《安源路矿工人俱乐部罢工胜利周年纪念册》,并于同年10月出版。该册收集了刘少奇、朱少连、李求实等总结安源工运经验、计划未来工作的著文,以及俱乐部各部门工作报告、各地工人庆祝罢工胜利周年的祝词等。共96页,约12万字,共印1000余册。

安源路矿工人消费合作社代售的《工人周刊》

《安源月刊》主编李求实

1923年12月,《安源月刊》改为《安源旬刊》。由于李求实奉调离开安源,贺昌接任其主编职务。刊物"每十天出版一张,每份卖铜元两枚,发行处设在安源牛角坡55号。这个

---

①刘少奇:《对俱乐部过去的批评和将来的计划》(1923年8月20日),《安源路矿工人运动》(上册),中共党史资料出版社1991年版,第102页。

安源路矿工人俱乐部机关刊物《安源旬刊》

旬刊专以阐明萍矿的内容,启导平民知识,提倡工人自治为宗旨。对于安源路矿工会的消息,更特别灵通和丰富。"①旬刊文字通俗,内容丰富,编排活泼,十分适合工人阅读,设有《言论》《时事报告》《劳动界消息》《本地风光》《工人常识》《七嘴八舌》《诗歌》《戏剧》等栏目,成为开展工人教育的重要阵地。1924年12月,刘少奇组织俱乐部出版委员会编辑出版《安源路矿工人俱乐部第二届报告册》。该册内容与上年出版的《罢工胜利周年纪念册》相衔接,为铅印16开本,共94页,10万余字,印刷1000余册,向全国各地工会发行。此外,安源路矿工人俱乐部还编辑出版了短期小报《路矿工人》。工人学校各学生会也出版了自己的周刊。

在发展工人教育的过程中,刘少奇一贯重视教育经费的投入。他担任工人俱乐部总主任后,当年就制定了新的会计年度经费预算,规定每月拨出教育经费950元。这笔钱占俱乐部每月总收入1580元的60%强。这一会计年度实际支付教育经费达13400多元,超过预算200多元。在1924年9月至1925年9月会计年度预算中,教育经费增加到15000元,占到了总收入的一半以上。由于领导得力,群众认识不断深化,教育经费来源可靠,安源路矿工人教育事业蓬勃发展。

4. 繁荣工人经济保障事业

刘少奇在担任工人俱乐部总主任期间,为发展工人的经济事业采取了一系列措施。在他领导下,俱乐部主办的工人消费合作社等经济组织,逐步积累起比较雄厚的活动资金,改善了工人的物质生活,增强了工人俱乐部的凝聚力。

安源路矿工人消费合作社于1923年2月7日在老后街独设门市开业,同年上半年获得迅速扩大。由于领导有力,操作得法,营业额发展很快。每月销售大米500

---

① 《安源旬刊出版》,《安源路矿工人运动》(上册),中共党史资料出版社1991年版,第236页。

石、食盐万斤、食油 4000 斤、煤油 2000 升、布匹约 3000 元、器用千余元,约兑换洋元 2 万元,售货总额每月近 1.3 万元。这在当时仅有 8 万余人的安源,经济效益是很可观的。

安源路矿工人消费合作社开业盛况

刘少奇接任俱乐部总主任之初,立即委派兑换股经理毛泽民经办合作社。这一得力人选使合作社得到进一步扩充和完善。合作社先在新购置的俱乐部办公楼内增设了一间商店,专卖布匹、南货;后又在新街开办第一分社,内设粮食、兑换、南货 3 股。到 1923 年 8 月工人俱乐部第一次换届选举时,合作社所辖商店已由 1 个增加到 3 个,管理人员和从业人员由 20 余人增加到 40 余人。1924 年下半年,合作社与工人学校妇女职业部合办了一个出品发卖所。这个实体实际上是供学生实习的缝纫工厂兼服装店。出品发卖所购置缝纫机数台,雇有熟练缝纫工八九人,定做各种中外服装。

随着经营规模的扩大,刘少奇发现合作社的人事管理和经济管理不统一,不利于发展,于是提出要求,整理社务。1923 年 8 月,刘少奇在俱乐部工作报告中提出:"合作社事务及经

安源路矿工人消费合作社(内景)

济支配,在事实上应绝对集中,实行新式簿记,由总经理担任全责,主任团严加督促"①。1923年冬和次年初,按照刘少奇的意见,俱乐部主任团会同经济委员会严格审查合作社的账目和营运办法,使合作社及时总结了经验教训,获得了更显著的发展。经过多次整顿和不断改进,合作社的组织和制度渐趋完善。尽管从1924年下半年起,路矿两局经常欠饷而使合作社营业大受影响,但1924年全年销售总额仍然达到7.6万元。

消费合作社除了售货,还开展银元交换铜元业务,因而又具有钱庄的部分职能。以往工人到商家兑换铜元,1块银元仅换铜元不足200枚,而消费合作社则保证按调价兑换,1块银元可换铜元210枚,杜绝了奸商从中盘剥,因而大受工友欢迎。

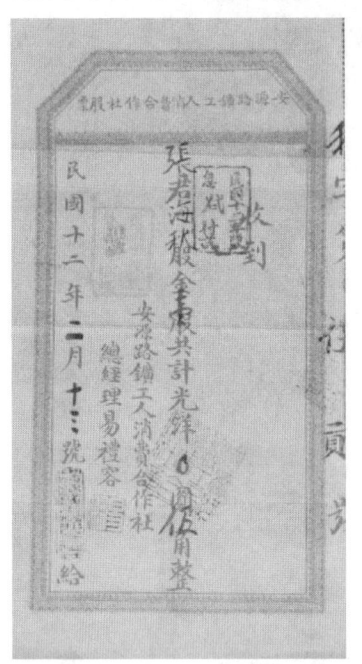

为解决合作社兑换资金周转问题,刘少奇于1923年春召集最高代表会议,决定授权合作社印发铜元票数千元,以弥补资金不足。稍后,由于规模和经营范围进一步扩大,为解决合作社缺少股本这个难题,刘少奇在工人俱乐部工作计划中提出了三条措施,其中一条是,除尚未入股的部员酌情加补认购股票外,"在兑换股加设储蓄部,提倡工人储蓄,实行发行合作社纸币一万元"②,以便流通。

为了弥补资金不足,俱乐部最高代表会议决定,在俱乐部部员中招股,并制定了招股简章:凡本部部员,每月薪金在9元以下者,劝认1股,9元以上者劝认2股,多认者听便;每股为5角,分为2万股,定股额光洋2万元,连同俱乐部基金收足1万元;每年红利平均分成10份,以4份摊分于各股,3份留为扩充社务之基金,2份为俱乐部基金,1份为社内办事员酬劳金。由于工人们深知消费合作社是为工人谋利益的经济实体,于是在经济十分困难的情况下,仍踊跃认购股票,很快就筹集股金7800余元,连同俱乐

安源路矿工人消费合作社发行的股票

---

① 刘少奇:《对俱乐部过去的批评和将来的计划》(1923年8月20日),《安源路矿工人运动》(上册),中共党史资料出版社1991年版,第101页。
② 刘少奇:《对俱乐部过去的批评和将来的计划》(1923年8月20日),《安源路矿工人运动(上册)》,中共党史资料出版社1991年版,第101页。

部拨来的活动经费一起，共计资金1.8万余元。稍后，俱乐部在工作计划中又提出：尚未入股的部员酌情加补认购股票。因此，俱乐部部员基本上都认购了股票。这些决定的付诸实施，使资金不足问题大为缓解。到刘少奇离开安源前夕的1924年12月，合作社基金由原来的1.86万余元增加到2.83万余元。消费合作社给每位认股者发了自行设计的股票作为凭证。安源路矿工人消费合作社发行的股票是中国共产党历史上第一张红色股票。

工人消费合作社发行的铜元票虽然仅限在安源数万工人中流通，但却是中国共产党领导的革命斗争史上最早的纸币。合作社的兑换银钱业务和工人储蓄的创办及纸币的发行，也就成了中国共产党领导金融事业的最初尝试。

安源路矿工人消费合作社是当时全国仅有的一个工人消费合作社，也是中国工人阶级第一个经济事业组织。它的创办和发展，对于改善安源工人的经济生活，团结工人坚持斗争，发挥了积极的作用，并且为中国共产党早期领导经济事业积累了经验，培养了干部。

在1925年九月惨案以前，安源路矿工人俱乐部一直是中共全党活动经费的少数几个储备点之一。不仅本身的活动因经济实力较雄厚而蓬勃发展，而且能够经常给别地工人提供有力的经济援助。罗章龙回忆说："1923年党的三大以后，我担任中央局秘书兼会计，经管全党活动经费。当时，除共产国际定期拨给一部分经费外，党的活动经费的主要储备点，在北方是全国铁总，在南方是安源。安源在取得罢工胜利后，积累了比较雄厚的工会基金，除自己举办了颇具规模的工人消费和工人教育事业外，还给各地提供经费援助。"[①]从而使安源路矿工人俱乐部成为中共全党活动经费的重要储备点。

5. 提倡工人自治

二七惨案后，安源工人运动的策略由进攻转为退守，工人自治的问题被提高到一个显著的位置上。刘少奇将提倡工人自治视为俱乐部的主要任务之一。他在《安源路矿工人俱乐部略史》中指出："俱乐部宗旨除保障工人利益外，他如提倡工人自治，促进实业进步，在工作上服从职员责任范围内之正当指挥，都是俱乐部的主要

[①] 罗章龙：《关于安源工人运动和湘赣边界秋收起义的片断回忆》，《安源路矿工人运动（下册）》，中共党史资料出版社1991年版，第1060页。

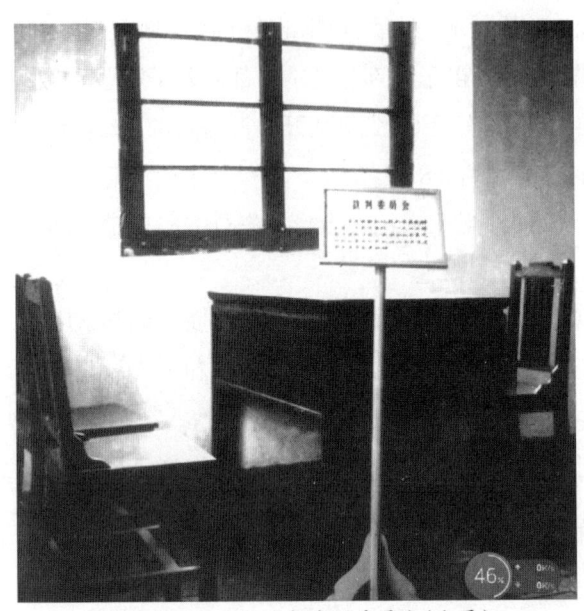

安源路矿工人俱乐部裁判委员会(内景)

任务。"①1924年8月,刘少奇主持修改俱乐部总章时,更进一步将"提倡工人自治,发扬互助精神"作为俱乐部宗旨的一部分,正式写进了总章。

在刘少奇的主持下,俱乐部对工人自治问题作出了一系列规定,并建立了相应的机构。1923年5月,由最高代表会推选7人组成裁判委员会,负责处理部员之间或部员与非部员之间的各种纠纷。据裁判委员会报告,仅1923年12月至1924年9月,即受理事件423件。这些事件大致可分为不遵守部章、斗殴、银钱账务、窃盗、工程纠葛、赌博、妨害公安、不守厂规、琐事9个种类。

1923年7月间,刘少奇召集最高代表会议,恢复组建工人纠察团,对内负责监督管理工友、制止酗赌等不良行为,对外负责保卫工人俱乐部。这一组织最壮大时达1600人。

建立故工抚恤会是工人自治的内容之一。1923年冬,刘少奇路遇贫病交加的工人谢福山暴尸街头。他带头捐出身上仅有的十几个铜板,并当场提议:"工友们,我们成立一个'故工抚恤会'好不好?如果每个月每人省一天的工钱,把它积起来,今后工友遇到了困难,或有个生、老、病、死,大家就有依靠了。"刘少奇的建议得到广大工人的热烈响应。故工抚恤会是"专为抚恤身故工友及其家属而设"②。到1923年8月俱乐部换届选举前,仅有洋炉炼焦处、食宿处、洗煤处、电机处、公事房、修理厂6个工作处相继设立。会员中发生因公或因病亡故的均须捐助一天工资为抚恤费;因斗殴身死者和因病请假回原籍后过6个月死者不给抚恤。到1924年8月俱

---

① 中共萍乡市委《安源路矿工人运动》编纂组编:《安源路矿工人运动》(下册),中共党史资料出版社1991年版,第136页。
② 周镜泉:《故工抚恤会报告》,《安源路矿工人运动》(下册),中共党史资料出版社1991年版,第198页。

乐部再次换届选举前夕,仅洋炉炼焦处、土炉炼焦处、电机处、修理上厂、修理下厂、洗煤处、直井机器处、路局8个工作处继续设有故工抚恤会。故工抚恤工作虽因事实上的困难而没有能够在路矿全面展开,但在当时困难的条件下能够做出这种努力已属难能可贵。

工会参加生产管理,也是工人自治的重要内容。刘少奇当选俱乐部总主任后,从工人的切身利益出发,大胆提出工人俱乐部参与生产管理、维持产业进步的建议。针对罢工胜利后部分工人产生的虚骄之气,以及少数工人故意违反正当的生产纪律,认为"闯出祸来有俱乐部乘肩"的行为,俱乐部出告示劝告工友遵守正当的厂规,服从工头职员的正当指挥,禁止工人赌博斗殴。俱乐部还召集工头管班开会,讨论共同负责整顿出产问题,并派各处工人总代表下矿井考察生产情形。1924年6月1日举行的第二届最高代表会议上,更进一步决定,组织出产整理委员会,"负责整理萍矿出产,提倡工人自治"[1]。这一举措使工会组织进一步介入了生产,探索出了工人参加管理的经验。

6. 加强党团组织建设

刘少奇担任路矿工人俱乐部总主任期间,安源党、团组织的建设取得了显著成就。这是中国的"小莫斯科"能够在工运低潮期间硕果独存的又一个重要原因。

1923年6月前,安源仅有中共党员30余人,其中三分之一还是湘、鄂两省调入的干部,中国社会主义青年团员也只有100余人。刘少奇十分重视党、团组织的发展,迅速调整和健全了各级领导机关。

1923年4月,安源收到召开中共三大的通知,当时准备派代理工人俱乐部总主任的刘少奇为代表,与长沙代表毛泽东一道出席,后改派中共地执委会书记朱少连前往参加。朱少连在会上当选为中央执行委员,担任中央驻湘委员,是中共党史上最早一批工人出身的中央委员。1925年1月,安源工人朱锦棠作为安源党组织代表,出席了中共四大,被选为候补中央委员,任中央驻安源委员。当年派驻中央委员的工运重点区域仅安源、唐山两地。

1924年11月间,安源党、团地委联合成立了工人教育委员会、妇女运动委员

---

[1] 锦棠:《出产整理委员会报告》,《安源路矿工人运动》(上册),中共党史资料出版社1991年版,第365页。

朱少连 　　　　　　　朱锦棠

会,并合组了宣传队,"由少奇同志负责进行,执委派了二十四个同学参加。"①在这之后,党的建设和党对工人运动的领导大为加强,各方面的工作进一步系统化。

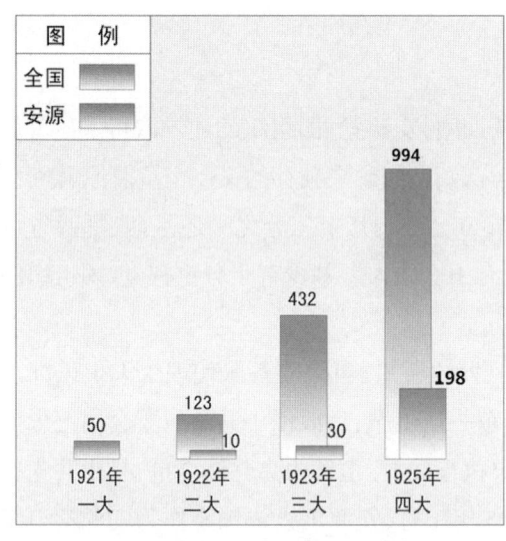

中共安源党员与全国党员人数比较

年份	全国	安源
1921年 一大	50	
1922年 二大	123	10
1923年 三大	432	30
1925年 四大	994	198

1924年5月,中共中央召开扩大执行委员会,在纠正忽视党组织自身建设倾向、强调健全党的组织、积极发展党员的同时,将党、团工作关系列为会议三个主要议题之一,作出了专门的决议——《s·y工作与c·p关系议决案》,要各地尽量让"特别团员"(即超龄团员)退团入党,吸收大批25岁以下的青年人入团,使团组织青年化,并明确划分党、团组织职责,纠正以团代党的现象。当时把这两项工作合起来简称"党团分化"。会后不久,中共中央即在1924年6月,与青年团中央联合发出通告,要求各地自接通知之日起3个月内完成这一工作。根据这一精神,安源党、团地委合组"党团

---

①贺昌:《团务报告》(1924年12月3日),《安源路矿工人运动》(上册),中共党史资料出版社1991年,第402页。

分化审查委员会",着手办理超龄团员转党手续。至8月下旬,安源160多名超龄团员有25名被批准退团入党。至同年12月,超龄团员退团转党手续全部办理完毕。8月间,尚未转党的近140名超龄团员也绝大多数被批准退团入党。经过党、团分化,党、团组织获得很大发展,其分布的地区由安源扩展到紫家冲、湘东、醴陵、株洲等地。到1924年底,即党的四大召开前夕,安源党员人数由1924年5月的60人猛增到约200人,占全国党员总数(994人)的20%。中共安源地委成为当时全国党员人数最多、产业工人成分最集中的地方党组织。安源青年团组织实现了年轻化,25岁以下青年占80%以上。1925年1月,青年团安源地委有支部26个,团员245人,占全国团员总数的十分之一,是全国最大的和产业工人成份最多的地方团。到1925年五卅运动前后,安源党的支部已由1个增加到13个,党员人数近300人;建立团的支部36个,发展团员370余人。随着党、团组织职责明确分开,党的建设和党对工人运动的领导大为加强。

在加强党、团员政治训练方面,刘少奇投入了很多精力,领导俱乐部的党团组织采取个别谈话、支部会、联谊会、报告会、讨论会、训练班、组织阅读党团出版物等多种形式进行。

安源的大批党员虽然参加过工人补习学校、工人读书处和"特别班"的学习,并受过工人革命运动的熏陶,但毕竟未接受系统的马克思主义理论教育,党的基本知识亦十分缺乏。为此,迫切需要参加党校的学习与培训,以提高广大党员尤其是工人党员的马克思主义理论水平,增强无产阶级的战斗力。这是革命实践的客观需要。

中共安源地委党校旧址

1924年12月,在刘少奇的亲自领导下,中国共产党历史上最早的党校——中共安源地委党校创办,为培养党的干部,增强党员的组织力和战斗力,积累丰富的办学经验等,做出了开创性的贡献。

1924年5月,中共中央执行委员会通过了《党内组织及宣传教育议决案》,首次发出了"要急于设立党校养成指导人才"的指示。由于"安地为独一无二之无产阶级组织"①,会后,中国共产党和社会主义青年团中央领导人蔡和森、恽代英、林育南等相继到安源巡视,对党、团组织内部的训练予以指导,随后中共湘区委员会派汪泽楷、袁达时等到安源工作。当时党校面临的最大问题是教材和教员的问题。正好二七惨案后湖北党组织委派一批优秀党员和工人骨干来安源,教员问题很快解决了。于是,刘少奇便和教员们一起,集中精力选择和编写通俗易懂、思想性强的党课教材。

　　1924年10月底11月初,党、团地委联席会议根据中共中央五月会议关于举办党校的决议精神,决定"合办党校,一初级班,专收工友同志;二高级班,在寒假内开课,专收学生同志,办法仿照C湘区,讲义由区供给。待讲义到后,即行着手"②。

　　1924年12月,中共安源的地委党校开学。校址首先设在八十间,后搬迁至安源新街口张家湾路矿工人补习学校第一校第二楼。安源党、团地委各派30人到校学习,分为初级班、高级班,分别训练工人和学生中的革命积极分子。初级班专收工人中的党、团员,高级班专收学生中的党、团员。在党校学习的都是党员和青年团的骨干分子。接受训练的内容主要为:1. 党团组织基本知识的教育;2. 马列主义基本理论和策略的教育;3. 了解国内外经济政治状况,各种重大事件和党、团的政策;4. 了解工人运动和青年运动的基本知识,工会组织的意义和工人中的影响

　　党校教员由中共安源地委书记汪泽楷、组织部长任岳、后任青年团安源地委书记袁达时、地委委员胡士廉以及安源路矿工人俱乐部干部萧劲光等担任。讲授课程为瞿秋白、王伊维所译《政治经济学浅说》《俄共党史》《少年运动史》3门课程,每周授课3次共6小时。时任汉冶萍总工会临时执行委员会委员长刘少奇也亲自到党校上课,为学员讲授"剩余价值"。他以工人生产袜子为例,深入浅出地说明资本家剥削工人的道理。到1925年5月,因学员不能到齐,又因汪泽楷等去醴陵工作而不能按时授课,乃决定缩为一班,共30人。课程亦缩减,仅讲《政治经济学浅说》和党的四大重要决议案。直到1925年9月21日,北洋军阀武装封闭安源路矿工人俱乐

---

①恽代英:《视察安源团组织工作的报告》(1924年8月),《安源路矿工人运动》(上册),中共党史资料出版社1991年版,第263页。
②青年团安源地委团务报告(1924年12月3日),《安源路矿工人运动》(上册),中共党史资料出版社1991年版,第403页。

安源党校教员汪泽楷、任岳、萧劲光

部,中共安源地委党校被迫停办。

安源党校启发和教育工人成为最有觉悟的先进分子,加强对党、团员和工会干部的政治思想教育,培养他们为工人阶级的彻底解放而斗争的革命精神,培育了一批为党做出了重大贡献的工人运动、农民运动骨干力量。他们有的先后被派往外地担任党的重要工作,有的成为了安源工人运动的领导者,有的则被派往苏联学习深造,还有的成为了井冈山斗争的骨干力量。据迄今所见史料记载,安源党、团地委至少选送过两批党、团员去苏联学习:1924年8月间,选派赴苏联学习的有中共安源地委委员、工人消费合作社党小组长林育英,窿内党小组长刘昌炎,以及工人学校的党员教员吴华梓等;1925年9月间选送的一批,有曾任中共安源地委书记的宁迪卿,青年团安源地委委员胡子厚,候补委员左镇南、汤正清、罗寿如等。被派往广州农民运动讲习所第五期学习的安源党校学员有袁德生、刘官清、谢福初、张明生等。安源党校毕业的大多数学员在第一次大革命时期或土地革命时期勇于冲锋陷阵,为中国革命做出了杰出的贡献,有的甚至献出了生命。

安源党校是中共历史上最早的地方党校,也是我们党的历史上的第一所党校。

龚育之为安源党校80周年题词

2004年11月13日,中国中共党史学会会长、中共中央党校原副校长、中共中央党史研究室原常务副主任龚育之教授为安源党校成立80周年题词:"安源党校是迄今查明的我党创办最早的党校。"[①]2015年12月11日,中共中央总书记、中共中央军委主席、国家主席习近平在全国党校工作会议上指出:"长期以来,我们党始终高度重视党校工作。1924年5月,党的第一次中央执委会扩大会议认为:'党内教育的问题非常重要,而且要急于设立党校养成指导人才'。根据这个决议,我们党成立了两所最早的党校——安源党校、北京党校。"

7. 开创中国共产党反腐倡廉的历史先河

一个政党的作风和腐败问题的滋生,未必形成于其执政之时,只要在特定的地域、范围和时间内形成了一定的权力,开展了经济活动,产生了一定的经济效益,这个政党的作风和腐败问题就会以这样或那样的形式产生。刘少奇在安源工作期间,非常重视反腐倡廉工作,经常运用批评和自我批评的武器,向一切错误言行作坚决的斗争。1922年9月安源大罢工胜利后,有少数工人领袖被胜利冲昏了头脑。他们有的以领袖自居,居功图报,向组织要权,索取份外报酬;有的以权谋私,贪污、挪用公款;有的不顾大局,蛮干冒进,附合甚至导扬群众的错误倾向;有的无组织无纪律,随心所欲等。刘少奇看到了问题的严重性,指出:"工人领袖如果都是这样,那我们的事业便非常危险。"

针对上述情况,刘少奇领导俱乐部通过民主程序,把思想教育和纪律约束相结合,对领导班子不断严加整顿。对错误较轻的工人领袖,进行批评教育,帮助他们认识错误,吸取教训。针对部分工人领袖对组织俱乐部存在的错误认识,刘少奇指出:"工人组织团体的目的极为广大!将来还要管理世界一切。增加工资,不过是争得目前很小的利益使大家认识阶级的利益而结合团体的一种手段,绝对不是我们的目的。""只知道加几个钱,其余一切什么'联合'、'训练'、'阶级争斗'等都不关他的事,概不过问,这种错误的观念,实大足以防阻团体前途远大的发展。"针对部分工人动辄罢工的无组织无纪律行为,刘少奇指出:"俱乐部万余工友不能人人各干各的,必须有统一的指挥,有规则的动作","我们不能只看安源工友的力量可以办到,就不顾一切地做起来"。针对工人中不团结的现象,刘少奇指出:"我们工人的组合,

---

① 中共萍乡市委党校、萍乡市中共党史学会编:《中国共产党最早的党校》,2004年。

是一个极大的组合,全世界都要联成一气,并要组织得像军队一样,才能与那有坚固组织的资本阶级奋斗。我们那里能够分出什么省别县界来呢?""'我们是这一帮的'、'他们是那一帮的'等话,都是同乡观念的表现。""我们大家都要努力消除这个观念"。他告诫工人领袖们:"我们只知道牺牲,不知道权利,把自己心里洗刷得清清洁洁,然后不致做出违背主义的事情。"①对错误严重的工人领袖,刘少奇则毫不留情地进行斗争,并作出适当的组织处理,决不姑息迁就。当时俱乐部一位负责人长期挪用公款被察觉,刘少奇立即召开俱乐部最高代表会,责令他"限即日起归还,否则每月将工资扣还"②。安源路矿工人消费合作社服物股经理陈枚生贪污公款1000元被查处,俱乐部最高代表会经过讨论决定:"将陈枚生房屋用具封存,暂限半月缴欠款五百元"③,并罢免了他的职务。

刘少奇对自己要求却十分严格,对工作中的缺点错误,开诚布公地做自我批评。1923年8月,在俱乐部全体部员代表大会上,他向工人作了题为《对俱乐部过去的批评和将来的计划》的工作报告,毫不掩饰地把自己的缺点亮了出来,对俱乐部的各位副主任也逐个进行了尖锐的批评。这种勇于批评与自我批评的精神,使工友们深受感动。

8. 为中国工人运动理论奠基

在主持领导安源工运期间,刘少奇创造性地运用马克思列宁主义的工运理论,撰写了多篇带有普遍指导意义的重要理论文章,探索出了一整套推动工人运动健康发展的宝贵经验,为各地工会树立了榜样,为发展中国的工人运动做出了重要贡献。

自1922年9月至1925年4月,刘少奇直接参与了安源路矿工人俱乐部和安源党、团地委多篇文件的起草、修改和定稿,并署名撰写了6篇著述,分别为:1923年8月撰写的《对俱乐部过去的批评和将来的计划》,与朱少连合著的《安源路矿工人俱乐部略史》;1923年10月与李求实合著的《俱乐部组织概况》;1924年6月撰

---

①刘少奇:《对俱乐部过去的批评和将来的计划》(1923年8月20日),《安源路矿工人运动(上册)》,中共党史资料出版社1991年版,第91、95、96页。
②涤生:《最高代表会报告》(1924.年9月),《安源路矿工人运动》(上册),中共党史资料出版社1991年版,第315页。
③涤生:《最高代表会报告》(1924.年9月),《安源路矿工人运动》(上册),中共党史资料出版社1991年版,第314页。

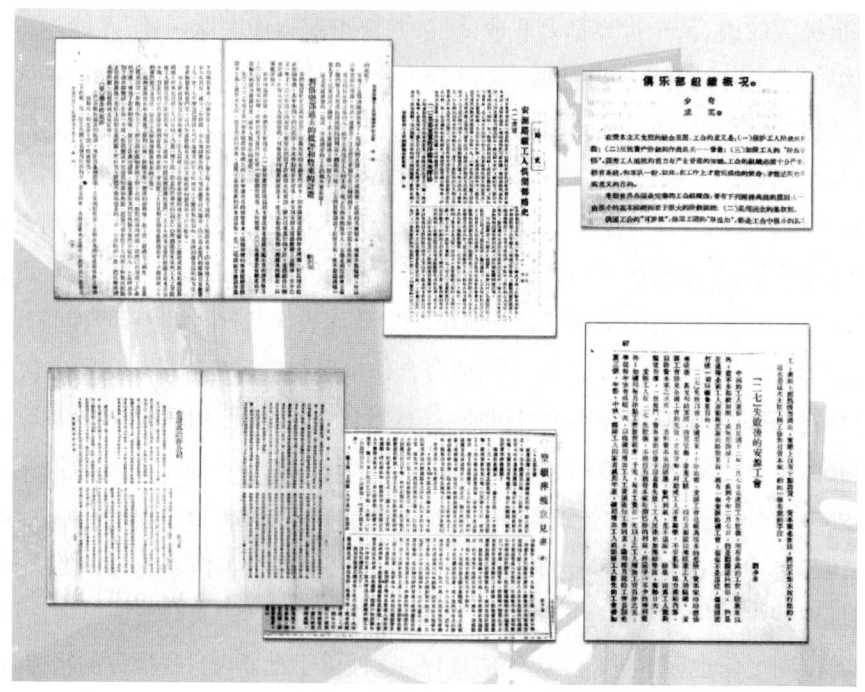

刘少奇在安源撰写的六篇文章

写的《救护汉冶萍公司》;1924年11月撰写的《整顿萍矿意见书》;1925年4月发表在《中国工人》杂志上的《"二七"失败后的安源工会》。

《安源路矿工人俱乐部略史》分析了安源工人运动发生、发展的主、客观条件,叙述了1921年8月中国劳动组合书记部成立以后,至1923年8月安源路矿工人俱乐部换届选举之前的两年间,安源工人革命运动中的主要事件,阐述了工人革命运动发生、发展的规律。《"二七"失败后的安源工会》事实上是略史的续篇,通过介绍二七惨案后至1925年初安源工运的发展情况,再次强调了安源工运的基本经验,并号召全国工友向安源工人学习。《对俱乐部过去的批评和将来的计划》通俗地论述了作者当时认识到的科学社会主义和工人运动相结合在中国特定条件下的若干特点,是研究刘少奇早期工运思想的极为珍贵的史料。《俱乐部组织概况》一文论述了工会组织的意义和组织原则,以及在安源工运中的具体运用。

在上列文章中,刘少奇阐述了一系列有关发展中国工人运动的理论问题,其中最重要的有:无产阶级改造社会的三个步骤,无产阶级现阶段改造社会的几个要点,优秀工人应具备的素质,工人领袖应该具备的品质和能力,工会会员的基本准则,工会的性质、组织原则和机构设置,工会的日常工作和职责范围,工团联合的必要性和必然性,无产阶级的革命策略和斗争艺术,工会与党、团组织的关系,合理运用罢工斗争手段,正确处理劳资关系,全面发展无产阶级的伟大事业等。

刘少奇阐述的这些工运理论具有丰富的内容和独到的精辟见解。这些理论几乎涉及了开展工人运动亟待解决的各个重要环节,不仅在当时具有重要现实指导意义,为建设中国的"小莫斯科"提供了科学的理论保证,而且为日后中国工人运动的蓬勃发展标示了前进的方向。

刘少奇在安源工作期间,领导工人多次挫败路矿当局武力封闭和阴谋瓦解工人俱乐部的企图,巩固和壮大了党、团组织,探索出了发展工人教育、繁荣工人经济事业、实行工人自治的成功之路。他在安源开展工人运动的指导思想、方针政策、具体措施及一整套科学理论,对全国工人运动有着重要的示范和指导意义,在中国共产党领导的工人运动史上产生了深远的影响。安源路矿工人俱乐部组织建设的实践与理论,后来通过刘少奇在中华全国总工会工作,向全国推广。

第六章　务实为民好公仆

刘少奇在安源工作期间,密切联系群众,关心工人疾苦,亲民爱民,为民谋利,不摆官架子,没有官僚习气。他心中思考的始终是俱乐部的发展,惦念的永远是为广大民众谋取更多的权益。作为俱乐部的负责人,刘少奇身先士卒地站在与路矿当局、封建势力斗争的第一线,运用灵活多变的斗争策略,帮助工人解决了实实在在的困难,被工人誉为"主心骨",在安源留下了一段段被世人传唱的佳话。

1. 巧斗奸商

说起安源奸商,工人们无不痛恨得咬牙切齿。一个小小的安源街,绝大多数店铺是由大地主、大绅士和县官吏所开。这些奸商和地头蛇同流合污,明扣暗榨,把安源工人害得好苦。当时工人中流传着这样一首歌谣:

安源街上下,食物时涨价,油盐少斤两,掺水又掺沙;
婊子砌牌坊,吸血胀断肠,商家银满贯,工人没钱花。

面对奸商这等猖獗,刘少奇愤恨不已。1922年深秋的一个夜晚,他坐在办公桌前思考着如何打击安源奸商,解决工人受中间剥削的问题。由于奸商和手工业者、店员混在一起,要打击奸商十分棘手。于是,刘少奇派俱乐部总干事程昌仁、石作东,串连那些思想比较进步的手工业工人和店员,从他们那里调查了解奸商剥削工人的罪行材料。通过几天的工作,刘少奇觉得时机已经成熟,便召开俱乐部干部会议,研究部署斗争方案,决定以俱乐部名义,邀请手工业者和商店店员在安源商会召开"联谊会",当场"开刀"。

安源各商店老板听说俱乐部邀请开"联谊会",个个神采飞扬。

这天上午,安源大大小小的商店老板身穿长袍马褂,兴致勃勃地进入会场。几十名工人代表早已在会场等候。刘少奇坐在会议的前席上。会议由程昌仁主持。他说:"今天邀请大家来开'联谊会',是向通报一些情况。下面先请工人代表石作东讲话。"商店老板们听说"联谊会"改成了通报情况,一个个面面相觑。其实,这是刘少奇与俱乐部干部反复研究后设下的一个计谋。如果一开始就通知由俱乐部通报情况,这些商店老板们会那么踊跃参加吗?

石作东站起来,润润嗓子说:"近日,安源街上有许多手工业工人、店员找我们,要求加入我们俱乐部,这很好!今天你们有什么要求尽管提吧。"

石作东说到这里,把目光移到那些奸商头上,厉声说:"你们就把自己所做的坏事全部端出来,摆出来见见阳光!"

奸商们一听,缩着脑袋,偷眼看看石作东,又看看刘少奇。刘少奇那威严的神态,紧锁的眉毛,使他们不寒而栗,感到祸将临头。

这时,俱乐部纠察团团长周怀德和一位工人手里拿着一包从店里买来的盐,进入会场。周怀德"咚"的一声,跳上讲台。刘少奇向他招招手:"怀德,你打个头炮吧。"

"好!"周怀德提了提神,将他早已拟好的打油诗念了出来:"商铺就是聚宝盆,聚宝盆里堆金银。这些金子哪里来?榨我血汗发洋财。"

奸商们听了周怀德的控诉,心中火烧火辣,坐立不安,阴沉着脸东张西望,看着坐在台上一动不动的刘少奇和挤满场子的工人,不敢动弹。

"工友们,再来看看奸商的心肠吧!"一位工人端来一盆热水,周怀德随即将两斤盐倒入盆里,用手在水里搅拌几下。不一会,盐在热水中溶化了。那工人又将水倒掉,只见盆子底上沉淀着一层生石膏和白沙子。周怀德指着盆子愤怒地说:"看见了吗,这是沙子还是盐?"

"叫他们亲口尝尝!"站在台下的工人大声喊,"真没良心!"

这时,盐店的学徒纷纷站起来揭发:"老板经常在盐里掺白沙子,油内掺米汤,酒里掺水"。"我们老板自造假秤、假升筒,卖的东西缺斤少两"。"我们布店经常进烂纱来织布"……

这些奸商们没想到自己的店员、学徒会起来造反,大惊失色,恼羞成怒。他们又气又恨,小声骂道:"这个刘少奇好厉害呀,真会煽动人心。唉,完了!"

"工友们,好戏还在这里呢。"不知什么时候工人酉丛乃大声吼叫:"这是从新街'资深'鸦片烟馆搜查出来的鸦片烟土,有100多斤。"

话刚落音,只见矿工刘昌炎揪着一个头戴顶帽、身穿长衫的商人,挤过人群,推上台去,指着这个人的鼻子说:"这就鸦片烟馆的曾老板,鸦片烟土就是他私藏的。"

会场一阵骚动,嗡嗡声响成一片。有人说:"这只害人精,用鸦片来毒害百姓。"有的说:"打死他算了。"有的说:"刘主任在这里,有办法惩治他。"

刘少奇取下帽子放桌子上,站起身来挥了挥手,会场顿时安静下来。他严肃地说:"今天的事明摆着,商店老板对我们工友是不会发慈悲的,名曰开商店,实际就是掠掳我劳工。他们在安源无量度地榨取我们劳工的血汗,吃我们的血肉。今天我们在这里宣布:第一,没收'资深'鸦片烟馆私藏的烟土,将曾老板押送萍乡县衙门惩处;第二,封闭安源街所有鸦片烟馆;第三,严格监视奸商,不许他们胡作非为。"接着,他放低声音,面对商店员工说:"今天你们说得对,做得好。你们既然愿意向俱乐部靠拢,现在我正式宣布,接收你们加入安源路矿工人俱乐部。"

"欢迎,欢迎。"主持会议的程昌仁带头鼓掌,全场掌声雷动。工人们今天终于扬眉吐气了。

2. 给工人拜年

1923年春节,是罢工胜利后的第一个新年。工人用斗争得来的年终夹薪,备办了一些年货。家家户户喜气洋洋,门上贴着红对联和门神。工人刘子刚家的房子虽然不大好,但贴的大红对联格外显眼,左边是:"工人万万岁",右边是"俱乐部万岁"。

大年初一早饭后,刘少奇笑容满面地到工人家里拜年。他走到刘子刚家门口,一边扑打着身上的雪花,一边喊着刘子刚的娘:"伯母,给您拜年了!"

刘子刚一听是刘少奇的声音,急忙迎了出来,两人拱拱手后,刘少奇便指着对联问道:"这是谁给题的字呀?"

刘子刚连忙答道:"俱乐部嘛!"

刘少奇感到有些奇怪,又问:"俱乐部哪一个呀?"

刘子刚说:"这不是在庆祝罢工胜利大会上,你带领大家喊的口号吗?"

"哦!"刘少奇笑了:"这对联很好,说出了工人的心里话。"

听到刘少奇夸奖,刘子刚高兴地解释说:"原先'工人万岁'这边少了一个字,我想了好久,才加上一个'万'字,变成了'工人万万岁!'这样好吗?"

"好!这个'万'字加得好,工人万万岁。"刘少奇一边进屋一边说:"将来工人还要坐天下哩!"

刘子刚的母亲见刘少奇来拜年,高兴得直擦眼泪,忙说:"不敢当,不敢当,请坐请坐。"

老人家高兴地指着火炉上熏的腊肉对刘少奇说:"今天就在家吃中饭,请你吃腊肉。"

"伯母,我就要走的。"刘少奇推辞说。

"刘主任,客气什么?要不是你来办俱乐部,哪里还有钱熏腊肉哇?我们一生一世才过一次这样的丰盛年啊!"老人家说着说着,又忍不住流下了眼泪,说:"辛亥年说是推翻了皇帝,这年三十晚上,子刚他爹打连班累死了,工头还来逼债……"

刘子刚怕娘回忆起那段伤心事,忙说:"娘,今天是大年初一,别提那些事了。"

刘少奇连忙安慰她说:"是啊,伯母,我们工人开始过人的生活了,以后的日子会更好呵。"接着告辞说:"我还要到很多工友家里去拜年,下午去就不恭敬了,改日再来吃饭吧。"

老人家懂得这个民间规矩,也不强留。刘少奇走出好远了,她还站在门口目送。活到这么大年纪,还没见过哪个知书达礼的先生给咱们炭佬家拜年哩!直到刘少奇高大的身躯走进了另一家工人的茅屋里,她才撩起围裙,擦着喜悦的泪水转身进了屋。

3. 替工人伸张正义

1923年初的一天,刘少奇和工友酉丛乃、袁德生一同下井,来到总平巷十段麻枯大槽,见工人们忙着下煤斗,便走过来帮他们推煤车,干了一会,累得满头大汗。休息时,他和工人一起坐在煤堆上谈心,了解工人的苦楚。一位工人告诉他:"我们苦是蛮苦,但比起许金桂来,又要好一点。"

刘少奇一惊:"许金桂怎么样了?"

"唉,讲起就伤心。"周怀德忿忿地说,"被总监工王三胡子无理开除了,现在下落不明。"

刘少奇知道王三胡子的心肠是比狼还狠毒的,在他手下不知被打死打伤、开除了多少工人,工人们对他恨之入骨。现在工人们有了自己的团体,就不能让他胡作非为,欺压工人。他问那位工人:"王三胡子为什要开除许金桂?"

周怀德告诉他:"那是王三胡子不要脸,自己先提出来要同许金桂砸脑壳,结果又砸不赢,反倒把许金桂开除了。"

"啊!有这种事?"刘少奇闪动眼光,心想一定要把这件事原委了解清楚,以便找王三胡子算账,连忙问道:"具体情况怎样?"

于是,周怀德就将此事前前后后讲给刘少奇听。

原来,王三胡子自我标榜在安源是"砸头大王",谁要是被他砸一昂头,谁的脑壳就会像打烂一只沙罐。他闲得无聊时,就派打手到处寻找对手,在安源街上当众较量,好在众人面前显威风。的确,一段时期无人找他砸头,免得吃当面亏。王三胡子更是坐不住,硬要在安源山里找个对手,过过头瘾。打手们查访了几天,访到了许金桂会砸昂头。

"他真的会砸吗?"刘少奇插话。

"会砸,我们都叫他铁脑壳。早年他在家乡湘潭打擂台,一昂头砸死一个大流氓打手。结果惹出了大祸,流氓头子要抓他赔人,他只有逃出家乡。从此,他不愿再砸昂头了,只是勾着脑壳做事,生怕打烂饭碗。"

周怀德接着又说:王三胡子得知许金桂是个砸昂头的,急得头上发痒,恨不得马上同许金桂比个高低。他提着灯,气势汹汹地来到许金桂做事的地方,首先找到黄工头骂一顿:"你不懂上下呀,你名下有一个铁脑壳工人,不告诉我一声,害得我到处找对手。还不快把人找出来,我要让他变成豆腐脑壳。"那黄工头不敢怠慢,赶紧把许金桂找来了。许金桂见到王三胡子,说什么也不愿意赌。王三胡子更神气了,叫嚷着:"我老爷亲自找上门来,还不敢比!铁脑壳,敢碰碰我老爷的头吗?"许金桂是个硬汉子,听到这些骄横的话,肺都气炸了,但想想自己在他手下做事,只有忍气吞声不回答。王三胡子更是不可一世,皮鞭一挥,厉声喝道:"今天不比也得比!"周怀德见王三胡子这幅模样,心里冒火,向许金桂努努嘴,做了一下手势:"讲打就打,要比就当场比。"许金桂本来就憋了一股气,听周怀德一说,也就顾不得什么,想看看你王三胡子到底有多大本事。他跨前一步,站在巷道中间,喊了声:"总监工,我功夫不过硬,还请高抬贵手。"王三胡子大笑:"今日就叫你脑袋开花!"许金桂不吭声,摆好架势。王三胡子也作了一下威,朝许金桂猛砸过来。许金桂右脚往后一伸,头一昂,"碰"地一声直砸在王三胡子头上。王三胡子哪里是对手,只见他一个踉跄,连退几步,倒在地上滚了好几圈,半天爬不起来。

"哈哈!"坐在煤堆里听讲的工人们不禁笑了起来,刘少奇也跟着笑了。

"这一昂头可砸出祸了。"周怀德说:"王三胡子输了以后,住进医院一个多月,整天大骂许金桂。他出院后,想起自己在工人面前丢了丑,就将许金桂开除了,还派打手把他赶出了矿山。"

"简直无理！"刘少奇听罢，气愤极了："这样随便开除工人，完全违背了罢工条约。"

"刘主任，这件事不处理不行，资本家更会骑在我们头上拉屎拉尿。"工人纷纷请求。

"一定要处理！许金桂要找回来上班，王三胡子更要受惩罚。"刘少奇坚决地说。

刘少奇立即召开了俱乐部干事会议，将王三胡子无理开除许金桂的事告知了大家，说："我们俱乐部有代表工人之权，要为工人说话办事，许金桂受欺侮，我们要关心他，恢复他的工作。"会后便派人到外地寻找许金桂。

当得知刘少奇派人千里迢迢来寻找时，许金桂感激涕零，又担心回去后再受欺压，心里不安地问道："我回得了吗？""回得了！有俱乐部给我们撑腰，什么都不要怕。"来找他的工人安慰道。

许金桂回到俱乐部的时候，刘少奇正在痛斥王三胡子："王鸿卿，是你主动找许金桂砸脑壳，自己输了还把对方开除，这是哪家的法！"

"这简直就是无法无天嘛。"周怀德在一旁骂道："你王鸿卿作恶多端，总有一天，工人要找你算账！"

接着刘少奇严厉地对王三胡子宣布："立即恢复许金桂的工作，我们寻找许金桂的路费和工资，全部由你负担。"

王三胡子像死狗一样，耷拉着脑袋，沮丧地说："是，是，我照此办理。"说着，灰溜溜地去了。

许金桂复工以后，逢人就讲："是刘主任救了我一命。"

4. 为农友撑腰

贾旸谷是安源有名的绅士，家有租谷几千担，大小老婆好几个，丫头佣人一大群。自从做了安源保卫团团长以后，他更是为非作歹，横行乡里，鱼肉农民，成为地方上一霸。农民们对他恨之入骨。

1923年9月，矿局资本家为了修通萍乡的公路，和贾旸谷勾结。贾旸把农民伸脚出门不可少的一条道路也"卖"给矿上作为专用路，不准农民的牛马车辆通过。

一天，一群农民推着土车去安源运煤，突然，矿警把枪一拦，大声吼着："这条路我们李矿长已经从贾老爷手里买了。从今以后，行人、车马一律不得在此通过。"

农民们听了气得不行。心想,此路不通,到矿上运煤就得绕一个大圈,多走七八里路,一天也运不了几车煤。这明明是贾旸谷勾结资本家欺压我们。决不能让他们的阴谋得逞。

"你们拦路、霸路,究竟是哪一家的王法?"

"真是欺人太甚!不准我们过,我们偏要过!"

过路的农民越来越多,大家你一言我一语地嚷着。

矿警们见势不妙,挥着枪吆喝着:"谁敢过,老子的枪子就不认人。"

这时,一个彪形大汉把扁担一挥,说:"农友们!跟我来,找贾旸谷说理去。"立刻,几十个农民一呼百应地手握扁担锄头,跟着大汉冲到了贾旸谷家。贾旸谷见农民们来势凶猛,急忙躲进了保卫团,并派出荷枪实弹的团丁来镇压农民,把农民运煤的土车砸个稀烂,还打伤了七八个农民。

事件发生后,群情更加激愤。农民们分头到高坑、萍乡、丹江等地联络。第二天叫来了上千农民。扁担、锄头、木棍在空中飞舞,愤怒的吼声像汹涌澎湃的浪潮。农民们把保卫团层层围住,高喊要"活埋贾旸谷!"

贾旸谷又气又急,急忙派出亲信偷偷跑到矿上请后台老板出动矿警弹压解围。哪知矿长李寿铨怕引起工人愤怒,惹出大祸来,不肯出兵。贾旸谷得知李寿铨不肯出兵,气得暴跳如雷,大骂李寿铨不是东西。

门外的口号声此起彼伏,贾旸谷心里急得如油煎,不知道该怎么办好。这时不知谁向他献了个计,说"还是去求求俱乐部的那位刘主任吧!他远近扬名,1万多工人都喊得拢,唤得散,只有他才能解围。"

贾旸谷听了,哭丧着脸说:"好!好!事到如今,只有这么办了。"他吩咐一名亲信立刻去请刘少奇。

刘少奇正在俱乐部办公室里谈事情,一位纠察队员进来报告,说贾旸谷要请他去做调解人。刘少奇听后,要纠察队员打发来人先回去。接着,他和俱乐部其他负责人作了仔细研究后,便带着几名纠察队员前往保卫团。

刘少奇一来,农民们都非常高兴,反抗的勇气更足了。他们知道,这个俱乐部的主任是专门为穷苦人说话撑腰的。贾旸谷见刘少奇来了,就笑嘻嘻地出来迎接,拱拱手说:"刘主任来了,里面坐,里面坐。"

刘少奇轻蔑地一笑,说道:"不必啦,既然是请我来调停,我就不客气了。"他走到一群衣衫褴褛的农民中间,看到几个农民被打得头破血流时,不由得怒火冲天,便指着这些农民义愤填膺地对贾旸谷说:"贾先生,这就是你要我做调解的见证吗?"

贾旸谷被刘少奇这突然一问,一时无言对答,站在一旁发愣。

刘少奇为了摸清情况,又和随行人员到农民中间作了调查。他热情地对大家说:"农友们,你们一年辛苦种出的粮食,大都进了贾旸谷的粮仓,自己却吃不饱穿不暖,真苦哇。现在,连过路的自由都被剥夺了。大家想想,你们为什么这么苦啊?"

农民们你望着我,我望着你,不知如何回答,都用期待的目光看着刘少奇。过了一会,刘少奇接着说:你们受苦受压,受贾旸谷的迫害,就是因为没有很好地团结起来。像今天这样,你们团结起来,贾旸谷不就害怕了吗?农友们,我们要不要和贾旸谷算这个账?

"要算!"农民们齐声答道。

"对!这个账一定要算。"刘少奇见农友们的情绪高涨,便继续鼓动说:路本来就是劳动人民开出来的,劳动人民自己却不能走,天下哪有这样的道理!农友们,矿工们的生活原来也和你们一样苦,可是他们团结起来,取得了罢工的胜利,腰杆子就挺起来了。你们要学学矿工的样子,组织起来和财主们斗,不仅要夺回这条路,而且还要夺回自己的粮食,才能过上好日子。

刘少奇越说越激动,最后两眼炯炯有神地直逼贾旸谷,说:"这次闹事是矿局和你挑起来的。农民被打伤了,你要负责治疗;打坏了的土车,你要负责赔偿,还要保证今后不再发生类似的事件。不然的话,矿上一万多工人都不会放过你。"

贾旸谷得不到矿局的支持,请刘少奇出来调解,又吃了一个闭门羹。他看看站在四周的农民,又看看刘少奇,知道无法赖过去,生怕惹出更大的麻烦来,连忙打拱手说:"刘主任,鄙人照办!鄙人照办!"

农民们见贾旸谷像一只泄了气的皮球,都会心地笑了。刘少奇趁此机会鼓励农民们说:"以后大家有什么事,来找俱乐部就是,俱乐部一定帮大家的忙,为大家撑腰。"

第二天,贾旸谷按刘少奇提出的要求一一照办了。农民们一个个兴高采烈地说:"有俱乐部撑腰,天皇老子我们也不怕了!"

5. 创建故工抚恤会

1923年冬,正是数九寒天,北风呼呼地刮着,天气阴冷冷的。

这天,刘少奇从八方井走来,见前面围着一堆人,就快步走上前去。只见一块破门板上躺着个人。他揭开那块遮脸的毛巾,看了看说:"这不是谢福山吗!"

谢福山是萍乡县境西部老关乡人,上无父母,下无妻儿,老老实实地在矿上做工,得肺病好几年了,现在死了,没有留下一个钱,这又应证了安源的一句民谣:"病了赶你走,死了不如狗"。围在那里的工人又悲伤又焦急,不知该怎么办。

工人彭炳喜见刘少奇来了,悲愤地说:"我们找了矿上,矿长说如果是因公殒命,还可以照罢工订的条约第五条办理,病死的他们就管不了这么多。"

工人张全东也凄苦地说:"我们几个穷朋友,就是卖了被子,也买不起一副棺材啊!"

刘少奇想了想,对彭炳喜说:"你把土炉炼焦处的工友都喊来,我有个想法给大家说说。"

在场的几个人立即分头去喊,不一会就来了好几百人。刘少奇见来的人差不多了,和几个工人骨干商量了一下后,走到炼焦处旁边一座炉子的阶梯上,愤慨地对大家说:"工友们!我们工人在这样的社会里,衣食无着,已经是很苦的了。虽然含辛茹苦,每天总还有几角钱糊口。一旦不幸死亡,矿局分文不予,弄得抛尸露骨,妻离子散,这是何等的凄凉啊!今天谢福山工友病死了,在资本家看来,不过是死了一头牲口,他们不管。他们不仅对谢福山是这样,对我们大家也是这样。我们大家都是同一处境的苦工人,都在一块做工,像兄弟一样的朋友。我们能忍心让我们的兄弟有这样的伤心事而不管么?工友们都很苦,没有钱,但有一颗团结的心。去年罢工胜利,不就是我们团结得好,万众一心战胜了资本家吗?我建议,谢福山的事,我们集体给他办,每人捐100钱(5个铜板),大家看行不行?"

"行哦,行哦!""做得,做得!"几百名工人一致拥护。

刘少奇感激地望了望大家说:"只要我们每个人凑100钱,集少成多,我们就可以给谢福山工友办好这件丧事了。"接着,他第一个从口袋里掏出随身仅有的十几个铜板说:"我先带个头,大家推选出几个人来主事。"

在刘少奇的倡议下,工人们都纷纷从口袋里掏钱,有的身上没有钱也回去拿,或跟熟人借,不一会就凑齐了80多串钱。为谢福山买了一副上好的棺材,缝了一身青布衣裳做装衬。

为寄托哀思,还开了个追悼会。会后,刘少奇亲自带领土炉炼焦处几百名工人,敲锣打鼓,热热闹闹为谢福山送葬。经过安源老街时,许多人都围着看,挤都挤不开。人们都感动地说:"在安源还从来没有这样热闹地埋过单身人,还是俱乐部好哇！"

安葬谢福山后，刘少奇又到土炉炼焦处找工人商量，为解决工人身故后的困难，决定成立一个故工抚恤会，每人先凑足100钱作为开办费，以后每人每年捐一个工的工钱，作为解决工人病故后的善后费用，由工人推选出的百代表唐有元和张茂初两人负责；并规定以后谁死了，派出人员调查故工身后的经济情况，根据实际进行抚恤。

后来这个办法得到了推广，好多工作处都成立了故工抚恤会。俱乐部设立了互济股，由李求实负责，专门解决非因公死亡工人的善后事宜。后来又发展到帮助工人解决因天灾人祸造成的困难，深受广大工人欢迎。

6. 赈救灾民

1924年端午节过后不久，一连几天的倾盆大雨，株洲地区发生了一次历史上罕见的大水灾。湘江水位猛涨，浑浊的江水一路咆哮穿过株洲。沿江两边的许多矮小房屋被大水无情地冲垮了，有的连屋带人卷进了洪流，许多人连换洗衣裤也没来得及抢出来。从洪水里逃出来的灾民，有的聚集在附近的小山头上，有的爬在屋顶上，有的抱着江边的柳树在大声呼救。

面对这场灾难，安源路矿工人俱乐部株洲分部的干部和200多名工人，一马当先，奋力抢救。可是，那些平日征收苛捐杂税的官吏老爷们，连影子也没见到一个。灾民们一个个恨得咬牙切齿。

俱乐部总主任刘少奇接到了株洲分部的报告，立即召开了干事会。他说："救灾如救火，官府不管老百姓的死活，我们俱乐部是工人的靠山，一定要想办法去救济他们，安源工友的生活虽然也不好，但就是自己少吃、少穿点，也得去帮助受灾的穷兄弟。"与会者一致同意刘少奇的意见，决定分头到各处发动工人捐献。刘少奇随即叫爱人何宝珍找出几件衣服，连同自己平时节省下来的烟钱，一齐用手巾包着送到俱乐部。其他干部也都纷纷带头捐献，工人们一齐响应，连夜捐了许多钱和衣物。

第二天上午，暴雨还在哗哗地下着，江水继续上涨。刘少奇亲自率领工人和劳动童子军，带着安源工人捐献的衣物和银洋，乘火车到达株洲。

一下火车，刘少奇就嘱咐同来的人分头到各个小山上去慰问灾民，自己则脱掉鞋子，挽起裤腿，和株洲分部办事员黄静源、袁文俊等同志向洪水泛滥的灾区走去。

刚到前街，两名工人抬着一位受伤的妇女迎面走来，刘少奇快步迎上去一看，那个妇女已经昏过去了。少奇问两位工友:"累了吧!病人是从哪里抬来的?"

"刘主任,你也来了呀!这妇女是从前街背后抢救出来的。"两名工人见刘少奇主任亲自来参加救灾,非常高兴地说。

"是不是工人家属?"刘少奇又关切地问。

"不是,是街上的居民。"一位工友答道。

"洪水浸了两天了,官府不管,我们株洲分部的工人都出来救灾。这位妇女连吓带饿,已经昏迷过去了。"另一个工友补充说。

刘少奇表扬他们:"你们做得好,要尽量想法子抢救。"说罢,从身上脱下一件衣服盖在那个妇女身上。一阵寒风袭来,站在水中的刘少奇不由打了个寒颤。黄静源急忙脱下自己的上衣披在刘少奇身上,关切地说:"刘主任,你身体也不好,不要着凉了。"袁文俊又把衣服还给黄静源,从自己身上脱了衣服披在刘少奇身上,光着膀子说:"你们身体都不行,我挑炭卸车装船搞惯了,日晒雨淋都不要紧。"刘少奇说什么也不许袁文俊光着膀子。

就在他们争执不下时,那个受伤的妇女苏醒过来了。一眼看见这么多人,眼里露出惊讶的神色。当看见自己身上盖了一件干衣服时,她心里明白了:这一定是俱乐部的人!泪水不由得夺眶而出,好半天才说:"大水无情人有情,你们俱乐部的人真是不戴乌纱帽的清官,比父母还亲。"

第二天,雨虽停了,洪水还没退下去。刘少奇顾不得休息,东方刚发白又出去了。他到处巡视灾民,向他们问寒问暖。他看见一个老太太坐在地上哭,便走上去关心地问:"老人家,你家里的人都出来了吗?俱乐部发的救济粮收到了吗?"当听到这位老太太说,在后街那边洪水浸到了屋檐下,可能还有人没有出来时,他连忙叫袁文俊弄来一只小划子,迎着洪水,沿着后街挨家挨户去询问。每到一处,总要围着屋子四周呼叫几遍,直到没有回音才肯离开。

就这样,一连几天,株洲城内前后街,到处都留下了刘少奇为灾民奔波的高大身影……直到洪水全部退完,把灾民都一一安置好他才回到安源。

在刘少奇的领导下,安源路矿工人俱乐部组织工人为株洲灾民共赈济大米120余石、银洋550余元,并将捐献救灾的余款200多元交给湖南省工团联合会,赈济长沙的灾民。

第七章　廉洁自律典范

1922年9月至1925年春,刘少奇在安源工作近3年。作为安源工运领袖、俱乐部的负责人,他在安源工运的兴起与发展历史进程中严于律己,率先垂范;艰苦朴素,廉洁奉公;不徇私情,舍己为民,为共产主义事业奋斗终身。刘少奇时常告诉大家:"我们既为改造社会而尽力,我们只知道牺牲,不知道权利,把自己心里洗刷得清清洁洁,然后才不致于做出违背主义的事情。"[1]他是这样说的,也是这样做的。刘少奇廉洁自律的高尚品格和廉洁风范,在安源工人中广为流传。

1. 不肯坐轿子的窿外主任

1922年9月安源路矿工人大罢工胜利后,刘少奇当选为安源路矿工人俱乐部窿外主任。

一天早上,负责保卫工作的安源工人张明生听说刘少奇要到萍乡县衙门去磋商要事。心想,让我们俱乐部的主任徒步十几里,太辛苦了,这怎么行呢?再说,俱乐部主任还代表着我们1万多工人呢,可不能让阔老爷们、资本家笑话咱们工人呀!于是,他便急忙到安源花冲坳找了一顶轿子,又请来几个工人。

早饭后,刘少奇收拾好公文,走出俱乐部大门,准备上路时,看见一顶轿子停放在大门口,便奇怪地问:"这是哪位老爷来了?"

张明生笑着连忙回答:"谁也没有来呀,我是给您准备的。"

刘少奇一听,脸色顿时变了,很不高兴。接着,他走到几位抬轿的工人面前,和蔼地说:"谢谢你们!我们俱乐部的人和你们一样,走习惯了路。麻烦你们了,请你们把轿子抬回去吧!好在时间还早,还可以找点别的事做。"工人们渐渐走远了。

---

[1]刘少奇:《对俱乐部过去的的批评和将来的计划》(1923年8月20日),载《安源路矿工人运动》上册,中共党史资料出版社1991年版,第95页。

原本以为自己考虑问题周到的张明生听到刘少奇这席话后,很不好意思,顿时不知如何是好,一直傻傻地待在那里。

刘少奇用严肃但又温和的语调对张明生说:"张明生同志,我们都是俱乐部的人,可不能和资本家比呀!"张明生心里顿时忐忑不安,一句话也说不出来。刘少奇走到他身边,拍了拍他的肩膀说:"下次注意就行了!我们还是走路去吧,走路很舒服,还可以锻炼锻炼身体呢。"顿时,张明生热泪盈眶。这倒不是因为受了批评才流泪,而是感到像在家里做错了事,父母不但不责怪,反而说:"好崽,下次小心,去玩吧!"张明生心里翻腾得很厉害,责怪自己怎么这样不懂事。

说着,刘少奇便咚咚地快步上路了。他很瘦,精神倒很好,走起路来很快,张明生紧紧地跟着。刘少奇洞察力很强,怕这位年轻的"通讯员"面子难为情,便渐渐地放缓了脚步,对他说:"我们去见他们,架子总要装得足点,你做这个工作有意见吗?"

"很高兴做!"张明生爽快地回答道。

刘少奇笑着说:"高兴就好办!你是我的保卫,对外叫'通讯员'回到家里就不分彼此。"

到了萍乡县衙门,张明生很机灵,为了装出自己是主任的"通讯员",故意双手捧杯茶给主任刘少奇喝,然后递上主任的名片。刘少奇与县令谈论公事时,张明生就坐在门口守护着。

晚上,事情磋商好了,刘少奇与张明生同住一个房间,刘少奇叫张明生和他睡在一张床上,关上门。两人有说有笑地谈起当天的事。刘少奇称赞张明生这个初出茅庐的"通讯员"扮得非常像。

2. 拒绝邀请吃饭

刘少奇领导的安源大罢工胜利后,工人们改善了待遇,增加了工资,第一次领到了年终夹薪,生活好了许多,个个春风满面,家家喜气洋洋。过去安源工人没有钱,吃了上顿没下顿,就连过年也吃不上一点肉;如今工人有了钱,不愁吃,不愁穿,许多光棍汉也娶上媳妇了。

工人们无不称颂刘少奇为安源工人办了一件大好事,都拥护他、爱戴他、感激他,许多人都想按照当地的习俗,请刘少奇主任吃顿饭表达谢意。

这一天,安源工人李宝堂夫妇一大早起来便打酒买菜,精心准备了一桌丰盛的宴席。然后,夫妻俩笑容满面地来到俱乐部办公室请刘主任赴宴。

刘少奇见李宝堂夫妇来了，不知有什么事，便和蔼地问："有什么事要我帮忙吗？"

李宝堂有点紧张，半天才结结巴巴地说："我们想请主任去我家吃顿饭，我们俩是特地来请您的。"

刘少奇笑着谢绝道："别的事我可以办，这个忙我可是不能帮。"无论李宝堂夫妻俩如何劝说，刘少奇还是执意不肯去。没办法，他们只好硬把刘少奇身边的工作人员张明生拉去了。

两个时辰后，张明生回来了，他不解地对刘少奇说："刘主任，人家真心实意买了酒菜好好邀请您，您为什么不去呢？"

刘少奇看张明生不明白，便说出了自己的想法："小张，你想想，请客就得花钱，工人生活本来就很困难，现在刚好一点，怎能加重他们的负担呢？再说，安源有1万多工友，要是成天的你请我送，那我们还有什么时间工作呢！"

经刘少奇这么一说，张明生才恍然大悟，真后悔自己不该去赴这个宴。

3. 安排胞兄下井挖煤

1922年安源路矿工人大罢工胜利后，刘少奇的名声大震。许多工人对年仅24岁的刘少奇敬佩不已，称他为当之无愧的"工人英雄"，并选举他为俱乐部窿外主任。不久，这一消息便传到了刘少奇的家乡湖南宁乡炭子冲。父老乡亲们都高兴不已，当年的"刘九书柜"今天果真成了个了不起的人物，家中总算出了个有头有脸的人。乡里有人说："朝中有人好做官，找少奇做事去。"一时议论纷纷，都想到安源去"沾光"。

金秋9月的一天，刘少奇的哥哥刘作衡搭乘火车风尘仆仆地从宁乡炭子冲来到安源。见到刘少奇后，兄弟俩都很兴奋，各叙离别之情，相谈甚欢，难掩团聚喜悦之情。聊了半晌，哥哥说道："乡里人听说你在安源干了大事，高兴得不得了，都要来找你寻事做呢！我这次来安源，一来是看看你，二是来找个事做。"

刘少奇一听，高兴地说："做事是劳动者的本色，不做事就没有饭吃。"接着又说："安源是个大煤矿，只有下窿井的事，如果不怕累、不怕脏，你就去当个拖煤工吧。"说着，便转身交待安源路矿工人俱乐部负责劳动介绍所工作的周镜泉，要他去找周怀德把自己的哥哥安排在井下工作。

刘作衡不知拖煤是怎么一回事，心想先去试试看吧！他二话没说，就跟着周镜泉走了。

周镜泉接到任务后,一路上心里就开始犯嘀咕:世上哪有不为自家人着想的,可刘主任让他哥哥去井下拖煤,受苦受累,这恐不太合适。再说,刘少奇身为窿外主任,可能不便给自己的哥哥安排轻松的工作吧!于是,他便自作主张,把刘作衡带到株萍铁路局安源行车房,找到领班说:"这是刘少奇主任的亲哥哥来你处工作,请给他安排一个写写算算的事做吧!"领班的听说是刘少奇的哥哥,二话没说,立即安排刘作衡在行车房做掌数员。

有一天,刘少奇去行车房开会,一进门,猛然看见自己的哥哥刘作衡正坐在办公桌上打算盘,很是奇怪,便赶紧向领班了解情况,问道:"我哥哥怎么到这里来了?"

"工作呀!他是把好角色呢!算得准,写得快。"领班告诉刘少奇。

刘少奇又问:"是谁介绍来的?"

"是周镜泉啊!"领班回答到。

散会后,刘少奇回到俱乐部找到周镜泉,严肃地问:"是你把我哥哥刘作衡安排到行车房的吗?"

"是。"周镜泉知道刘少奇的脾气,办事一贯认真,铁面无私,心想,这次可要挨骂了。

"你为什么要这么做呢?"刘少奇又问。

周镜泉脸红了,吞吞吐吐地说:"我,我是想,主任的哥哥刚从乡下来,又是一个读书人,井下拖煤,他肯定吃不消……"

刘少奇紧锁着眉头,语重心长地对他说:"你这样想就错了,难道只有让下力人去拖煤,读书人就只能吃快活饭吗?老周呀,你这是给我搞特殊,给我帮倒忙呀。你可不能以为我当了俱乐部窿外主任,就应当照顾,人家会说我们朝中有人好做官呢!再说,我们的斗争还没有取得最后胜利,还没有打倒资本家,我们就更不能只想自己的事,要多想想工友的事。"说着,刘少奇走近他身边,又作了自我批评:"这件事我也有责任,对哥哥教育不够。我明天就去找哥哥谈谈,还是叫他到井下拖煤去。"

停顿了片刻,刘少奇拍了拍周镜泉的肩膀说:"老周哇!咱们都是自己人,你就不要喊我主任主任的,喊我少奇多好。"周镜泉不好意思地点了点头。

第二天,周镜泉就找到周怀德,叫他安排刘少奇的哥哥到萍乡煤矿井下十三段做了一名普通的拖煤工人。

4. 工资只要 15 元

1923 年 8 月,安源路矿工人俱乐部进行第二次换届选举,刘少奇当选为俱乐部总主任。当时有的工人代表提议要给他每月 200 块银洋做生活费,刘少奇婉言谢绝了工人的好意。但是,工人们并不理解。

有一天,刘少奇从办公室出来,走到俱乐部前的梧桐树前时,听到一些工人在树底下议论:"刘主任一不图名,二不图利,是不是嫌每月 200 块钱太少了?"另一位工人说:"200 块钱不够可以再增加 100 元呀,每月 300 块钱总差不多吧?"工人的议论全被刘少奇听到了,他凑上前说:"300 块钱也不行。"工人们一听顿时傻了眼,这刘少奇到底要搞什么名堂啊?

工人的表情,刘少奇看在眼里,记在心上。当晚,他召开党员和工人骨干分子会议,给他们讲清道理。刘少奇说:"我们搞革命不是为了个人的私利,而是为了解放全中国,建设社会主义,最终实现共产主义,让广大劳动人民都过上好日子。我是工人俱乐部总主任,应该为工人谋利益,可不能和资本家比呀。我每月的工资只要 15 元就够了。"刘少奇的一席话,让工人十分感动。从此,他们对刘少奇更加敬重。

为了不让俱乐部的领导干部享受任何特权,刘少奇主持召开俱乐部干事会议,经过讨论决定:"驻部职员生活费每人每月 15 元……本部派员出差,除路费外,每日伙食费 8 角;消费合作社之总经理及经理之生活费,每人每月 15 元。"刘少奇率先垂范,与工人同甘共苦。据当时安源路矿工人俱乐部会计股的财务报告记载,刘少奇从 1922 年 9 月至 1923 年 10 月共 14 个月中合计支出银洋 199 元,平均每月还不到 15 元,体现了一位职业革命家廉洁自律、大公无私的高尚品德。

5. 自制"大炮"

刘少奇在安源工作期间,生活十分简朴。他平时没有什么特别的嗜好,就是爱吸烟。这习惯可能是在艰苦的革命年代养成的。每当他思考问题的时候,总是习惯地一边慢慢地来回踱着步子,向后理理头发,一边一支接一支地吸烟。担任俱乐部总主任后,为了 1 万多名安源路矿工友的生存和利益,他经常工作到深夜,一天常常忙碌 10 多个小时。遇到紧要关头,他更是通宵达旦地坐在灯下工作。不管是批阅文件还是思考问题,刘少奇总是少不了烟。工作时间一长,特别是加夜班,烟自然就吸得更多。

刘少奇常常等不到发薪金,烟盒就空了,身上的钱也没有了。身为俱乐部总主任的刘少奇从不要求提早支取薪金,只是熬着不抽。为了备烟荒,刘少奇平时吸剩的烟头从来舍不得扔掉,将它积攒起来。想抽烟的时候,他就把这些剩下来的烟头剥开,用纸卷成"大炮"吸两口。

有一天,工作人员张明生看到刘少奇又吸烟头了,心里很受感动,更十分心疼。于是,他自作主张提前给刘少奇领了月薪。

刘少奇一看日历,还没到发薪的日子,便严肃地问:"这是哪里来的钱?"

张明生只好支支唔唔地硬着头皮吐露实情:"我看你烟都没有吸了,所以提早……"

还没等张明生说完,刘少奇就非常严肃地说:"不行!薪金发放的时间是俱乐部主任团决定的,我们大家都要遵守。否则,俱乐部会计股的财务怎么管理?你看,我不还在一样的吸烟吗?"说着,便举起那自制的"大炮"给张明生看。

刘少奇的话,既使张明生感到很难过,又为刘少奇这种率先垂范、自觉遵守俱乐部财经制度的模范行为深深感动,他立即把钱退了回去。

从此以后,张明生平时就用自己的钱多买点烟,见刘少奇没烟抽了,就偷偷地往他的烟盒里塞上几支,帮他熬过烟荒。

6. 开水泡饭

刘少奇领导安源工人运动时,工作认真,平易近人,脚踏实地,艰苦朴素,宁愿自己吃苦受累,也不想麻烦别人。为了工人的利益,刘少奇带着工作人员张明生,有时深入到工农群众中调研,有时赴萍乡煤矿总局磋商要事,有时到萍乡县衙门协调关系……经常忙碌到很晚才回到安源路矿工人俱乐部。来到食堂用餐时,早误了吃饭时间,大家都把菜吃光了。可是,身为俱乐部主任的刘少奇从不要求厨师另外炒饭做菜,总是用开水泡饭自行解决。

厨师要为他烧火做饭,他总是不允许。厨师感动得逢人就说:"我们的主任想的是替工人谋利益,唯独不想自己。"

张明生看着心里怪不滋味,心想:"刘主任每天工作到半夜,身体又不太好,还经常吐

开水泡饭

血,生活这么苦,长此以往怎么行呢?"

张明生每次都想搞点热的东西给刘少奇吃,但刘少奇总是拦住他,说:"现在我们的生活不是很好吗?伙食钱虽少些,可要考虑到大家啦!不要为我一个人去起火做饭菜,麻烦厨师。"

厨师见刘少奇身体不好,经常吐血,又不让大家关照,有一次特意为他做了一碗鸡蛋汤热在瓮坛上。刘少奇回来后,说什么也不肯吃,硬要留着给大家下餐吃。

刘少奇坚定的革命信念、艰苦朴素的高尚情操,一直被安源人民广为赞颂、永远传承。

7. "唱戏的旧龙袍"

刘少奇在安源工作的时候,只有一件蓝竹布长衫,外出回来后便脱掉,换上一件老农民式的大青布便服,扣子还是布的。每年冬天,刘少奇都穿着那件老式旧大衣过冬。因为这件旧大衣袖子很阔,又肥又大,长得拖到了地上,活像京戏中的人物穿的龙袍,工人们都形象地称它是"唱戏的旧龙袍"。

刘少奇的一双旧皮鞋也不好,后跟底缺了一半。一顶日本式的旧鱼鳞帽子,旁边还有个洞。他穿的一双袜子,外面看起来好好的,又厚又保暖,可实际上光有筒子,没有袜底。有人问他:"穿了多少年了?"

刘少奇在安源穿过的蓝竹布长衫

刘少奇笑着说:"还是湖南家乡的土货哩!"工作人员张明生想替他拿去找家属补一补,刘少奇说:"行了,不要麻烦人家,不冷就行,多考虑一下工作吧!"

刘少奇当时才24岁,正是风华正茂的时候,可他从不肯花一点时间和精力用在穿着打扮上。与他相反,他身边的工作人员张明生穿着却十分讲究,每次外出时,总是打扮得漂漂亮亮,脚上一双皮鞋擦得光光亮亮的,一身学生装,内衣还是拉链的。这可是安源大罢工胜利后青年工人的"时髦装"。

有一天,刘少奇和张明生从外面办事回来。刘少奇照例穿着那件肥大的"唱戏的旧龙袍"。萍乡煤矿洗煤台总干事陈楚卿看见,仔细地打量了两人好半天,看着他们的衣着差异十分明显,便对刘少奇开玩笑说:"刘主任呀,你的'勤务兵'比你还穿得好。我看,你倒像是他的'勤务兵'啦!"刘少奇也哈哈大笑起来,又正颜道:"那当然啰,安源工人生活改善了嘛,应该穿好点,将来还要穿得更好。"刘少奇的这席话语,包含着意味深长的哲理,激励着大家继续为幸福美好的明天而努力奋斗。刘少奇冒着生命危险在安源开展工人运动,不正是为了大家的家庭更加幸福、生活更加美好吗!

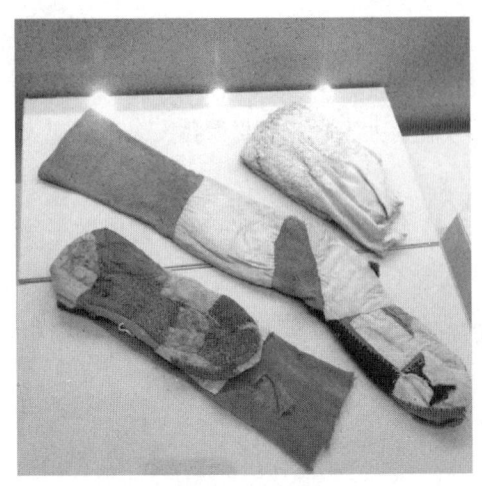

刘少奇在安源穿过的打补丁的袜子

8. 简朴的文明婚礼

安源路矿工人俱乐部二楼西侧是当年刘少奇和夫人何宝珍的卧室,房间整洁明亮,简单的木板床上整齐地摆放着两床手工印花棉被,办公桌上放着文方四宝。刘少奇与何宝珍当年简朴的文明婚礼就是在这里举行。

刘少奇和何宝珍在安源的卧室

那是1922年9月,刘少奇从苏联学习回国,被毛泽东派到安源参与领导即将爆发的路矿工人大罢工。罢工胜利后,10月的一天,担任安源路矿工人俱乐部窟外主任的刘少奇来到长沙清水塘,参加湘区党委委员会议,向区委书记毛泽东汇报安源罢工胜利后的情况。在毛泽东家里,女主人杨开慧将20多岁的女学生何宝珍介绍给刘少奇。他就这样结识了何宝珍这位思想进步的女青年。何宝珍中等个子,头戴一顶编织精巧的圆盖帽,身穿合身的青色学生装,显得姣小伶俐,神采奕奕。何宝珍对面前这位叱咤风云的工人运动领袖早有所闻。

何宝珍出生在湖南道县城关镇一家小商贩家里,自幼聪明好学。1918年秋天,她以优异的成绩考入衡阳湖南省立第三女子师范学校,1922年加入中国社会主义青年团,还被选为支部负责人和湖南省学生联合会委员。这年9月,因为领导学潮而被学校开除,后来被毛泽东和杨开慧收留,到湖南自修大学学习,和比她先来的张琼同住在清水塘。不久,何宝珍受中共湘区委员会派遣来安源工作,在安源路矿工人俱乐部子弟学校

刘少奇和夫人何宝珍

第三校任教员兼书报科委员,并于1923年春加入中国共产党。安源的一切,令何宝珍感到新鲜,她爱上了俱乐部这个充满革命氛围的大家庭。她用自己的知识和才华全力以赴地为工人及其子弟们服务着。在安源几个月的工作和了解,刘少奇和何宝珍之间建立了纯真的革命友情,两人抱着共同的革命理想,怀着坚定的革命信念,带着高昂的革命热情一起投入到革命的事业中。这对志同道合的年轻人在工作中擦出了爱情的火花。之后,经俱乐部总主任李立三从中牵线搓合,两人勇敢地冲破了包办婚姻的封建制度,终于走在了一起,结成了革命伴侣。

俱乐部的干部们听说刘少奇要结婚了,都很高兴,一起商量着怎样把婚事办得更气派、更热闹。大家认为,现在罢工胜利了,我们工人的地位不同了,咱们工人领袖结婚要讲排场,好让资本家也看看我们工人的威风。有人建议,要把新娘子用八抬花轿吹吹打打绕安源街一圈;还有人说:"要在安源最好的酒楼大摆筵席庆贺一番。"刘少奇听完大家的话,激动地说:"万分感谢工人兄弟们对我的关心,但现在的斗争形势不允许我们这样做,军阀正虎视眈眈地想把我们的俱乐部搞垮,安源的反动势力和资本家也在等待时机破坏俱乐部。如果我们现在放松警惕,敌人就可能趁机反扑。再说我们都是革命同志,拉架子、摆排场,那是资本家的做法,是奢侈浪费,那是万万做不得的,婚礼还是越简单越好。"李立三听完刘少奇的话后,表示赞同地说:"少奇同志的意见是有道理的,我们就开个茶话会,举办一个简单的文明婚礼好不好?"俱乐部的干部们纷纷鼓掌表示赞同。

俱乐部主任刘少奇结婚的喜讯像一阵风似的,瞬间便传遍了十里矿山。得知刘

少奇要结婚,许多工人都纷纷凑钱送礼,准备热热闹闹地为刘主任庆贺一番。刘少奇向各处工人总代表表示衷心感谢,但坚决不肯收礼,将红包一律退还。矿上的矿长、矿师、总监工、顾问,还有商会会长、各同乡会会长都派人送来大红包,也都被刘少奇婉言谢绝。工人们都说:"主任办喜事,不做酒席不收礼,新娘不坐花轿、不拜堂,这叫做文明结婚啊!"

1923年4月中旬,天气晴朗,风和日丽。安源路矿工人俱乐部讲演厅张灯结彩,一派热闹景象。主席台墙上挂着大红喜字,桌上摆放着糖果。俱乐部的干部、工人代表们以及安源路矿工人子弟学校的老师们都在桌子两旁就坐。大家满脸喜气,谈笑风生。学生文艺演出队手捧鲜花列队欢迎。在"噼噼啪啪"的鞭炮声和锣鼓声中,刘少奇和何宝珍两人在大家的簇拥下进入俱乐部会堂。婚礼由李立三主持,他穿戴非常整齐,挥挥手,发出洪亮的声音:"谁说我们共产党人不懂生活,只知道斗争,少奇同志和宝珍同志在革命斗争中相识相恋,结下了浓厚的情谊。今天他们结成一对革命伴侣,说明我们共产党人不但懂得生活,而且热爱生活。我宣布,刘少奇同志和何宝珍同志的结婚仪式现在开始,我们以热烈的掌声祝贺他们喜结良缘……"

紧接着,工人代表、工人子弟学校的老师代表发言,之后大家用热烈的掌声欢迎刘少奇和何宝珍讲话。刘少奇和何宝珍在婚礼席上并列坐着。刘少奇身穿青布中山服,高高的身材,显得很精神,但因斗争的严峻,加上夜以继日地工作,眼睛有些深陷,消瘦的脸上略带一丝苍白。刘少奇对大家说:"工人兄弟们,感谢大家为我们举行这么热闹、又富有革命气息的婚礼,现在有很多工作需要我们去做,我和宝珍只有更好地投入革命工作,才是对工友们的最好报答!"新娘何宝珍是位美丽温柔的姑娘,一身学生打扮,上身穿件浅竹布上衣,下着黑布裙子,身材均匀,不高不矮,短发齐耳,长长的脸,一双水灵的眼睛显得文静、大方而又端庄。她也客气地站起来,用悦耳的歌声向大家致谢。接着,工人子弟学校的学生表演了节目,婚礼一项一项在欢乐的气氛中进行着,最后俱乐部宣传股股长袁达时高声地说:"让我们以俱乐部部歌欢送新郎新娘入洞房。"

"创造世界一切的惟我劳工,被人侮辱压迫的惟我劳工,世界兮我们当创造,压迫兮我们须解除,造世界兮除压迫,团结我劳工。"在欢快的歌声中,一对革命伴侣进入洞房。这场不坐花轿,不办酒席,不收彩礼,不拜天地,简朴而文明的婚礼在当时被安源人民传为佳话……此后,为了俱乐部的事业和工人的利益,刘少奇和何宝珍两人呕心沥血,日夜不停地工作着。

9. 忍痛送子

1924年春的一天,在安源路矿工人俱乐部二楼的一间小房子里,传来一阵"哇哇"声,原来是俱乐部总主任刘少奇的爱人何宝珍生了一个又白又胖的大个子。夫妇俩将儿子取名为刘允斌,小名叫斌斌。

这年下半年,随着国共合作的形成,革命形势有很大的变化,全国工人运动开始复兴。1925年春,组织上决定派刘少奇赴广州担任更为重要的工作,何宝珍也一同前往。革命者四海为家,风里雨里,说走就走。可是小孩怎么办?望着摇篮中不满周岁的小斌斌,年仅23岁的何宝珍陷入了极度的茫然与痛苦之中:将斌斌带在自己旁边,可以给他母爱的温暖,可广州是国民革命的中心,会有多少艰巨而重要的工作在等待着少奇呀!严酷的现实不容许拖儿带女,这样会影响工作和事业啊!"

洋炉炼焦处工人总代表袁品高知道此事后,急忙找到刘少奇夫妇说:"你们放心走吧,孩子由我带到乡下去抚养。"何宝珍舍不得跟儿子分开,说什么也不肯。

这天夜里,刘少奇夫妇又就儿子的去向问题,在灯下倾心交谈。刘少奇和蔼而又严肃地说:"搞革命,孩子带在身边不行,还是送给人家抚养吧!"

"不行!不行!"何宝珍连连摇着头说:"孩子这么小,你就忍心送给人家!环境再苦,我也要把他带在身边。"

刘少奇笑着说:"搞革命就要心肠硬一点,我们把孩子托工人抚养,比在自己身边还要好。"说到这里,刘少奇起身在房间里踱来踱去,一会儿又说:"现在革命形势好不容易发展起来了,有多少事情需要我们去做啊!哪有工夫去照料孩子?况且我们随时都有流血牺牲的可能。"

顿时,屋子里一阵沉默,何宝珍细细地品味着丈夫的话语,脑海里浮现着第一次结识刘少奇的情景:1922年初,她因领导学潮被开除学籍后,在长沙清水塘协助毛泽东工作。这年10月,刘少奇来到清水塘,向毛泽东汇报安源大罢工的情况时,何宝珍第一次见到他。第一次见面,何宝珍从刘少奇的言谈中,了解到他是一位勤学苦思、敢作敢为、有着远大革命抱负的青年,不由对刘少奇产生了敬佩、爱慕之情。1923年3月,党组织派何宝珍到安源路矿工人子弟学校教书。共同的革命目标,把她和刘少奇紧紧地联在一起。从此,她在理论上碰到难以理解的问题时,刘少奇总是循循引导,耐心讲解;刘少奇工作忙碌时,她就给他抄写文件,整理资料。在艰苦斗争的环境中,何宝珍由青年团员转为中共党员。她和刘少奇互相支持,互相关心,爱情也进一步加深。这年春,他们结成了伉俪。

想到这里,何宝珍情不自禁地掉下了幸福的泪花。她抬头望望刘少奇严峻的脸庞,心想,为了革命事业,孩子是非送不可了。她终于坚定地说:"我听你的,服从革命的需要,不过孩子一定要送给自己的同志抚养。"

刘少奇笑着说:"这个嘛,你就放心啰,我早就想好了,朱少连没有儿子,斌斌就送给他做儿子吧!你看要得么?"

"你想好了,我还有什么说的。"何宝珍禁不住笑了笑说:"少连的岳母早就盼望有个男孩,平时把我们斌斌当心肝宝贝看待,托他抚养我放心。"

正当他俩谈得起劲时,屋外突然响起了哈哈的笑声,朱少连推开门说:"好哇,好!这真是麒麟送子呀!哈哈!"笑声惊醒了摇篮里的小斌斌,"哇"的一声哭了起来。朱少连赶忙抱起孩子,乐哈哈地逗着说:"斌斌,莫哭,莫哭,啊!斌斌不哭了,斌斌是我的儿子了,我就要把你抱走了啰,再跟你爸妈亲一亲吧!"何宝珍不由得一阵心酸,急忙从朱少连手里接过孩子,贴着他的小脸蛋亲了又亲,连连说:"我真舍不得啊!"

刘少奇连忙安慰她:"现在是革命紧要关头,舍不得也要舍。再说,只有革命成功了,我们的孩子才有好日子过。"说罢,他从何宝珍怀里抱过斌斌亲了亲,胡子刺得斌斌哭个不停。

站在一边的朱少连一见这场面,便安慰他们说:"少奇,宝珍,你们不要难过,我可以约法三章:1. 保证把斌斌抚养成人,长大后,还是姓刘;2. 会说话了叫我伯伯;3. 18年后保证还给你们一个共产党员的儿子。"

刘少奇挥了挥手说:"姓刘姓朱都一样,只要把他抚养成人,将来能为革命做点事就行!"

何宝珍轻盈的笑声里溢出了串串泪珠,她从刘少奇手里抱过斌斌交给朱少连,风趣地说:"少了我斌斌一根毫毛,就找你算账。"

"这个你放心,保证一根不少。"朱少连欢快地说:"孩子你先抱好,你们走时我再来。"

过了几天,刘少奇的二哥刘云庭从湖南宁乡来看他们,见斌斌已会摇着小手做些动作了,喜欢得不得了,便对刘少奇说:"你们都要走,我把孩子抱回老家去吧!"

刘少奇说:"不行,我已经把斌斌托给朱少连抚养了。"

刘少奇的二哥傻了眼,回过头来问何宝珍。宝珍默默地点着头,这下他更着急了,要去找朱少连要人。

正好朱少连刚下班,饭也没顾得上吃就到刘少奇这儿来了。刘云庭一见朱少连就说:"你不要抱走小斌斌,我要把他带回老家去。"他还说了一大堆带回乡下的好处。朱少连听后觉得很有道理,便对刘少奇说:"这样也好,当前的局势变化无常,安源也不一定会长久安宁,把斌斌带回乡下去更为有利。"

刘少奇沉思了一会,与何宝珍交换了一下意见,说:"是啰,我们每个共产党员都要接受艰苦斗争的考验,作好牺牲的准备。好吧,还是把斌斌交给我二哥抚养,带回湖南老家乡下去!"

刘云庭抱起斌斌正欲离开时,何宝珍难忍别子的凄苦,突然抢先一步,一把从刘云庭怀中把斌斌紧紧地抱在自己的怀中,泪水如断线的珠子:"斌斌,斌斌,妈妈舍不得你呀!"她一边叫着,一边亲吻着孩子的脸颊。刘少奇用平静的语气说:"那就让斌斌再住一晚吧!"

夜深,一轮弯月斜挂天边,何宝珍还睁着眼睛,没有丝毫的倦意,望着熟睡中的斌斌,思绪万千:少奇去广州工作,作为妻子更要当好他的助手,不能拖累他。可斌斌太小了,谁知道这一别,母子何时才能再相见呀!难覆的心痛一阵阵袭上心头,她定了定神,遥望着东方,一丝光亮咬破天边一角,正渐渐地露出了曙光。这时开完会刚回来的刘少奇悄悄地走过来,轻轻地揽着她的双肩关切地说:"想好了吗?""真难呀。可投身革命不就要以天下为已任、舍小家为大家吗?!我想好啦。"

第二天早晨,何宝珍亲手将斌斌交给了二哥刘云庭,与刘少奇、朱少连、袁品高等一道缓缓地将他们送到俱乐部门前,然后挥了挥手向斌斌告别。就这样,为了革命的事业,刘少奇和何宝珍送别了自己的亲生骨肉。

1925年春,刘少奇受党组织的委派,被调往广州工作,离开了他战斗过将近三年的安源。从此,何宝珍随刘少奇辗转广州、上海、武汉等地,直到1934年10月壮烈牺牲,就再也没有见到斌斌了。安源别子后,刘少奇和何宝珍只能在思念中寄托着对儿子的无限牵挂与惦记,却把父母伟大的情怀和大义,长存在后人永远的景仰与记忆里。

第八章　心系安源

"少奇同志对安源感情非常深厚。"1980年1月,刘少奇夫人王光美写给《工人日报》和中国青年杂志社信中的一句肺腑之言,道尽了刘少奇对安源几十年不变的深情厚谊。树有根,水有源,爱更有其深久的渊源。刘少奇是安源路矿工人革命运动的开拓者和领导者。他在安源从事革命活动近3年,与安源工人一起生活、工作、战斗,情深似海。这耳濡目染的情感,让刘少奇与安源人民亦凝结了一种割不下、扯不断的深情厚谊。

1. 复信范明庆并转安源镇工会

新中国成立之初,安源煤矿正在筹备恢复。范明庆等安源老工人出于对煤矿生产建设的关心,于1951年4月8日写信给刘少奇,要求在安源修建铁路,并恢复安源路矿工人俱乐部等革命旧址。信的全文如下:

刘副主席:

阔别已二十五年了,在漫长的岁月中,我们无时的不在想念着你。今日中国的革命基本上取得了胜利,革命的摇篮——小莫斯科——安源也在解放战争的全面胜利下获得解放。我们过着幸福、自由、快乐的主人翁的生活将两年了。首先我们得感激自己的党——中国共产党和人民的领袖毛主席,以及你们各位革命的领导者。如今:每当工作暇余的时候,我们还回忆过去的工作与生活。记得在二十五年前你曾领导我们路矿两局的数万工人弟兄们,组织了路矿两局总工会。在总工会的领导下向敌人进行了文娱活动和政治斗争。在文娱活动方面当时我们的俱乐部真够健全,给了我们文化教育和政治教育。在政治斗争方面,我们采取了数万人的总罢工等方式,的确,我们向敌人的斗争是何等英勇与顽强呵!反动派为了想稳固他的统治,永远来剥削工人,当时采取了强大的武装镇压。因此黄静源、周怀德、王毅、刘昌炎诸位同志,就此壮烈的牺牲了,而且摧毁了我们的组织,破坏了我们的革命工作。不但如此,反动派政府的官僚和地主,反勾结日本帝国主义,全部拆毁了我们数万工人的家——萍矿,把那些钢铁机器化为私有,来满足他们极其奢淫的生活,使整个繁荣而驰名中外的安源矿区变为颓墙败壁,到处瓦砾成堆,他们那里还会顾到什么祖国的工业化和我们数万工人的生活,使我们在解(放)前,你走了后,这十多二十年的中间过着非人的生活,没有工作,没有家,到处流浪,甚至还要受到敌人的逮捕、坐牢。事实上因生活被迫及敌人继续残害而死的工人同志真不知道多少,这就是反动政府的官僚地主勾结日本帝国主义所给予我们的痛苦!

尽管反动派的手段惨无人道,还是摧毁不了我们的革命力量,相反的是日益壮大,结果事实证明了我们的理想。一九四八年六月安源获得解放,我们这些流浪异乡多年的丧家之人,又一批一批,先后回到了我们的革命的摇篮——小莫斯科——安源。一年多来在党和政府的领导下,我们又组织了安源镇工会,会址在原来的俱乐部内。目前全安源共有职工三千多人(包括店员及手工业),正式为会员的有一半以上,而且成立了夜学,举办了福利事业。在生产方面我们也有成绩,全安源计有东平巷及其他二十八个煤井(土采)每天产煤在一千吨以上,而且各方面支持了农人完成安源区的土改。

我们是胜利了,但我们国内的敌人还未完全消灭,蒋匪仍盘踞在台湾,国外以美帝国主义为首的侵略者正在朝鲜侵略,而且更狂妄的扶助日帝,想发动更大范围的战争。因此我们还要提高警惕,防止匪特破坏,加强团结,巩固人民革命统一战线,我们安源全体职工誓以下面四项实际行动来答复帝国主义的侵略和匪特的阴谋。

一、搞好保安工作,订出生产计划,减低成本,增加产量来响应"爱国主义的生产竞赛运动",向破坏生产和怠工者作无情斗争。

二、加强政治学习,提高政治觉悟与阶级觉悟,加强文化与业务学习,提高自己的文化水平和熟练业务。

三、协助行政和资方,改善业务,改善经营的方式方法。

四、搞好工会内部组织,把剥削工人的把头和破坏组织的落后反动份子开除出去。

为了安源的恢复,为了工会工作的推进,为了纪念你过去对我们的领导,我们全安源区的工人有下面三个要求:

一、请你给张照片使我们悬挂,朝夕瞻仰。

二、安源过去革命历史很多,工会会务也跟着非常的多,经常办公的人员非四个不能展开工作,现在呈请两个脱产干部,上级工会还未批准,这点请刘副主席帮助解决。

三、安源的煤虽比不上过去的产量,但每日也可产一千余吨,煤质非常纯净,可是交通不便运输困难,使成本无形提高,所以销路不畅,可否请刘副主席转咨交通部修条轻便铁路。

以上三点要求,我们恳切盼望

刘副主席示覆,这封信写得非常冒昧,请原谅我们知识浅陋吧。

此致

敬礼

萍矿老工人代表　范明庆　罗才早　陈润霞　陈文琪

段仲贤　胡时书　段承琳　段芹文

彭裕琳　段汝林

安源镇全体工人仝启

一九五一年四月八日

1955年7月8日,北京中南海夜深人静。全国人民代表大会常务委员会委员长刘少奇仍在书房伏案工作着。这是一件极为普通的书房,一组分格式的大书柜靠墙而立,书柜里大大小小的书摆放得整齐有序。一套红木转角沙发在书柜前围了半圈,书桌上叠着一些信件,这里既是刘少奇的书房,又是会客室。

刘少奇上穿一件白衬衣,下着一条浅灰色西裤,浓密的黑发中夹杂着几根白发,特别显目,双眼布满了血丝。身为党和国家领导人的刘少奇日夜操劳,鞠躬尽瘁。此时,他正细心地看着一封封来信来函。突然,寂静的书房中响起了浓厚的湖南口音:"安源!安源!"刘少奇看到了一份以范明庆等安源老工人名义写来的信。这封信不仅反映了安源工人的需求与愿望,而且表达了安源工人对刘少奇的深切思念。

刘少奇急切而认真地看完信,情不自禁地想起了自己当年在安源领导工人运动的峥嵘岁月。自1925年离开安源,一别就是26年,但这些年来,刘少奇对安源的深厚感情并未随时间的流逝而稍减。他对安源的发展变化,对安源工人的生活、工作等各个方面,都十分关心和重视。他多么想到安源走一走、看一看啊。只是国事繁忙,一直没抽出时间。刘少奇还清楚地记得,安源路矿工人俱乐部是由他经手修建起来的。1922年安源路矿工人大罢工取得圆满胜利后,安源工人纷纷加入俱乐部,俱乐部部员由700多人迅速发展到1.3万余人,并建立了紫家冲、湘东、株洲、醴陵四个分部。随着工人队伍的逐渐壮大,俱乐部各种机构也逐步得到健全和完善,原有的办公地点陈旧、窄小,已不适合俱乐部组织发展的需要,更无法容纳工人举办学习班,开展革命活动。为此,刘少奇提议由工人自己捐款修建一座工会大厦。他设想的大厦里面有办公室、讲演厅、会场以及工人开展文娱活动的游艺室。这样既能解决工人学习、开展革命活动的场所,对外又能扩大俱乐部的影响力、提高工人的声势。于是,刘少奇立即请人按照他的设想构思,画好设计图纸,并把这一计划告诉了工友们,获得了大家的一致赞同。1923年10月18日,安源路矿工人俱乐部讲演厅在半边街广场动工兴建。在刘少奇主持下,经过数月夜以继日的奋战,1924年5月1日,由工人自行集资、设计建造的俱乐部讲演厅建成。它是全国最早、规模最大、最具特色的工会大厦,是俱乐部的办公场所和安源工人的活动中心。工友们看着眼前这座雄伟、气派的俱乐部大厦,个个兴高采烈,喜出望外,无不称赞刘少奇想事细致周全,时刻为工人谋利益。

刘少奇还清晰地记得当年他亲自登台演文明戏,深受安源工人欢迎的情景,工友们都亲切地称呼他"工人代表"。想到安源,刘少奇还忘不了与他一起生活过、工作过、战斗过的黄静源、周怀德、谢怀德、刘昌炎等革命烈士。

黄静源是安源路矿工人俱乐部副主任,安源路矿工人运动中第一位死难的工人领袖。1925年9月,汉冶萍公司总经理盛恩颐勾结湘赣两省军阀武装袭击俱乐部,黄静源为掩护其他革命同志脱险不幸被捕。面对敌人惨绝人寰的血腥屠杀,他坚强不屈地高呼"打倒帝国主义!打倒军阀!打倒资本家!"等口号凛然就义。周怀德、谢怀德、刘昌炎是安源工人中的杰出代表,在安源党组织的培养和教育下,从一名普通的煤矿工人成长为对党忠诚、意志坚定的无产阶级革命战士。他们对安源路矿工人运动都作出了很大的贡献。

革命胜利来之不易。无数革命先烈为了今天的幸福生活,献出了宝贵的生命,是他们用生命换来了新中国,用血肉筑起了社会主义大厦。英雄的事迹可歌可泣,流芳百世。

刘少奇沉浸于安源的往事,不知不觉已是深夜两点了。他不知疲倦,长舒了一口气,带着对往事的怀念和对未来的期望,心系着安源的发展与建设,感慨万分地

拿起毛笔,给安源镇工会回信:

范明庆同志并转安源镇工会:
　　诸同志们!
　　你们四月八日给我的信,收到了,谢谢你们!你们所请增加工会两个脱产干部及修轻便铁道事,已转江西省总工会及铁道部酌情办理。我曾在安源工作过三年,安源的许多往事,至今我还记得很清楚,俱乐部的大会场还是我经手修建的。过去的许多革命同志,如黄静源、周怀德、谢怀德、刘昌炎同志等烈士,我记得他们很清楚,应该在安源建立一个纪念碑,并举行追悼会,以纪念安源一切死难的烈士们。此事望你们商同萍乡县政府酌情办理。
　　敬礼!

刘少奇
一九五五七月八日

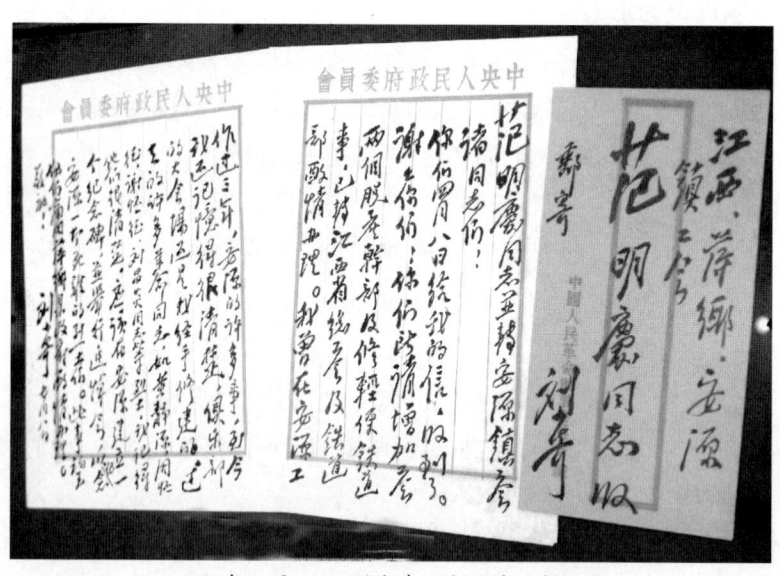

1955年7月8日,刘少奇给安源镇工会的信

　　在刘少奇委员长的亲切关怀下,安源煤矿很快恢复生产,安源工人纷纷投入到生产建设之中,生产如火如荼,机械化生产技术运用其中,还修建了铁路;安源路矿工人俱乐部等革命旧址也得到了保护与修复。

2. 复信周怀德烈士之子周德华

"刘少奇来信了！""刘少奇给周德华回信了！"1955年冬,在湖南省湘潭县石潭区周德华的家乡,男女老少眉开眼笑,奔走相告。当石潭区民政科干部熊希芝将刘少奇的回信面交给周德华时,周德华的心情久久不能平静,眼睛里闪耀着激动与喜悦的泪花。

周德华是安源老工人、安源工人纠察团团长周怀德烈士的儿子。他长长的脸庞,高高的鼻梁,一对浓眉大眼,长得跟他父亲一个神情。周德华11岁那年,父亲就牺牲了,是母亲终年劳累、四处奔波才把他抚养成人。新中国成立后,周德华一直在家务农。1955年7月下旬的一天,周德华到市场上赶集,遇上了居住在湘潭农村的原安源工人贺桂兰。

"小周,告诉你一个好消息,最近刘少奇给安源镇工会写了一封信,信中还提到了你父亲周怀德呢。"贺桂兰见到周德华,就开门见山地说。

"是真的吗？"周德华听到这个消息,又惊又喜,半信半疑地问道。

"那还有假。前几天我到安源亲眼见到了刘少奇这封信。信中说他对周怀德,还有黄静源、刘昌炎等几位烈士记得很清楚。"贺桂兰一本正经地说:"你是烈士的后代,家里有什么困难和要求,也可以给刘少奇写信,他现在可是全国人民代表大会常务委员会委员长,说话管用的。"

回到家里,周德华将赶集时与贺桂兰的一番谈话告诉妻子。妻子高兴地说:"刘少奇现在是党和国家领导人,你是烈士的后代,是不是可以请他帮忙给你找个工作？"

"看在我爹与刘少奇的情份上,给我找个工作可能不会有什么困难。问题是我今年都39岁了,既没有文化,手上又没有一门技术,安排我干点什么呢？"说到找工作,周德华感到无奈,有些为难。

妻子灵机一动,给周德华出了个主意,说:"你可以写封信给刘少奇,请他先安排你到技工学校学习,等毕业后有了技术再安排工作不就行了。"

周德华听后觉得这主意不错,但又默默不语,心想:"刘少奇现在是全国人民代表大会常务委员会委员长,国事繁忙,每天日理万机,咱一个普通老百姓给他写信,他会回信吗？"

妻子见周德华迟疑不动,便采用激将法说:"怎么啦？给刘少奇写信害怕了？"

"不是害怕,而是担心自己没文化,斗大的字不认识一筐,还能给刘少奇写信吗？"

"自己不会写,可以请人代写嘛！"

妻子的话瞬间提醒了周德华,让他豁然开朗。"对!我明天去石潭区政府民政科请老熊同志帮忙。"石潭区民政科的老熊即熊希芝,50岁左右,为人正派,工作认真,待人诚恳,乐于助人。周德华每月都去民政科领取烈士抚恤金,与熊希芝关系甚好。

第二天,周德华在区政府民政科找到了熊希芝。说明来意后,老熊二话没说,便一口答应了代笔写信这事。准备好笔墨纸砚后,拿起笔就替他给刘少奇写信:

敬爱的刘少奇委员长:

您好!

在您百忙之中来信打扰,甚为抱歉。我是周怀德烈士的儿子,叫周德华。20年代初,父亲曾与您一道在安源共事,组织路矿工人俱乐部,并参加了您亲自领导的安源路矿工人大罢工。大罢工胜利后,父亲担任安源路矿工人俱乐部纠察团团长。不久,又在安源九荷乡组织矿区附近的农民成立园艺工会,并担任园艺工会执行委员长。第一次大革命高潮时,父亲是安源市总工会执行委员长。1927年夏,萍乡地主武装挑动数万名不明真相的农民围攻安源。父亲参与领导工人打退了敌人多次进攻。但终因敌我力量悬殊,革命力量被迫撤离。父亲与安源党组织负责人刘昌炎等同志在转移途中与工农武装主力失去联系。当行至上埠苦竹山时,被地主武装守望队杀害。父亲牺牲时,我才11岁,由母亲抚养在湖南湘潭农村。

现在,我家有老母亲和妻室儿女,家庭生活困难。考虑到您与我父亲曾在一起共事,对我家的情况比较了解,因此,今特来信恳切请求您帮我找一份工作。我知道自己年龄偏大,既无文化,手上又无技术。但是我想到自己是一名烈士后代,如果能由党和政府安排到技工学校学习一两年后再参加工作,那是再好不过的了。盼望您的回信。

专此敬祝

健康长寿!

烈士后代　周德华
1955年7月24日

熊希芝将信写好后,一字一句地念给周德华听。"可以,写得真好!"周德华听了十分高兴地说,并从口袋里掏出一枚私章,在印泥盒上沾了沾印油,工工整整地在信末尾的落款处盖上了红色的印章。

"还有信封没写呢?"周德华将事先准备好的一只信封交给老熊。熊希芝接过信封沉思片刻,然后在信封上写下邮寄地址:"北京:中华人民共和国全国人民代表大会常务委员会办公厅刘少奇委员长亲启"。

"回信地址怎么写?"熊希芝问道。

周德华在乡下几十年,从来没有收过信,家里的地址怎么写,自己一下子也说不清楚,干脆回答:"我家没有门牌号码,就写区民政局你的名字吧!"

北京中南海,刘少奇住地,亭廊水榭,翠竹繁茂,显得格外得清幽静谧。1955年11月14日上午,全国人大常委会委员长刘少奇正在办公室阅审文件。秘书轻轻推开房门,将人大常委会办公厅转来的一封信递交给刘少奇。

"嗯,又是湖南老乡的来信啰!"刘少奇接过信件情不自禁地说着,并急切地撕开信封口,抽出信件,聚精会神地认真阅看。看着看着,在安源的许多往事就像冲出阀门的洪水,一起涌向刘少奇的脑海:他仿佛听到昔日战友周怀德率领安源工人纠察队在安源路矿工人大罢工时包围谈判大楼,为工人代表的自己呐喊;仿佛看到周怀德组织工人纠察队在二七惨案后日夜站岗放哨,保卫安源路矿工人俱乐部;仿佛闻到周怀德组织工人浴血奋战、武装保卫安源的战火硝烟……

此时此刻,刘少奇的心情无比激动,眼睛也湿润了。是啊!当年革命先驱抛头颅、洒热血,用他们宝贵的生命才换来了今天幸福安康的生活。自己作为一名经历了革命战争考验的幸存者,更应该关怀革命烈士后代。想到这里,刘少奇不顾工作繁忙,毫不犹豫地从笔架上拿起毛笔,给周德华写回信:

周德华同志:

你七月二十四日来信收到。你父周怀德同志,我还记得很清楚。他的牺牲,是人民的损失,我很怀念他。你的来信,我已转湘潭中共县委,你要求学习和工作的事,请向湘潭县委请求,由他们给你以帮助。

敬礼!

刘少奇
十一月十四日

写好信后，刘少奇便在信封上写下收信人的详细地址：湖南省湘潭县石潭第六区民政科熊希芝转周德华先生(收)。

接到刘少奇的来信，周德华兴奋得不知说什么好。他用颤抖的双手拿着信函反复阅读着。此刻，他好似看到万里晴空中灿烂的阳光。他流着幸福的泪水对闻讯前来看望的相亲们说："刘少奇同志真是我们革命烈士后代的贴心人……"

刘少奇心系安源这片红土地，深情怀念与他一起工作、战斗过的安源革命志士，贴心安源烈士后代。在他的亲切关怀下，周德华不断学习进步，努力前行，并最终走上工作岗位，为社会主义建设贡献力量。

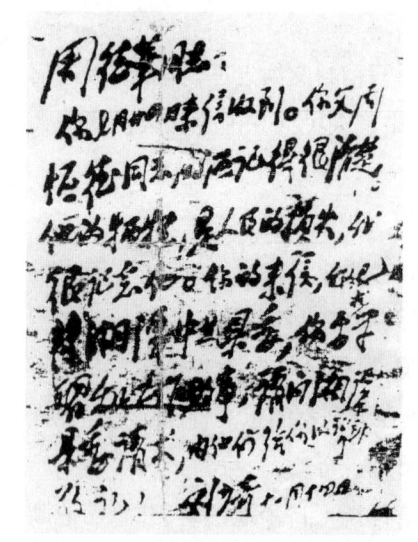

刘少奇给周怀德烈士之子周德华的信

3. 为《萍矿工人报》题写报头

1955年9月，萍乡矿务局的全国人大代表郭清泗赴北京，出席第一届全国人民代表大会第二次会议。9月中旬的一天，首都北京秋高气爽，艳阳高照。中南海怀仁堂里，1000多名全国人大代表带着各族人民的重托，汇聚一堂，与党和国家领导人一起讨论国家大事，行使人民当家作主的权力。

江西代表席上，来自江南最大煤都——萍乡煤矿工人代表、曾创造过手镐落煤班产最高全国纪录的采煤工人郭清泗非常激动。这是他第二次进京参加这样隆重的大会。会上，当毛泽东、刘少奇、周恩来、朱德等党和国家领导人步入主席台时，郭清泗和全体代表同时站立起来，使劲鼓掌，久久凝视着，心中油然升起"老乡"的亲切感。

1954年，也是这个时候，当选为全国人大代表的郭清泗第一次进京参加第一届全国人民代表大会。会议期间，毛泽东、刘少奇、周恩来、朱德等中共中央领导特意在中南海草坪，接见了来自各条战线的著名劳动模范。毛泽东等走到劳模面前，与他们一一握手。"毛主席好！"毛泽东听到郭清泗一口纯正的湖南湘潭口音，便问他是哪里人？在哪里工作？郭清泗答道："我是湖南湘潭人，在萍乡矿务局高坑煤矿做工。"毛主席听了非常高兴，紧紧握着郭清泗的手说："我也是湖南湘潭人，曾经到过萍乡安源，那我们是老乡啰。少奇同志也是湖南人，也在安源工作过，他也是老乡。"接着,毛主席又笑着说:"在萍乡当煤矿工人真光荣!"这次与党和国家领导人充满深情的会见,让郭清泗终生难忘。"我们是老乡"这句话,更是深深地镌刻在他的脑海里。

今天,郭清泗又一次在庄严的人民大会堂见到共和国领袖中的"老乡"。这次他带着万余安源工人的嘱托,请当中央领导的"老乡"毛泽东、刘少奇,为安源矿工自己办的报纸《萍矿工人报》题写报头。

《萍矿工人报》系萍乡矿务局(后改为萍乡矿业集团有限责任公司)党委机关报,从1950年1月18日创刊起,安源工人就热切盼望着毛泽东、刘少奇为工人报刊题写报头,这是万余安源工人多年来的夙愿。郭清泗此次启程赴京参加全国人民代表大会前夕,萍矿党委负责同志千叮咛,万嘱咐,委托他一定要请中央首长了却安源工人这个共同的心愿。

到了北京,除了开好会外,郭清泗就想着该如何当面请毛泽东、刘少奇为《萍矿工人报》题写报头。机会终于来了。一天会议中途休息时,郭清泗见毛泽东、刘少奇、周恩来、朱德在中南海怀仁堂外的草坪上一起交谈,便立即走上前。郭清泗打断几位中央首长的交谈,满面笑容地对毛泽东说:"毛主席,您好!"毛主席一听口音便记起了他,回答道:"你好,老乡!"郭清泗随即开门见山地说明来意。毛泽东沉思片刻说:"少奇同志在安源搞工运的时间长,还是请少奇给你们题写吧。"刘少奇听说郭清泗是从萍乡来的,便拉着他的手,与毛泽东一道关切地询问解放后安源煤矿的生产和工人生活情况,并爽快地接受了题写报头的请求。他对郭清泗说:"我写好就告诉你。"

当天晚上回到家,饭后不久,刘少奇来到办公室,想起了郭清泗的请求,想起了安源,心情久久不能平静。30多年前,他与安源工人们一起出生入死,义无反顾的开展罢工斗争,谋取工人权利,捍卫工人俱乐部,扩充工人消费合作社,举办安源党团校……安源往事历历在目。刘少奇沉思许久才平静下来,拿出文房四宝,铺纸提笔,凝神屏息,认真地为《萍矿工人报》书写报头。

作为国家领导人,刘少奇日理万机,工作繁忙,有许多国家大事等着他去处理。然而为安源工人的报纸题写报头,他觉得同样是件大事。他的眼前仿佛看到了安源工人一双双期盼的眼神,因此他格外得细致、用心。书写了一份,怕工人们没有挑选的余地,再书写了一份;书写了两份,还怕工人们不满意,又重写一次,一连书写了好几份才停下笔,舒了一口气。他认真地从中挑选了几份横排版和竖排版的报头交给秘书,才开始忙着处理其他公务。第二天一早,刘少奇就让秘书将写好的报头送给郭清泗,并交代说有好几份,由他们自己去挑吧。

郭清泗接过刘少奇亲笔题写的报头,感动万分,不知说什么好,只是一个劲的连声说:"我代表安源工人感谢中央首长,感谢中央首长!"

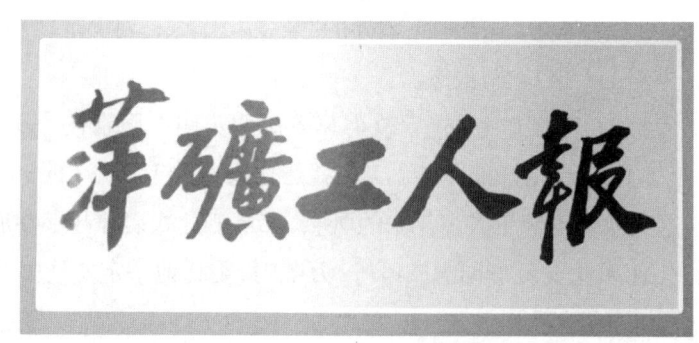

刘少奇为《萍矿工人报》题写的报头

1955年10月1日,由全国人大常委会委员长刘少奇题写的《萍矿工人报》报头正式启用。这期报纸以独特的形式隆重、热烈发行,并派专人送到萍乡各个单位,甚至还送到江西、湖南、北京等地,受到广大群众的追捧和一致好评。特别是安源工人捧着报纸,激动不已,爱不释手,仿佛又看到了昔日他们心目中"一身是胆"的英雄。

1967年1月至1976年6月,因"文化大革命"影响,刘少奇被打成"叛徒、内奸、工贼"受到错误的批判,《萍矿工人报》遂于1968年10月被迫停刊。党的十一届三中全会后,经中共江西省委宣传部批准,《萍矿工人报》于1979年8月1日正式复刊。同时,江西省出版事业管理局批准《萍矿工人报》在国内公开发行。1980年3月1日,《萍矿工人报》重新启用刘少奇题写的报头,公开发行。刘少奇的夫人王光美为此特意复信给萍矿工人报编辑部表示热烈祝贺。刘少奇题写的《萍矿工人报》报头一直沿用至今。

《萍矿工人报》创刊后,受到党和国家领导人及老一辈革命家的关心和重视。曾在安源工作过的老同志,例如,原安源路矿工人俱乐部游艺股股长、开国大将萧劲光,原安源工人、开国上将杨得志,原中共安源市委秘书、最高人民法院院长江华,原安源工人、开国中将丁秋生,原安源工人、开国少将吴烈,原安源工人、开国少将罗华生,原安源工人、被誉为"中国的保尔"的吴运铎,原安源工人、广州市政府参事室主任肖华湘,以及刘少奇的夫人王光美、李立三的夫人李莎和开国上将萧克等都曾为《萍矿工人报》题词或撰写回忆文章。

4. 亲切接见朱少连烈士之女朱子金

刘少奇从1925年5月调离安源后,一直未有机会重回安源。但是,在战斗中与安源工人结下的深厚情谊,早已在刘少奇心中扎下了根。新中国成立后,作为党和国家领导人的刘少奇在繁忙的工作中仍然深切的关怀着安源矿工以及他们的子女,特别是烈士的后代。

1957年,安源革命烈士朱少连之女朱子金,准备从江西安源到北京煤炭工业学校去学习。临行前,许多参加过安源路矿工人大罢工的老工人跑到朱子金家里再三嘱咐她:"你到了北京,可要代表我们去看看少奇同志。他和我们虽然已经分别了30多年了,但我们却时刻想念着他。"老工人想念刘少奇的心情,使朱子金很受感动。从老工人殷切的目光中,她能体会到那份历久弥深的感情,他们的嘱咐深深地印在她的心里。然而,有一个问题盘旋在她脑海里:刘少奇身为国家领袖,日理万机,时间对于他来说非常宝贵,而自己只是一个普通人,刘少奇会不会接见自己呢?带着老工人的委托,朱子金来到了北京。

刘少奇得知朱少连之女朱子金已到北京煤炭工业学校学习,决定无论如何也要抽出时间见一见这位来自安源的烈士后代。安源3年的斗争生活,使刘少奇对那片红色的热土和那里的矿工们充满了深情与厚谊,对那些在安源革命斗争中英勇牺牲的烈士们充满了无限的怀念与追思。朱少连曾任安源路矿工人俱乐部副主任、株萍铁路总工会主任,曾协助刘少奇和李立三领导闻名全国的安源路矿工人大罢工。1923年6月,出席中共第三次全国代表大会,被选为中央执行委员。1926年5月,出席第三次全国劳动大会,被选为中华全国总工会执行委员。当年那场轰轰烈烈的大罢工运动,把刘少奇和朱少连紧紧地联系在一起,使他们成为肝胆相照、患难与共的革命战友;共同的理想和信念,使他们结下了深厚的革命情谊。然而在刘少奇离开安源后的第四年即1929年,由于叛徒的出卖,朱少连被敌人杀害于萍乡,那时其女儿朱子金年仅1岁。刘少奇自1925年5月离开安源,转眼已是32个年头了,当年铁骨铮铮的革命烈士,世人已铭记在心,唯有烈士遗留下的子女,常让他牵挂不已。

1957年11月13日上午,朱子金正在北京煤炭工业学校学习的时候,突然接到刘少奇的秘书从中南海打来的电话,说刘少奇要接见她,邀请她今晚到中南海怀仁堂来坐一坐、谈谈话。这个意想不到的惊喜消息,使朱子金兴奋得简直要跳了起来。当历时已久的心愿和期盼就要成为现实时,她反而产生了一种缺乏心理准备的感觉,视乎一切来的太突然,一时间惊喜和欣幸几乎使她忘乎所以,一颗心也抑制不住地怦怦直跳。自从上午接过电话,朱子金的心情怎么也无法平静下来,下午的课,几乎都是在一种焦急等待的紧张状态下完成的,一想到晚上就可以见到国家领导刘少奇,便觉得自己如此的幸运。然而时间却又是那么的漫长。下午,好不容易结束了功课,朱子金便急匆匆地走出校门,乘上从郊区开往北京城里的公共汽车。汽车在飞快地前行,同车的人们谈笑着,而朱子金却独自默默地沉入了在对过去的回忆里。外祖母和老工人说过的当年刘少奇在安源领导工人大罢工的故事,好像电影一般,在朱子金的脑海里一幕幕地闪现着。

　　不知不觉车已到了目的地,下车后朱子金来到中南海怀仁堂。刘少奇的秘书热情地接待她,安排她在会客室坐着,并说刘少奇马上就过来。平生第一次置身于这古朴、幽雅、宁静的怀仁堂,置身于这共和国的心脏,朱子金自坐下就显得怯生生的,感觉浑身不自在,一激动紧张,心跳也不免加快了许多。此时的她就像一个初登讲台的学生,局促不安。工作人员为她泡上了一杯香茶,友善的目光和亲切得话语让她找到了一种回到家的温馨感。她开始平心静气地打量着房中的一切。看着,想着,不知什么时候刘少奇已经面带微笑地走到了她的眼前。朱子金赶紧站了起来,第一次离刘少奇那么近,她瞬间好像突然没有任何思想准备似的,事先精心准备好的话语一下子都跑到九霄云外了。在这位敬仰已久的英雄、为民务实的领袖和长者慈爱的目光下,她拘谨得像一个孩子,嘴唇嘟哝着却不知说什么好。

　　刘少奇亲热地握着她的手,用他那特有的湖南口音,亲切地问道:"你就是朱子金同志吧?"这一问才把朱子金惊醒过来。她迅速按捺着纷乱的思绪,认真地点了点头。刘少奇似乎觉得还没看得准确,拉着朱子金的手,绕过沙发,凑近到电灯下面,仔细地打量了一遍,又说道:"很好,很好,和你母亲年轻时一个模样,长得很像你妈妈,真是太像了。"说完慈祥地笑了笑。朱子金此时才算轻松了下来。刘少奇的音容笑貌、言谈举止让她感受到一种慈爱和温暖。她镇静了一下,抬起头来,目光凝视着眼前这位国家领导人,把刘少奇的全身看了一遍;他生活很朴实,穿着一身旧的蓝斜纹布制服,虽然显得有些旧,但整洁干净;头发虽已有些苍白,但精神抖擞、炯炯有神的目光,让人觉得精力充沛,身体非常健康。刘少奇看朱子金有些拘束,就拉着她回到沙发上坐下。他也在临近的另一张沙发上坐了下来,并热情地请朱子金喝茶。两人一边喝茶一边交谈着:"来北京有多久了?""在北京还过得习惯吗?""学校功课紧不紧?"……

刘少奇亲热地问长问短,目光中充满了关切和慈爱。或许由于对刘少奇和父亲朱少连在安源斗争中结下的那段革命情谊早已铭记在心,或许由于父亲的过早去世,使朱子金对刘少奇很早就持有一种特殊的感情。刘少奇这嘘寒问暖的话语,加上这般的热情和慈祥,使朱子金第一次感受到一种父亲般的关爱和温暖。她简单地向刘少奇汇报了自己在学校的学习、生活情况后,激动的心情也逐渐平静下来,不再显得那么拘束紧张了。

两人的谈话自然而然地转到了安源。刘少奇一提到安源,仍然是那么神采飞扬,记忆犹新,话语也明显地轻快活跃。显然,叙话安源所带给他的不仅是一种美好的回忆,更是一种对当年峥嵘岁月的缅怀,那里的一山一水,一草一木,那里的窿井巷道以及正直淳朴、英勇无畏的安源矿工……值得他怀念的地方太多了。他说:"安源工人是有很强的组织纪律性,团结性也很强。当知道我要代表安源路矿工人俱乐部到戒严司令部去跟路矿当局谈判时,他们都纷纷围拢过来,并气愤地说要谈判就请路矿当局派人到俱乐部来谈。那一次谈判,路矿当局算是尝到了工人们的厉害,几千人围在戒严司令部外面,吼声如雷,惊天动地,大煞了路矿当局的嚣张气焰,矿上也真的奈何不了工人。大家都说我一身是胆,但真正的威力,掌握在工人手里。"刘少奇说完,身子习惯性地往沙发里边靠了靠,面含微笑,目光柔和地望着朱子金。

刘少奇对新中国成立后安源的情况非常关心,他不停地向朱子金问道:解放后安源煤矿有没有变化?八方井是否还在生产?原来的直井还存在吗?矿上每天能生产多少煤?还炼不炼焦?朱子金都一一作了介绍,并告诉他:在人民政府的重视与领导下,安源煤矿得到了很大的发展,工人的生产、生活条件得到了很大的改善。目前,矿上正在进行基本建设,矿井、交通、电力、安全防护等设施进一步得到完善。此外,矿上还建起了住宅、学校、俱乐部、托儿所、疗养院。由于制定了一系列安全管理规章制度,生产事故已很少发生。她还告诉刘少奇,在过去安源大罢工时插着"罢工"旗帜、工人从矿井里蜂拥而出的那个总平巷井口,就是现在安源煤矿矿井的出入口,至今保存完好。听说安源工人的生产、生活条件得到了改善,刘少奇非常高兴,笑容满面地对朱子金说:"安源矿井我都下去过。那时资本家只管要多出煤,不管工人死活,矿井里阴暗潮湿,设备很差,冒顶、穿水、起火和瓦斯爆炸司空见惯,还时常塌方砸死人。现在条件虽说改善了,不至于再有那种现象,但是在井下操作还是要时刻注意安全。"刘少奇对安源工人无微不至的关心,使朱子金备受感动。

刘少奇对安源煤矿的老工人一往情深。他向朱子金打听那些老工人的生活情况。听说老工人们都十分想念他,刘少奇特意嘱咐朱子金代他转达对老工人的亲切问候和良好祝愿。刘少奇非常欣慰,眉宇舒展,眼神里也荡漾着慈祥柔和的光芒。他关切地询问:矿上的老工人生活得好不好?退休后矿上对他们有没有照顾?朱子金答复到:"照顾是肯定有的,对于退休老工人,矿上已想了很多办法,做了不少工作,使老工人的生活得到了很大的改善,但总的来说还是做得不够好,还有些老工人没有得到适当的安置、照顾和救济,有些老工人现在还流落在外地,得不到应有的救济,有的老工人身边没有子女,住在外地很孤独、艰辛……"

"为什么没有做好?"刘少奇听后急切地问,神情顿时变得十分严肃,眉宇紧蹙,眼神也变得深沉冷峻,刚端起的茶杯也停在嘴边不动了。朱子金解释道:"因为矿上正在搞基本建设,资金紧张,列不出这笔开支,报请上级多次但至今都没有批下来,所以……"

刘少奇放下茶杯,很郑重地说:"对于老工人,我们应该多关怀他们。有些在过去就流落在外面的老工人,今天回到矿上时,要热情地接待他们,要留他们吃饭,回去时要做好护送工作,要送点路费给他们。住在外地没有子女的老工人,矿上要主动给他们寄点钱去,还可以写一封信,请当地人民政府照顾他们,这都是你们应该和必须做的。花钱虽说不多,但却能使老工人感动高兴,得到安慰。"

朱子金告诉他,矿上也很体谅老工人的难处,但终究因为资金紧张,地方财政也比较困难,所以总没有切实有效的解决办法。

刘少奇喝了一口茶,语调也恢复了原来的柔和,亲切温和地继续说:"没办法,那就要依靠群众。工人群众是有很高的阶级友爱和互助精神的。你们有了困难,可以把问题交给工人同志去讨论、研究,他们会想出解决问题的办法来。比如,动员工人互助,义务劳动一天,多生产一些煤;或者是发动工人捐一天或半天的工资,不就把问题解决了吗?这是光明正大的事情,又能增强新、老工人间的团结,我想任何人都会乐意的。安源有那么多工人,只要相信群众,有事多找工人商量,办法是很多的,你说对不对?"刘少奇的一席话,使朱子金心里顿时豁然开朗,好像一切问题现在都迎刃而解了,过去一直苦思冥想的一些难题也似乎找到了解决的办法,心里很畅快,连忙点头表示赞同。

谈到朱少连,刘少奇的语气变得沉重起来。他惋惜地说:"朱少连同志是我党早期很优秀的共产党员,他为人正直稳重,善于团结工人,组织能力很强,作战顽强英勇,被捕后在敌人的严刑拷打下仍然坚贞不屈,大义凛然,非常难得。"

刘少奇曾与朱少连共事3年,两人结下了十分深厚的革命情谊。1923年10月刊登在《罢工胜利周年纪念册》的那篇《安源路矿工人俱乐部略史》,就是他和朱少连合写的,只可惜壮士英年早逝,令刘少奇感慨不已。让他欣慰的是,烈士虽去,但后继有人。听说朱子金已是安源路矿工人俱乐部主任时,刘少奇十分高兴。他再三勉励朱子金勤奋学习,学好本领,为建设安源、繁荣安源做出更大的贡献。他还语重心长地嘱咐朱子金,一定要把安源路矿工人俱乐部办好,让后人铭记安源路矿工人运动的历史,继承和发扬罢工精神。

交谈后,应朱子金的请求,刘少奇在她的笔记本上留言:

据说安源还有些老工人,有住在安源和不住在安源的,他们还有些困难问题不能解决。现在萍矿工会和所有工人应当实行互助,帮助老工人解决这些问题。我认为可以由工会号召在业工人每人捐出一天或半天工资,交工会保管,作为救济和解决老工人困难问题之用。这个建议是否可行?请萍矿工会和工人同志们考虑酌定。谨此,向萍矿全体工人同志们以及萍矿的老工人同志致意。

刘少奇
一九五七年十一月十三日

时间在不知不觉中流逝,转眼之间,天色已晚。临别之际,刘少奇郑重地请朱子金转达他对安源工人的问候,对萍乡老表的问候,并答应朱子金,以后有机会,一定去安源走一走,看一看,去看望那里的安源煤矿工人,去参观那里的生产建设。

在回校的路上,刘少奇慈祥和蔼地面容和亲切谈话的声音一直萦绕在朱子金的脑海里,让她终身难以忘怀。

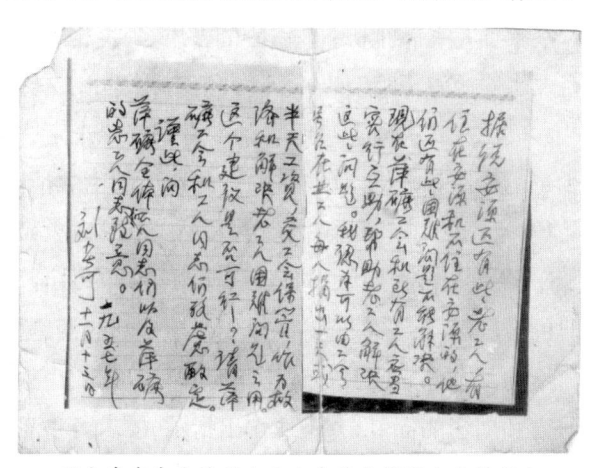

刘少奇在朱少连烈士之女朱子金笔记本上的留言

5. 在萍乡车站接见萍乡市党政负责人

1958年至1960年间的"大跃进"运动造成全国国民经济困难和人民生活贫困的现象，让身为国家主席的刘少奇忧心忡忡，思虑重重。为出席1960年5月21日在浙江杭州召开的中共中央政治局常委会议，并顺便考察、了解各地的工作情况，4月17日，刘少奇离开北京，途经郑州、洛阳、西安、成都、重庆、武汉等地。5月20日，离开武汉经湖南、江西赴浙江。沿途每到一处，刘少奇都要召集当地的党政负责同志，就当前普通关注的经济形势、工资制度、生产力组织、干部作风及农民生活等问题进行广泛深入的调查研究，提出了一系列指导意见。因这次杭州之行途经位于浙赣铁路线上的萍乡，刘少奇还有一个打算：如果时间充足，顺便去走一走、看一看已阔别35年之久的安源，会会昔日的安源老工人。

安源是刘少奇十分怀念的地方。他在安源这块红土地上工作了近3年。他所领导的那场声势浩大的安源路矿工人革命运动早已彪炳史册，光照中华。当年和他一起并肩作战过的同志，有的在革命斗争中义无反顾、冲锋陷阵，英勇牺牲了；有的在民族解放战争中纵横驰骋、战功卓著、屡建奇功，成为了国家重要的领导干部和军队高级将领；有的则继续在萍乡铁路、煤矿为建设社会主义贡献自己的光和热。自1925年5月离开安源，一别就是35年。35年后的萍乡有着怎样的新发展？安源煤矿有哪些新变化？工人们的生活、工作、学习如何？安源老工人生活有没有保障？心系安源的刘少奇，对于这些问题极为关注，也迫切了解。

1960年5月20日上午，中共萍乡市委办公室传来一个振奋人心的重大好消息：从湖南省委得到电话通知，刘少奇正在长沙调查研究，马上就要来萍乡，要到安源参观视察。大家都抑制不住内心的喜悦，奔走相告。安源要来贵客了，共和国主席刘少奇要来安源看望咱们煤矿工人了，安源儿女的久久期盼终于要变成现实了。

安源人民一直就期盼着刘少奇到安源来走一走，看一看。这不仅是出于当年刘少奇与安源工人结下的心连心、共命运的革命情谊，更是出于对刘少奇崇高的思想品德、卓越的领导才能、高尚的人民风范的由衷敬仰之情。安源老工人谁不记得他那平易近人、和蔼可亲的笑容，铿锵悦耳的话语，谁不记得他那灯下传授革命道理时的披肝沥胆，谁不记得他在戒严司令部的谈判桌上镇定从容、一身是胆。

为了圆满完成接待工作，中共萍乡市委、市人民委员会负责人当即做了认真的研究和周密的部署，并迅速作出指示，要求各项工作必须周到全面，一丝不苟，考虑到刘少奇将赴安源参观走访，连停车的地点都确定好了，选在萍乡火车站去安源的叉道处，南昌铁路局调度室也专门制定了专列行车计划，由技术熟练的机务段老工人担任专列引道任务，一切都务使刘少奇的这次萍乡之行安全、顺利、愉快。

这是一个风和日丽的日子，素有"江南煤都"之称的萍乡，更是春暖花开、万紫千红。煤城的儿女内心汹涌澎湃，激动万分。因为在这一天，共和国的主席刘少奇将要来萍乡、安源看望他们了。布置完各项接待事宜后，萍乡市委书记处书记李树家、市委书记处书记兼萍乡矿务局党委书记周之敬、市委书记处书记、市长孟宗汉以及安源煤矿老工人代表急切地赶到车站，准备迎接刘少奇乘坐的专列进站。一想到刘少奇的音容笑貌就要出现在眼前，大家无不感到欢欣鼓舞，市委的同志们更是翘首以盼。然而，等到夜幕降临，大家仍不见刘少奇乘坐的专列开过来。傍晚时候，市委同志接到电话，才知道刘少奇在长沙开完会后就已动身来萍乡了，车到株洲，因为有紧急事务，又返回长沙去了。市委同志心想，刘少奇可能不会来萍乡了。

大家很快从极度兴奋转为失望又继而趋于平静。是啊！刘少奇又何尝不想到他曾经战斗、生活过的安源故里重游，又何尝不想追忆那如火如荼的峥嵘岁月，但是繁忙的公务活动，严峻的社会现实，迫使他不得不放弃这次萍乡之行。人们在为失去重新目睹昔日英雄风采的机会而感到遗憾，逐渐又从内心的理解走向平静。

晚上，萍乡市委又接到一个重要电话，说刘少奇马上就要到萍乡了，请萍乡市委、市人民委员会同志立刻去火车站迎接。来不及为突如其来的消息而惊喜，也来不及多想什么，李树家、周之敬、孟宗汉火速赶到火车站。

次日零时过后，刘少奇乘坐的专列徐徐进站了。夜色中的萍乡火车站，树影婆娑，光影摇曳，显得格外的清幽宁静，空气中漂浮着水汽的清新和花木的幽香。和着白天里阳光的余热，沁人心脾，使这仲夏之夜更显得静谧迷人，令人神怡气爽。月台上盏盏的灯光把四周渲染成一片淡淡的夏红。徐徐进站的火车喷着一阵阵蒸汽，伴随着车厢与车厢间撞击发出的一声声巨响，列车稳稳地停在站台的一道上。

最先下车的是刘少奇的夫人王光美。她跟萍乡市委、市人民委员会的同志会晤后，解释道："少奇同志因为明天要出席在杭州召开的中共中央政治局常委会议，这次路过萍乡只作短暂停留，不打算在萍乡住，也不准备到安源去了。因为时间较紧，就不进候车室了，只在月台上休息会儿，散散步，与你们见见面，谈谈话，您们有什么话就尽管跟他说好了。"

"光美，你跟萍乡的同志谈什么呢？"王光美话音刚落，身后传来刘少奇浓重浑厚的湖南口音。萍乡市委、市人民委员会的同志不由地把目光视线投向王光美的身后,时任国家主席、国防委员会主席的刘少奇正微笑着朝这边走过来,高大的身躯,此时更显得伟岸挺拔,在月台灯光的映照下,一身深灰色的中山服显得有些旧但仍然笔挺整洁,没有半点褶皱的痕迹,两鬓的头发在长期忙碌的国事中早已被岁月染白了,繁忙的公务加上旅途的劳顿,使刘少奇略显得有些憔悴,但仍然气宇轩昂,坚毅挺拔,让人容光焕发。萍乡市委、市人委的同志急忙走上去热情迎接。

"少奇,这些都是萍乡的同志,他们早就盼望你能到萍乡来,到安源看看,刚才我跟他们把情况都说明了一下,这次不能去安源,希望萍乡的同志能够谅解。"王光美说完向刘少奇介绍市委、市人委的同志。

"同志们好!"刘少奇上前热情地跟他们一一握手。

李树家恳切地对刘少奇说:"刘主席,萍乡人民期盼您来萍乡盼了很久了。"

刘少奇爽朗地笑着说:"萍乡老表如此重情,只怕我承受不起啰!"

听说周之敬还兼任萍乡矿务局党委书记,刘少奇的手握得更紧了。他解释道:"我本来打算专程去一趟安源,因为有事情给耽误了时间,没有办法,在来的路上又返回长沙去了,没有来成,所以特意下车来看看你们,请代我向萍乡的老表们问好,向安源工人问好!"

夜晚的空气特别新鲜,一阵阵饱含田园气息的润泽清凉的风吹来,让人心旷神怡。或许是在列车里坐得太久走上月台给人一种豁然开朗的感觉;或许是对这块几十年前曾经战斗过、生活过的红土地的深深眷念,刘少奇眼神里流露出特有的沉静和惬意。他环顾火车站全貌,似是自言自语地说:"车站变化很大啊,记得原先的车站只有两股道,还只有一栋矮小的平房,现在已经是漂亮的三层楼了。"在一旁的铁路地区负责人马上回答说:"现在的火车站是1958年为了适应萍乡发展形势而建立起来的,在浙赣铁路线上,它算是一个漂亮的车站哩。"在市委、市人委同志的建议下,刘少奇到车站贵宾室稍作休息,之后他们来到月台上,一边散步,一般热情地交谈起来。

"离开萍乡很多年了,不知道萍乡的工作现在开展得怎么样?目前的工业形势好不好?"刘少奇十分关切地询问市委同志。

关于萍乡的发展情况,李树家告诉刘少奇,自解放后在党和政府的领导下,萍乡人民发扬艰苦奋斗、不怕困难的优良传统,扎实苦干,经济和文化事业都取得了很大的进步,工农业水平得到了很大提高,社会面貌大为改观,人民生活水平有较大的改善。1959年,萍乡社会总产值达到了3.6亿元,工农业产值突破了2.8亿元。

1960年,经中共江西省委、省人委批准,萍乡由县改市,目前,领导班子已经健全,各项工作都在正常开展。

市长孟宗汉则告诉刘少奇,新中国成立后,萍乡的工业发展很快,基本上形成了电力、钢铁、煤炭、陶瓷、鞭炮烟花、水泥建材为主的工业体系。1955年,江西省工业厅将江西炼铁厂和九江炼铁厂合并到萍乡铁厂,改名江西炼铁厂。1958年,又改名为萍乡钢铁厂。之后,一批高炉陆续建成投产,生产规模不断扩大,工人人数迅速增加,到1960年已成为拥有1.5万名职工的全省较有影响的钢铁工业企业。另外,萍乡电厂一期工程和二期工程分别于1958年和1960年破土动工,总投资将达到1000万元,并已开始投产发电,萍乡电厂的建成投产,大大促进了萍乡工业的发展,方便了人民的生活。

刘少奇边听边颔首表示赞许,为萍乡市委、市人委付出的努力和取得的成绩感到由衷的高兴。他说,在萍乡兴办钢铁厂和发电厂,很有必要,这不仅能充分利用萍乡的煤炭资源,而且能减轻煤炭外运的负担,就地转化能源,对地方经济的发展将起到很大的促进作用,这说明萍乡市委、市人委在这方面是有远见的。刘少奇建议市委同志考虑在井口附近兴办发电厂,以便缓解运输紧张的状况。尔后,他又指出,萍乡在解放前除了煤炭工业,其他工业都比较落后,一般的日用品都要依靠进口,市委、市人委一定要多想办法,克服困难,在提高人民群众生活水平方面多下功夫,尽力多生产一些受群众欢迎的产品,把萍乡的工业搞好、搞活、搞强。

或许是在安源工作了近3年的缘故,刘少奇对萍乡煤炭的生产、矿井的建设特别关心,询问身边的萍乡矿务局党委书记周之敬:"萍乡的煤炭工业现在发展怎么样,势头好不好?"

周之敬回答,新中国成立后,在党和政府的大力扶持下,萍乡煤矿矿井建设发展很快,安源、高坑两个老矿迅速恢复并已改造扩建。另外,还建了青山、巨源等3个矿井,1950年至1959年10年产煤量达到1700万吨,占江西全省煤炭产量的70%。由于采用科学的采煤方法,实现采煤机械化,1959年煤炭产量猛增到500多万吨,从业人员也迅速增长。

刘少奇认真地听取汇报,偶尔也插上一两句,提到煤炭工人人数,刘少奇特意询问道:"工人生活,特别是老工人生活目前怎么样?有没有保障?"周之敬汇报说,萍乡矿务局工人的生活条件有了很大的改善,已经普遍享受医疗、病假、伤残等一系列福利保障待遇。

谈到老工人生活问题，周之敬说："从1953年起，萍乡就率先在国营企业职工中实行退休、退职制度，以年龄、工龄、工资、从事特殊工种或因工伤残、丧失劳动力、患有职业病等为依据，视职工个人情况异同确定享受待遇，一般按职工月工资的60%—90%执行，在经济困难时期，物资供应仍有保障。"

刘少奇听了十分高兴。他勉励萍乡市委、市人委同志要继承和发扬安源革命传统，拿出当年安源路矿工人大罢工义无反顾的勇气和团结协作的精神，做好各个方面的工作，努力为工人创造更好的生产、生活条件。他说："在过去，老工人为萍乡的革命事业做出了巨大的贡献，做出了很大的牺牲，现在他们老了，退休了，政府一定要想办法使他们退休后老有所养，安度晚年。"

听说萍乡人口达到80万，刘少奇关心地问："萍乡人口增长这么快啊！人口增长了，那粮食有没有保障？"市长孟宗汉回答说："萍乡自新中国成立后就大力改革耕作技术，改间作为连作，改单季为双季，改旱地为水田，并广泛开展爱国丰产运动，涌现了300多名劳动模范和积极分子。1958年水稻平均亩产达到355公斤，荣获江西全省水稻丰产模范县称号，并受到国务院的奖励。由于推行科学种田，不仅改变了缺粮的面貌，而且还调出了大量的稻谷。"

刘少奇认真地听汇报，为萍乡在解放后所取得的优异成绩和快速发展感到欣慰不已。他们一边走一边谈，回首过去的峥嵘岁月，畅谈萍乡未来的发展大计。刘少奇高屋建瓴的观点，缜密清晰的逻辑思维，流畅简洁的语言表达，让市委、市人委同志由衷折服，如浴春风。特别是刘少奇在谈话中流露的那种对安源的深情厚谊，更是让市委、市人委同志感动不已。

不知不觉半个钟头过去了，随行人员的轻声提示，意味着刘少奇又将告别萍乡，继续他的行程。刘少奇停下步子，在夜色中望着不远处灯火闪烁摇曳的安源，怀着无限深情，静静地伫立了几分钟。在一旁的市委、市人委同志对他说："刘主席，要是这次能到安源去走一走，看一看，那该多好啊！"刘少奇轻轻地点了点头，沉默不语。临别之际，细心地王光美抓住一个个动人的瞬间，频频按动快门，拍摄了一幅幅珍贵的画面。

火车再次拉响汽笛，催促刘少奇上车。刘少奇的大手紧紧地与萍乡市委、市人委同志的手握在一起，再次语重心长地嘱咐他们，一定要扎扎实实地做好工作，让萍乡80万人民过上好日子，"请代我向萍乡人民问好，向安源人民问好，以后有机会，我一定要专程来安源看看，来参观安源的建设。"

刘少奇上车了。他微笑着与同志们招手致意,迎面掠过的晚风轻轻地抚摸着他坚毅的面庞,拂动着双鬓的白发。当年恰值同学少年的他,或许也是迎着这南风来到安源的,从此便走上了职业革命家的道路,安源从此在他的脑海里留下了永久的回忆。如今,这 30 分钟的逗留,30 分钟的交谈,30 分钟的追忆,或许多少能圆他心中久已期盼的梦,或许将更增添往后岁月里的追忆。火车徐徐开动了,萍乡市委、市人委同志目送着刘少奇渐渐模糊的身影,惜别依依。

6. 情系老矿工贺梅生

这一年的春天,雨水繁多,天气寒冷。然而安源罗家大屋一栋屋前,不因雨多、寒冷而减少了春色。地上,红、白两丛玫瑰,似泼了墨般的绿,万紫千红,莺歌燕舞;小草从土里探出头来,伸伸懒腰,看见春天已经来了,连忙整理发型;花骨朵儿四五枝成簇的探出头来,花红柳绿,密密匝匝的,都在争先占春;殷红的月季花、素洁的春兰花,争奇斗艳,流香溢彩,团团的花儿在蒙蒙的绿荫间轻轻地摇曳。春天随着春风踏着优美的舞步与大地擦肩而过,那些花儿草儿,把栋古旧的平房映衬得春意盎然,果真是"满怀春色向人动,遮路乱花迎马红。"呵呵!房子的主人贺楚吾深情地说:"我这房子还得感谢刘少奇主席呢。"

原来,贺楚吾的父亲贺梅生,是安源煤矿的一名老工人。1964 年的一天,贺梅生的房子行将倒塌。他便写信给时任国家主席的刘少奇,要求解决住房困难。不久,中共中央办公厅秘书室便回了信:"萍乡县委:关于贺梅生老同志要求解决房屋问题,我们意见,请你县酌情解决。"萍乡县人民委员会立即拨给贺梅生家 300 元重建房屋。

其实,老工人贺梅生有着一段不平凡的经历,与刘少奇有过很深的交往。贺梅生 1892 年 6 月初三出生于湖南省湘潭县石埠区茅山大滑一户贫苦农民家里。出生才两个月家中失火,财产告罄,从小就未读过书,跟着人家学赞土地、打莲花闹等,倒练就了一身出口成章的好本领。1919 年,他来到安源煤矿做工,经常受到封建把头的凌辱,心里对这些人恨之入骨。李立三、刘少奇领导安源路矿工人大罢工。他打心眼里高兴,积极参加罢工斗争,曾担任安源工人纠察队队长、萍矿直井甲段十代表、安源园艺工会执行委员、安源市总工会宣传委员等职。一个身受三座大山压迫,忽然从苦难深渊跃上九重天翻身做了主人的人,对党有着一份深厚的感情,他的心里是多么得激动啊!一个深秋的夜里,贺梅生来到安源路矿工人俱乐部门前站岗。

玉盘似的月亮挂在高空之上,把安源的群山照得影影绰绰,草丛里"唧唧"的虫鸣,如小儿女绕膝吮歌,连往日黑黝黝的矿洞、怪兽似的洗煤台也镀上了一层朦胧的画意,获得大罢工胜利喜悦的工友们安然睡下了,只有工人俱乐部刘少奇办公室里一盏灯还在微风中摇曳……此时的情景令贺梅生不禁有些激动,不由自主地哼起了小调,一首湖南风味的山歌便从俱乐部门前飘出:"直到1921年,忽然雾散见青天……"

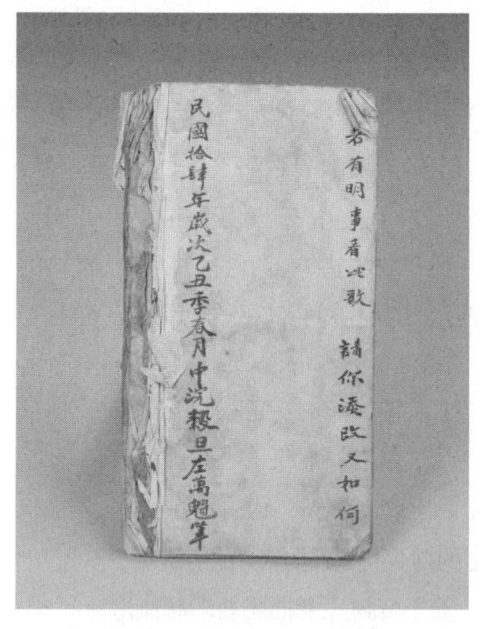

多优美的歌曲啊!刘少奇突然停下了手中的笔,随着歌声来到了俱乐部门前,迎着飒飒的西风,久久地伫立着、欣赏着,直到歌曲唱完才走到贺梅生的身边,问他:"你读过书吗?"他回答:"没读过。""没读过书怎么晓得编歌?""我原来家里贫穷,上无片瓦,下无寸土,从小就学赞土地、打莲花闹,所以晓得一些编歌。"刘少奇问道:"你去过安源路矿工人补习夜校学习吧!"刘少奇来来回回在草坪里踱了一阵步,喃喃地说:"罢工歌,罢工歌……这样,现在有句新词,叫'劳工神圣',我看就改成'劳工记'吧。"刘少奇勉励他一定要把这首歌编好,因为这时

贺梅生参与创作的长篇叙事歌谣《劳工记》

歌唱的是我们工人自己罢工斗争的故事。自此以后,贺梅生一边到工人夜校读书,一边编歌。因年纪大了,学习困难,学了后只会读却不会写,便请纠察团副团长周子南代笔。这样,中国工人运动的第一部史诗——《劳工记》诞生了。因当时未曾署名,主要是口头演唱,一直到现在不少人仍认为作者不可考证,但实为贺梅生创作无疑。贺梅生认为版权事小,重要的是记载了安源路矿工人运动那段伟大的历史。

贺梅生曾不辞劳苦,为工人群众利益奔走。他与其他3位老工人去北京向中共中央反映,要求解决参加大罢工斗争的老工人生活救济问题。1957年11月,刘少奇向萍乡矿务局建议:"由工会号召在业工人每人捐出一天或者半天工资交工会保管,作为救济和解决老工人困难问题。"

此后,贺梅生又联络分散在全国各地的安源煤矿老工人,让大家都获得救济。

安源煤矿的老工人在刘少奇的关怀下,过上了幸福美满的晚年生活。领袖和人民心连心呵。

7. 接见安源老工人袁品高

20世纪20年代,袁品高是萍乡煤矿洋炉炼焦处一名十分喜爱舞枪弄棒的普通工人,先后拜了三、四位师父学习武艺。在李立三、刘少奇的帮助下,他走上了革命道路,并于1923年3月加入中国共产党。入党后,党组织不仅让他担任洋炉炼焦处工人总代表,还兼任刘少奇的"保镖"。新中国成立后,他先后担任萍乡矿区工会副主席、安源路矿工人俱乐部主任、中共萍乡市委委员等职。当他得知国家主席就是曾经与自己在安源煤矿朝夕相处、患难与共的俱乐部刘主任后,多次写信表达自己想去北京看望刘少奇的愿望。经江西省委同意并报中央批准,刘少奇邀请袁品高去北京做客。1964年4月,萍乡市委派萍乡市总工会主席赵凯陪同安源老工人袁品高一起前往北京参加全国民兵代表大会和"五一"观礼,并特地去拜访刘少奇。

4月26日,袁品高和赵凯从萍乡出发,28日抵达北京,由刘少奇秘书刘正德和九局东方同志安排住在中央直属招待所,并按刘少奇的指示给二人安排了在北京的活动计划。4月30日傍晚7点左右,袁品高和赵凯二人从住处中央直属招待所乘车出发,向着国家主席刘少奇家里疾驶。一路上,袁品高兴奋的心绪难以平静,马上就要见到离别30多年、日思夜想的老战友、老领导、老朋友,该说些什么呢?他不禁想起了与刘少奇的第一次见面。

那是1922年在安源,与袁品高同宿舍的几个工友,参加了安源路矿工人夜校学习,经常谈论夜校的事情。说夜校的老师好,不打人也不骂人,对人很和气。工人上学时,老师在门口接,放学后还送到门口。袁品高听后,觉得挺新鲜的。

一天晚上,袁品高怀着好奇的心情来到牛角坡的安源路矿工人夜校探个究竟。一进门,就受到李立三的热情接待。恰好这时,有人找李立三,李立三就把袁品高介绍给旁边的一位年轻人,说:"你和这位刘老师谈谈吧!"

刘老师就是刘少奇。他和蔼可亲,问袁品高姓什么,叫什么名字,家住在哪里,读过几年书? 说到读书,袁品高不好意思地说:"别提了,小时候读书被公公打怕了。"

"我们是反对老师打人的。"刘少奇笑着说。接着,又拉起了家常,问在哪里做事,多少钱一个月,家里有几口人,生活过得怎样?临走时,还把袁品高送出好远,希望他能到夜校读书。

工友们说得确确实实,老师果然待人很和气。这次谈话,给袁品高留下了很深刻的印象。就这样,袁品高与刘少奇相识了。在刘少奇的启发教育下,袁品高懂得了许多革命道理,参加了安源路矿工人俱乐部,担任总代表,并由刘少奇介绍入团、入党和到广州农民运动讲习所学习……

"老袁,下车了!"赵凯一声呼唤,把袁品高从往事如烟中拉回到现实。车子已进入刘少奇家的院内。下车后,袁品高和赵凯二人怀着喜悦和激动的心情,来到刘少奇主席家里。秘书同志把他们迎进会客室休息。会客室陈设简单整洁,壁柜内摆放着各类厚厚的书籍,除几张普普通通的沙发,找不到其他什么装饰品。

不到半截烟的时间,门外就传来了熟悉、亲切的招呼声:"袁品高同志,你们来了。"话音刚落,刘少奇与夫人王光美走了进来。袁品高赶紧起身迎上前去,久别重逢的喜悦之情难以言表,紧紧握住刘少奇的手,向他问好。刘少奇身穿一套很普通的中山服,脚下是一双布鞋,满脸红光,目光炯炯,身体健壮,慈祥可亲。他热情地招呼袁品高回到沙发上坐下,自己则靠近袁品高也坐下来,亲切地与袁品高交谈。

袁品高和赵凯二人向刘少奇转达了萍乡人民和安源工人的问候之后,袁品高向刘少奇汇报了一些个人情况,重点汇报了他在广州农讲所与刘少奇分别后的工作经历。离开广州农讲所后,他被派到湖南醴陵担任农民运动特派员;1927年9月毛主席领导湘赣边界秋收起义时,袁品高和张子意一起在湖南水口山与敌人作战的情况;后来如何患病回到醴陵姚家坝养病的情况;如何参加地下斗争,直到解放的经过;解放后参加土改,回到萍乡安源的情况。刘少奇仔细地听着袁品高的叙述,那种平易近人的态度,使袁品高和赵凯二人很快消除了刚到时的紧张心理。谈到1963年他到湖南、武汉等地参观作报告时,刘少奇问道:"谁要你去作的报告?"袁品高回答:"湖南省总工会袁学之、刘亚球邀请我去作的。"刘少奇说:"那很好。"刘少奇听完袁品高的汇报后,接着又问道:"你还有两手(指武功)吗?"袁品高立即做了个打拳的基本动作。刘少奇看着笑了。

接着,他们的话题立即转到了安源。刘少奇谈起了当年袁品高和他一起工作和参与组织安源路矿工人大罢工的情形,两人激动不已。他问袁品高:"你入团、入党和到广州农讲所都是我介绍的,你还记得吗?"袁品高连忙回答说:"记得。"接着二人又谈起当年在广州农讲所工作的艰苦情况,刘少奇和袁品高等7个人同住在一个楼上……

袁品高问道:"朱少连是不是自首的?"刘少奇当即说:"不是,杀朱少连那个时候,国民党都不提什么自首,朱少连抓去3天就被杀了。朱少连、黄静源、杨士杰等同志都是好同志。"刘少奇又说:"我们在领导罢工时,还没有什么损失,我离开那里以后,牺牲了一些好同志,受到了损失。"

之后,袁品高和赵凯向刘少奇汇报了萍乡工农业生产情况。刘少奇问:"上埠的瓷厂还有没有?"二人告诉他说:"还有,现在在生产低压电瓷瓶和日用瓷。"刘少奇关心地问:"厂子现有多少人?产品质量怎样?"二人一一作了回答。在听取二人汇报萍乡矿务局煤炭生产情况时,刘少奇问道:"安源现在有多少人,是什么样的生产,储存量还有多少?"当他听到安源生产发展了,是机械化、半机械化生产时,喜悦之情溢于言表。刘少奇又问:"参加安源路矿工人大罢工的老工人,现在矿上还有多少,罢工代表还有没有?"当袁品高说到工人代表中十代表还有两人,百代表、总代表已经没有了的时候,刘少奇立即反问到:"你不是洋炉炼焦处工人的总代表吗?"接着,袁品高又告诉刘少奇,现在安源190名老工人中,有47名无家可归,成立了敬老院,由政府供养起来。听说对有困难的老工人作了妥善安排,刘少奇便情不自禁地插话:"好啊!"

刘少奇还关心地问起萍乡的人口和农业生产情形怎样?当听到二人回答"萍乡有80.5万人口,去年粮食产量是3.1亿斤,今年要搞4.1亿斤"时,他问二人"能搞到4.1亿斤吗?"刘少奇语重心长地说:"计划要实事求是,不要过大,大了上不去。"

袁品高请教刘少奇:"现在还有一些人提出来自己是安源路矿工人大罢工时的老工人,有真的,也有假的,怎么办?"刘少奇说:"交给工人讨论讨论,谁参加了,谁没有参加都一清二楚。我在安

刘少奇(左二)、王光美(左一)与安源老工人袁品高(左三)、萍乡市总工会主席赵凯(左四)亲切交谈

源的时候不懂事,还不是你们说怎么办就怎么办。"

袁品高还向刘少奇汇报了安源路矿工人俱乐部、职工业余夜校年久失修都坏了的情况。刘少奇重复了一句:"都坏了?修俱乐部的那八根柱子,还是我到株洲买来的。"当袁品高告诉他,俱乐部门前的两颗您亲手栽种的梧桐树叶绿茂盛、长得又粗又高时,刘少奇高兴地笑了,说:"啊!还在呀!"刘少奇又关切地问到当年毛泽民领导的安源路矿工人消费合作社的房子还有没有,当听说还有,但是现在做了豆腐房时,他"呵呵"笑了起来。

这时,摄影师拿着照相机走了过来拍照。刘少奇、王光美和袁品高站在一起,准备照相。刘少奇见赵凯坐在一旁不动,连忙招呼:"来,来,都一样,一起照。"4个人一块照了相后,刘少奇又关切地询问袁品高:"你这次到北京来,还有什么打算啦!玩上个10天,去看看北京十大建筑。"袁品高说:"我们还想到煤炭部、文化部、全国总工会去一下,还要看看李立三同志。"刘少奇说:"李立三在华北局,张子意你还记得吗?他在中央宣传部工作。好呀,给你们联系一下。"刘少奇请王光美具体安排袁品高和赵凯二人在北京的活动。

情深长,意未尽,不知不觉两个多小时过去了。考虑到刘少奇工作繁忙,袁品高和赵凯二人起身告别。刘少奇和王光美送他们到门口,叮嘱道:"回萍乡的时候,再到这里来一趟。"

5月10日晚10点,袁品高和赵凯二人第二次来到刘少奇家里。这一次,刘少奇亲自把他们接到屋里,并拿出香烟热情地招待,询问他们在北京活动的情况。二人立即向刘少奇汇报了五一期间游览和看望李立三、张子意等同志的情况。刘少奇说:"你们看到了李立三和张子意,我很高兴。"刘少奇听说袁品高在北京作了几场报告,便说道:"你在北京还给作报告啊!作报告要实事求是,不要瞎说,瞎吹就是欺骗了工人,欺骗了群众。我们何必欺骗他们呢?特别是对我们下一代,我们是怎样做的,就怎样讲,因为他们不了解安源罢工的情况,你知道,他们就得听你的。"接着他又强调指出:"作报告也要走群众路线,讲的时候,跟市委商量商量,跟赵凯同志商量商量,要征求群众意见。"

结合自己在安源的亲身经历,刘少奇再次强调走群众路线的重要性。他说:"我在安源的时候,有事情不是都和你们商量吗?罢工胜利以后,工人选我当俱乐部总主任,要给我200元银洋一个月。当时我只要15元钱生活费就够了,工人对这件事还有谈论,有的说,一不图名,二不为利,是不是因为钱少了,还要给我增加100元,我还是不能要,工人就怀疑我到底搞什么名堂。以后就召开党内外积极分子会议,给他们讲清道理,我们搞革命是为了要解放全中国,要建设社会主义,搞共产主义。道理讲清了,工人才相信我们。那时候很难怪工人不相信,现在不是还有人不相信共产党的吗?无论做什么工作,都要把底子交给群众,这样群众才信任我们,我们做什么事情,群众才会和我们在一起。"

不觉间话题又转到了安源路矿工人大罢工,刘少奇显得越发激动。他回忆了安源大罢工的情形,并分析了当时罢工取得胜利的原因,说:"我是罢工开始前几天到安源的,当时安源罢工取得胜利,没有失败,主要依靠了工人群众的力量,抓住了矿山的矛盾。矿上有两个矿长,一个姓李的是正矿长,一个姓舒的是副矿长。李有权力,年纪大了要退休。舒就想抓权力。当时正、副矿长他们两人有矛盾;矿里有个总监工王三胡子和舒修泰也有矛盾;地方绅士中有个姓贾的,一个姓王的,一个姓文的,他们互相之间也有矛盾;地方绅士、萍乡镇守使和矿上有矛盾;下层职员和上层职员有矛盾。我们抓住这些矛盾,利用这些矛盾,取得了罢工的胜利。当时萍乡镇守使调来了一个旅的兵力要镇压罢工。萍乡绅士和副矿长不同意,才坐下来谈判,达成十三条协议。"刘少奇还向袁品高问道:"你还记得吗?标语还是在十里铺写的。"

刘少奇接着又说:"安源罢工胜利以后,矿上资本家又搞了一个工人游乐部与路矿工人俱乐部唱对台戏,还出了告工人书。我们采取针锋相对的办法,把小职员、扫地工人、伺候矿长送送手巾的勤杂工人和小矿警等等这些群众组织起来,成立工会。资本家有什么行动、打算,这些人就和我们讲。依靠广大群众把矿上的游乐部打垮了。安源罢工是成功的,出了不少干部,不过与农民运动结合得还不够,这是缺点。"

刘少奇一口气说完,端起杯子喝了一口水。袁品高转换话题,向刘少奇请求修

1964年4月,刘少奇在北京接见安源老工人袁品高时合影
(左一为刘少奇、中为袁品高、右一为赵凯)

一修安源的革命旧址。刘少奇指示:"修一修是可以的,不要花钱多了,文物愈老愈好。你放心,我们死了以后,会有人修,修得更好。"

袁品高又告诉刘少奇:"黄静源烈士殉难处原来有一块碑,让汽车碰坏了,我叫他赔。"刘少奇笑着说:"你叫他赔了吗?"袁品高说:"赔了,但没有原来的好。"

不觉已到深夜,袁品高起身告辞。临别时,袁品高掏出笔记本请刘少奇题词。刘少奇接过笔记本,写下"坚持革命到底,为最后在中国和全世界实现共产主义而奋斗!"一行字,字体苍劲有力。写完,刘少奇问袁品高:"我给你写的你懂吗?"袁品高说:"懂!"刘少奇详细阐述了这句话的意义,说:"你懂啊!你不是说把革命进行到底?把革命进行到底,要在全世界都实行革命,要把反动派、帝国主义统统给打倒。中国革命成功了,全世界革命还没有成功。苏联革命40多年,出了赫鲁晓夫修正主义。我们的后代,能不能出修正主义,要依靠一条,依靠大多数人民群众,才能够不出修正主义。"

袁品高和赵凯代表萍乡人民,盛情邀请刘少奇、王光美以及家人到萍乡看看,刘少奇愉快地接受了,说:"等以后要来的。"

袁品高在北京期间,刘少奇除两次在家接待他外,5月13日,还派王光美及子女代表他到招待所看望袁品高,请袁品高给孩子们讲安源路矿工人大罢工的故事,接受革命传统教育。据袁品高回忆,刘少奇的几个孩子非常有礼貌,边听边记。他们穿着很朴素,有的衣服上还打着补丁,一点都没有高干子弟的那种优越感。

5月16日,袁品高依依惜别了首都北京,惜别了可亲可爱的刘少奇主席,满载着党中央的关怀和刘少奇的深情厚意返回安源。

附录 1

刘少奇与安源大事记

1922 年

9月11日　为了加强安源罢工斗争的领导,中共湘区委员会书记、中国劳动组合书记部湖南分部主任毛泽东委派刚从苏联回国的刘少奇到安源,协助李立三领导安源路矿工人运动。

9月12日晚　刘少奇出席安源党支部紧急会议,与李立三一道对大罢工进行专门的研究与部署,成立了罢工指挥部,李立三任罢工总指挥,在幕后秘密策应;刘少奇任安源路矿工人俱乐部全权代表,常住俱乐部应付一切。

9月13日　刘少奇与李立三研究防止洪帮破坏大罢工的对策,决定通过工人中的洪帮小头目引荐,由李立三利用洪帮讲义气的特点,与洪帮头目歃血为盟,以排除洪帮对罢工斗争的干扰。

9月14日凌晨　1.3万余名安源路矿工人以"从前是牛马,现在要做人"为战斗口号开始举行大罢工。

9月14日上午　刘少奇出面在安源路矿工人俱乐部接待充当调停人的商会代表及地方绅士代表,代表工人提出17项复工条件。

9月14日晚　商会代表及地方绅士代表向安源路矿工人俱乐部回信,称安源路矿两局可承认工人提出的复工条件,但是现时做不到,请工人先上工,再磋商条件。刘少奇提出:工人所希望的在于解决目前生活问题,若安源路矿两局不派全权代表磋商条件,徒用一句空言作回答,万不能解决。

9月15日　安源路矿工人俱乐部主任李立三与安源路矿两局全权代表到商会举行初次谈判,未能取得结果。

9月16日　安源路矿工人俱乐部发布罢工斗争中的第二次宣言《安源路矿两局全体工人宣言》。

9月16日　安源路矿工人俱乐部全权代表刘少奇一身是胆,赴萍乡煤矿总公事房与安源路矿两局代表谈判。面对戒严司令多方威胁恐吓,刘少奇毫无畏惧,与他们展开针锋相对的斗争。

9月17日　安源工人冲进萍乡煤矿锅炉房熄火停电,矿井面临被淹没的危险,迫使安源路矿两局不得不答应与安源路矿工人俱乐部谈判。

9月17日晚　安源路矿工人俱乐部主任李立三与安源路矿两局、商会及地方绅士代表谈判,磋商复工条件,签订十三条草约。

9月18日上午　安源路矿工人俱乐部代表李立三与萍乡煤矿局代表舒季俊、株萍铁路局代表李义藩在路局机务处正式签订《十三条协议》,罢工取得胜利。

9月18日下午　安源万余工人在半边街广场隆重集会,庆祝罢工胜利,李立三、刘少奇登台演说。会后,刘少奇与李立三为前导,率领万余工人参加声势浩大的示威游行。

9月18日　安源路矿工人俱乐部向社会各界发表《萍乡安源路矿工人上工宣言》,宣告罢工胜利结束。当晚,株萍铁路工人复工。

9月19日早上4时　路矿两局工人全部复工。

10月5日　根据十三条协议和与矿局商定,俱乐部发布《安源路矿工人俱乐部通告》,就各类工种工人工资的增加办法和具体数额,做出详细而明确的规定。通告中的条规,凡是窿工工头、工人,都应该遵守,不得违背,更不得故意克扣及无故取闹;工头、工人如有强悍不遵故意违抗的,俱乐部必与以相当的处分。

10月上旬　安源路矿工人俱乐部进行第一次换届选举,完善组织机构和工作制度。李立三当选为俱乐部总主任,刘少奇当选为窿外(即地面)主任,余江涛当选为窿内(即井下)主任,朱少连当选为路局(即株萍铁路局)主任。

10月11日　安源路矿工人俱乐部为株洲转运局工人争取权益,特派朱少连、李涤生为全权代表与株洲转运局谈判。

10月12日　安源路矿工人俱乐部致函株洲转运局,就增加工资问题提出三项要求。

10月25日　安源路矿工人俱乐部领导湘东永和煤矿工人开始罢工,经过5天的斗争,湘东永和煤矿当局被迫与安源路矿工人俱乐部全权代表李涤生、蒋先云签订十条协议,罢工取得胜利。永和煤矿工人同样享受十三条协议利益。

10月　刘少奇到湖南长沙向中共湘区委员会和毛泽东汇报安源工人革命斗争情况。

同月　刘少奇领导安源路矿工人粉碎了萍乡煤矿工头破坏生产、成立"游乐部"与安源路矿工人俱乐部对抗、刺杀李立三的阴谋。

11月1日　安源路矿工人俱乐部致电声援开滦煤矿工人罢工。

11月初　安源路矿工人俱乐部集合萍乡煤矿全体工头开会，打破窿内及地面各工作处的包工制，改为合作制，并议定合作条规。

11月　安源路矿工人俱乐部参与筹建的湖南省工团联合会、粤汉铁路总工会、全国铁路总工会筹委会相继成立。

同月　安源路矿工人俱乐部派文书股长蒋先云、经济委员会委员谢怀德等4人，到水口山铅锌矿帮助建立工人俱乐部，并开展罢工斗争，取得胜利。

同月，安源路矿工人俱乐部最高代表会议决定，成立劳动介绍所。

12月10日　在李立三和刘少奇的领导下，安源路矿工人俱乐部联合汉阳轮驳工会、大冶钢铁工人俱乐部及下陆铁矿工人俱乐部等团体，在湖北汉阳成立汉冶萍总工会，李立三当选为汉冶萍总工会委员长，刘少奇当选为执委会委员。

12月23日　刘少奇与工人俱乐部窿内主任余江涛及路局机务处长王海波到萍乡煤矿矿长李寿铨处，商谈按照"十三条协议"增发年终夹薪事宜。路矿两局以"公司无复电"、"矿局经济困难，难以照发"为辞推诿，连11月、12月两个月的工资也推迟不发。工人纷纷怠工，并酝酿新的罢工。刘少奇等人与安源路矿两局经过多次交涉取得实效：路矿两局答应先发一半年终夹薪，余下的一半缓发；11月、12月工资下月补发。

12月25日　安源路矿工人俱乐部与萍乡煤矿就"十三条协议"中有关发放年终夹薪事宜磋商，未取得结果。

12月26日　几千名工人团团围住萍乡煤矿公事房，要求矿局立即发放年终夹薪。矿局见此情形，每人暂发2元，接济日食。

12月27日　安源路矿工人俱乐部就发放年终夹薪问题致电汉冶萍公司。

12月下旬　负责筹建全国铁路总工会的中国劳动组合书记部北方分部主任罗章龙到安源考察，同李立三、刘少奇、朱少连等10多位工人领袖座谈。介绍劳动组合书记部关于组织三大产业总工会的计划，希望安源路矿工人俱乐部派人参加全国铁路总工会和全国矿山总工会的筹备工作。

12月底　为了加强安源工运与北方工运的联系，中国劳动组合书记部北方分部在安源建立《工人周刊》通讯网和发行机构。刘少奇应邀担任特约通讯员，为《工人周刊》组织和撰写稿件,并指示安源路矿工人俱乐部多次向该报捐赠印刷经费。

1923 年

1月　刘少奇离开安源赴长沙办事,因事留长沙,所任安源路矿工人俱乐部窿外主任一职暂由陆沉代理。

1月7日、9日　安源路矿工人俱乐部就年终夹薪问题先后两次致电汉冶萍公司。

1月14日　在安源路矿工人俱乐部反复交涉下,迫使路矿两局先用矿票发放一半的年终夹薪。

1月16日　安源路矿工人俱乐部、汉阳钢铁工会、大冶钢铁工会、轮驳工会四团体联合发送传单声援下陆工人罢工。

1月21日　安源路矿工人俱乐部全权代表朱少连、李涤生领导株洲转运局工人举行罢工。

2月7日　安源路矿工人俱乐部创办的工人消费合作社在老后街独设门面开始营业,为工人提供价廉物美的商品和兑换矿票,使工人免受奸商的重利盘剥。李立三、易礼容、毛泽民、唐升超先后担任总经理。

2月12日　安源路矿工人消费合作社发行股票。

2月中旬　安源路矿工人通过斗争,迫使路矿两局按照十三条协议全部发放年终夹薪、增加工资和发清前几个月欠饷。

2月25日　在安源路矿工人俱乐部的领导下,株洲转运局工人经过一个多月的罢工斗争,迫使株洲转运局答应工人要求,同样享受十三条协议争得的利益,罢工取得胜利。

4月　安源路矿工人俱乐部原有的办公地点已不适合组织发展的需要,迁至半边街广场的"协兴"洋货店内。

4月中旬,刘少奇与安源工人学校教员何宝珍在安源路矿工人俱乐部举行简单的婚礼。

4月下旬　毛泽东奉调中央工作之前,来到安源指导工作。在刘少奇主持的俱乐部干部和工人代表会上,毛泽东为安源工运制定了"弯弓待发"的斗争策略,指示安源党组织提高警惕,加强防范,齐心奋斗。

2月　因工作需要,李立三调离安源,任中共武汉区执委会委员会。刘少奇从湖南长沙返回安源,代理安源路矿工人俱乐部总主任,并兼任窿内主任。

5月1日　刘少奇组织安源路矿工人隆重集会和游行,庆祝五一国际劳动节和安源路矿工人俱乐部成立一周年,并在集会上发表演说。

6月11日、14日　萍乡煤矿总局趁全国工运处于低潮之际,制造借口,呈请官厅解散安源路矿工人俱乐部,并暗中给少数工人增加工资,企图破坏工人团结。工人掀起闹饷风潮,要求普通增加工资。刘少奇两次出面解释,劝解散退了工人。

6月15日、19日、20日下午　刘少奇、陆沉与萍乡煤矿总局先后三次磋商解决"闹饷风潮"。

7月11日　刘少奇代表安源路矿工人俱乐部与萍乡煤矿总局代表签订《七条协议》。规定:凡薪资每日在1元以上的工人,上年罢工时未增加工资者,按照原薪增加5%;矿局每月津贴安源路矿工人俱乐部经费1000元,从当年7月起付给;矿局以后增加工人工资,须通知俱乐部等。

7月　安源路矿工人俱乐部发现会计股没有统一规范的办事规则,致使账目混乱。刘少奇立即采取措施对俱乐部会计股进行集中整顿。

8月10日　刘少奇与朱少连合著的《安源路矿工人俱乐部略史》完稿。该文回顾了安源路矿工人俱乐部的历史,着重介绍安源路矿工人大罢工的经过和大罢工后工人斗争的情况。

8月16日　安源路矿工人俱乐部进行换届选举,改选各级代表和俱乐部职员,刘少奇当选为安源路矿工人俱乐部总主任,朱少连为路局主任,朱锦棠为窿内主任,陆沉为窿外主任。

8月16日　安源路矿工人俱乐部工人纠察队改为工人纠察团,纠察队员扩大到200余人。

8月20日　刘少奇、陆沉与萍乡煤矿矿师金湘生商量安源路矿工人工资之事。

8月20日　刘少奇为纪念安源路矿工人大罢工胜利一周年而撰写《对俱乐部过去的批评和将来的计划》一文。在此前后,刘少奇与安源路矿工人俱乐部文书股长李求实合著《俱乐部组织概况》一文。

8月20日、21日　刘少奇与萍乡煤矿矿长李寿铨先后两次商议外工程工资事宜。

8月22日　安源路矿工人俱乐部干事会举行会议,讨论主任团分工问题,决定总主任刘少奇负责对外一切交涉及内部整理、训练等各项工作。

9月18日　刘少奇带领安源路矿工人俱乐部全体部员参加盛大的集会和游行,庆祝安源路矿工人大罢工胜利一周年。中国劳动组合书记部和全国14个工团派代表与会或发函致电祝贺,中共中央宣体教育委员会委员高君宇、中共湘区委员会书记李维汉等莅临指导并发表演说。

9月　为纪念安源路矿工人大罢工胜利一周年,安源工人贺梅生等创作了长篇叙事歌谣《劳工记》,又名《罢工歌》,共800多行,热情歌颂安源路矿工人革命斗争和李立三、刘少奇的事迹。

同月　安源农民与大地主贾旸谷发生争端,刘少奇出面调解,维护农民利益。

10月8日　安源路矿工人俱乐部组织建筑委员会,着手筹建安源路矿工人俱乐部演讲厅。10月18日,在刘少奇的主持下,演讲厅兴建工程动工,次年5月1日竣工,并举行落成典礼。这是最早由中国工人自己设计、建造的工会大厦。

10月10日　刘少奇组织安源路矿工人俱乐部安源月刊社编辑的《安源路矿工人俱乐部罢工胜利周年纪念册》出版,印刷1000册,向全国各工团发行。

11月7日　刘少奇、陆沉到萍乡煤矿局,责问职员闹事原因,督促矿长李寿铨解决。

11月25日　安源路矿工人俱乐部干事会决定将《安源月刊》改为《安源旬刊》。

11月27日　刘少奇、陆沉与萍乡煤矿矿长李寿铨谈话。

12月7日　安源路矿工人俱乐部编印的机关刊物《安源旬刊》出版。该刊物以阐明萍乡煤矿的内容、启发平民知识、提倡工人自治为宗旨,向社会各界和全国各工团发行。

12月　刘少奇帮助料理安源工人谢福山的丧事,提议成立故工抚恤会,每人每年捐一个工的钱,作为以后工人非公死亡的善后费用。

1924年

1月20日至30日　中国国民党第一次全国代表大会在广州召开,标志着国民党改组的完成和国共合作的正式建立。国共第一次合作开始,根据中国共产党第三次全国代表大会通过的关于共产党员以个人名义加入国民党的决定,刘少奇在安源以个人身份加入中国国民党。

1月　刘少奇出席安源路矿工人俱乐部工人补习学校新学年开学典礼。

4月　安源路矿工人子弟学校成立安源劳动童子军(即安源儿童团)。这是中国共产党领导的全国第一个少年儿童组织。

5月1日　刘少奇领导安源路矿工人举行集会,庆祝五一国际劳动节,纪念安源路矿工人俱乐部成立两周年。

5月9日　安源路矿工人俱乐部联合安源各团体,举行"五九"国耻纪念活动,广泛开展反帝反封建的宣传。

春　刘少奇和妻子何宝珍的第一个孩子刘允斌在安源出生。

6月1日,安源路矿工人俱乐部最高代表会第30次会议议决:为了整顿萍矿生产和提供工人自治,组织出产整理委员会。该委员会于6月7日成立。

8月,刘少奇组织安源路矿工人俱乐部举行换届选举,选出第三届各级代表和负责人,召开代表会议,总结检查和计划各项工作。

8月20日,刘少奇本年6月撰写的《救护汉冶萍公司》在《新建设》杂志第2卷第2期发表。

8月24—27日　刘少奇和贺昌等人陪同中国社会主义青年团中央委员、中央局委员学生部主任恽代英视察安源团组织。

夏　刘少奇组织安源工人捐献钱和衣物,支援遭受水灾的湖南株洲地区灾民,并亲自率工人赶赴株洲,帮助工人和居民脱险。

夏　刘少奇和刘义等人陪同中共中央执行委员、中央教育宣传委员会委员蔡和森巡视指导安源教育工作,并发表讲演。

9月14日　刘少奇组织安源路矿工人参加盛大的集会和游行,纪念安源路矿工人大罢工胜利两周年。

9月16日　汉冶萍总工会第二次代表大会在安源秘密召开,决议恢复汉冶萍总工会(设在安源),选举临时执行委员会,刘少奇当选为委员长。

9月　刘少奇领导安源路矿工人俱乐部粉碎了由萍乡煤矿总局指使工职协济会纠集无政府党、基督教会结成的"三角同盟"的内外夹攻。

秋　汪泽楷、肖劲光、任岳、胡士廉从苏联留学回国后不久,被派到安源工作。

10月　汪泽楷担任中央安源地方执行委员会书记。

10月底11月初　中共安源地委和青年团安源地委召开联席会议,根据中共中央五月会议关于举办党校的决议精神,决定合办党校(亦为团校),训练党、团骨干力量。刘少奇对安源党、团校十分重视,指示安源路矿工人俱乐部对党、团校的创办予以大力支持。

10月31日至11月15日,刘少奇、汪泽楷和贺昌等人陪同青年团中央委员、组织部长林育南巡视安源团组织。

11月 根据林育南的提议,安源党、团地委合组"安源工人教育计划委员会",作为安源党组织领导工人教育事业的机构,由中央安源地委书记汪泽楷任委员长。

11月 中共安源地委和青年团安源地委联合组织宣传队到各地演讲宣传,有队员40名,刘少奇担任宣传队长。

12月19—26日,刘少奇本年11月撰写的《整顿萍矿意见书》一文在长沙《大公报》连载。

12月,为便于从事革命工作,刘少奇与何宝珍商量决定,将不满周岁的儿子刘允斌托付给二哥刘云庭带回老家抚养。

同月,在刘少奇的领导下,中共安源地委和青年团安源地委合办的党校(亦为团校)开学,为中国共产党历史上的第一所党校。分为两个班,两地委各派30人到校学习,讲授《政治经济浅说》《俄共党史》《少年运动史》等课程。刘少奇曾在党校授课。

同月,安源路矿工人俱乐部出版委员会编辑的《安源路矿工人俱乐部第二届报告册》出版。

1925年

1月15日 为反对萍乡煤矿当局拖欠工人工资和取消工人年终夹薪,刘少奇领导安源工人举行第二次大罢工。

1月17日 由于萍乡煤矿当局对工人的要求不加理睬,刘少奇领导安源工人包围公事房,并偕同陆沉、黄静源代表工人与矿局进行谈判,矿局答应在两周内发清拖欠工资,照发年终夹薪,安源工人罢工再次获得胜利。

1月 安源共产党员人数达到198人,占当时全国共产党员总数(994人)的五分之一,安源成为当时全国最大、产业工人成分最多的地方党组织。

同月 安源青年团员人数达到245人,占当时全国青年团员总数(2400人)的十分之一,安源成为全国最大、产业工人成分最多的地方团组织。

4月 刘少奇撰写的《"二七"失败后的安源工会》在《中国工人》杂志第4期发

表。该文系统地总结了安源工人运动的经验,指出:安源工会在"二七"失败后能够坚持和发展,主要原因就是"工友能够齐心,能够奋斗,又能够看清环境"。

4月12日　刘少奇代表汉冶萍总工会出席广州各界举行的孙中山先生追悼大会,并在会上发表演说。

4月21日　刘少奇和中华全国铁路总工会代表孙云鹏在《广州民国日报》刊登启事:"近日有人宣传全国铁路、汉冶萍尚无正式组织工会之消息,闻之不胜骇异。全国铁路总工会及汉冶萍总工会,已成立数年,所属各工会有组织会员二、三万人,为中国大产业团体,自来向外发表各种文件、宣言甚多,全国各报纸刊物均有详细记载,何得谓尚无正式组织工会之消息。近日所宣传各种谣言,实系故意诬蔑,淆乱社会听闻,而欲阻碍此次劳动大会之前进,故特登报声明。"

5月1日　由汉冶萍总工会、全国铁路总工会、中华海员工业联合会、广州工人代表会四个工会共同发起的第二次全国劳动大会在广州召开。

5月2日　刘少奇作为安源路矿工人俱乐部代表出席第二次全国劳动大会和广东省第一次农民代表大会联合举行的开幕式,并与苏兆征、廖仲恺、王一飞等被推选为大会主席。

5月7日　第二次全国劳动大会闭幕。大会通过工人阶级与政治斗争、经济斗争、组织问题、工农联合、铲除工贼、工人教育等决议案,并通过由刘少奇主持起草的《中华全国总工会总章》,正式成立了中华全国总工会,刘少奇被选为中华全国总工会副委员长。

春　刘少奇离开安源,作为汉冶萍总工会代表前往广州,参与筹备第二次全国劳动大会。

1951 年

3月10日　原安源路矿工人俱乐部会计股股长陈伟铎写信给中央人民政府委员会副主席刘少奇,要求他证明其四弟陈伟贤(原安源路矿工人消费合作社粮食股营业员、国民革命军第二军教导师指导员)在安源的革命情况以及在1926年北伐战争中牺牲事宜。刘少奇立即委托中央人民政府政务院政务委员李富春(北伐战争前曾任陈伟贤所在第二军副党代表)证明和处理此事。6月21日,李富春写信给湖南攸县人民政府,证明陈伟贤在北伐战争中牺牲,并指示按相关政策给予烈属抚恤金。

1954 年

9月15—28日　萍乡矿务局的全国人大代表郭清泗出席在北京召开的第一届全国人民代表大会。会议期间,毛泽东、刘少奇、周恩来、朱德等党和国家领导人在中南海草坪上,单独接见了参加会议的萍乡(安源)煤矿工人郭清泗等6位劳动模范。

1955 年

7月8日　全国人民代表大会常务委员会委员长刘少奇复信给安源老工人范明庆并转安源镇工会,提议"在安源建立一个纪念碑,并举行追悼会,以纪念安源一切死难的烈士们。"

9月　全国人大常委会委员长刘少奇为《萍矿工人报》题写报头。同年10月1日,《萍矿工人报》正式启用刘少奇题写的报头。

11月14日　全国人大常委会委员长刘少奇复信给周怀德烈士之子周德华,要他找当地党委安排学习和工作。在刘少奇的亲切关怀下,周德华进入技工学校深造,并最终走上工作岗位,为社会主义建设贡献力量。

1957 年

11月12日　中共中央副主席、全国人大常委会委员长刘少奇复信给湖南省历史考古研究所,说明《安源路矿工人俱乐部罢工胜利周年纪念册》编印经过。

11月13日　中共中央副主席、全国人大常委会委员长刘少奇亲切接见朱少连烈士之女朱子金,勉励她勤奋学习,学好本领,为建设安源、繁荣安源做贡献,并在朱子金的笔记本上留言。

1959 年

10月　国家主席、国防委员会主席刘少奇接见安源工人刘本坤。

1960 年

5月21日凌晨　国家主席刘少奇乘火车路经萍乡时,在萍乡火车站接见萍乡市委书记处书记李树家、市委书记处书记兼萍乡矿务局党委书记周之敬、市人民委员会市长孟宗汉等萍乡党政负责人,关切询问萍乡的生产状况和安源工人的生活条件。

1961 年

国家主席刘少奇复信给原安源路矿工人俱乐部互济股股长、安源煤矿食宿处工人总代表杨庆仁。在刘少奇的亲切关怀和原安源工人、湖南省总工会主席袁学之的帮助下,3月至11月,杨庆仁与葛振林(狼牙山五壮士之一)等几位老工人、老红军、老革命干部组织"三老报告团",到湘鄂赣等省的厂矿讲述革命斗争史。

1964 年

4月30日晚　国家主席刘少奇接见安源老工人袁品高和萍乡市总工会主席赵凯。刘少奇、王光美、袁品高和赵凯一起合影留念。

5月10日晚　国家主席刘少奇再次接见安源老工人袁品高和萍乡市总工会主席赵凯。临别时,刘少奇在袁品高笔记本上题词:"坚持革命到底,为最后在中国和全世界实现共产主义而奋斗!"

5月13日　袁品高在北京期间,刘少奇派王光美及子女代表他到招待所看望袁品高,请袁品高给王光美和孩子们讲述安源路矿工人大罢工的故事。

1964年　安源老工人贺梅生的房子倒塌,写信给国家主席刘少奇请求解决住房困难。刘少奇委托中共中央办公厅秘书室写信给萍乡县委,指示酌情解决贺梅生老同志房屋问题。在刘少奇的关怀下,萍乡县人民政府立即拨给贺梅生300元重建房屋。

附录 2

刘少奇在安源的著述

安源路矿工人俱乐部略史

(1923年8月10日)

少奇　少连①

(一)弁言

自产业革命以后,机器的发达,渐将社会分成劳动与资产两大阶级;机器愈发达,两阶级的界限愈分明,两阶级的利益愈背驰,劳工解放运动乃随之而起。最近数十年中,西欧劳工阶级皆各组织团体,联成一气,向资产阶级宣战;或已取得政权,实行劳农专政,或已养成伟大的潜势力,仍不断地向资产阶级进攻。中国产业发达较迟,要求解放的呼声,直到最近数年中,才从久被压迫的劳动界中发出来。自从一九二一〔二〕年香港海员大罢工以后,工会运动与罢工运动乃层见迭出,而武力解散武力压迫亦随之而至,这可以证明中国劳工解放运动发达之速,势力之大,社会上一般人的视线也不容不转向于这一方了。安源路矿工人的工会运动及旧年九月之大罢工,实是幼稚的中国劳工解放运动中最有成绩的一件;在这周年纪念的时候,我们应该把过去的事实,详细的披露出来,聊供伙伴之借鉴,借叫明者之教益。

(二)黑幕重重的萍矿与株萍路

萍乡安源煤矿为中国最大产业,即汉冶萍公司之一部,开采已二十余年,产量极富,据估计约包孕有五百兆吨之多。其采取方法,悉仿西制,电车驰骤,往来如梭,机声隆隆,累年不绝。全矿雇用工人凡一万二千余人(开大工时,人数尚须增加),内

---

① 少奇,即刘少奇;少连,即朱少连。

计窿内矿工六千余人,机械工千余人,余则俱为洗煤炼焦,运输及各项杂工。每日可出煤约二千余吨,炼焦约七八百吨。所出煤焦,除略供本矿及株萍粤汉两路之用外,余均由株萍粤汉两路及公司轮驳运往汉阳大冶,以供两处钢铁厂之用。

萍矿原来之工作制度,除窿外一部分机械工人及窿内杂工等系点工(以日计工资)而外,余俱为包工,工人皆在包头之下作点工;因此工人出卖其劳力,乃不能与资本家直接交易,中间还须经过包头阶级之剥削。如窿内矿工,矿局所给工资,每人每日可合银洋二角七八分,而工头给与工人,则每人每日只可合铜元二十六七枚(安源洋价每一元可换铜元二百一十余枚),工头剥削所得,实在工人工资一倍以上。且当发给工资时,又得剥削其尾数,如工资在一元以上者给一元,不上一元者则仅以不足数之铜元付给之。他如歇工扣伙食,误事罚工资,重利盘剥等事,无所不用其极。是故工头每月收入有银洋七八百元者,有上千元者。

工头收入既如是之丰,则欲相安于无事,势必须分与职员若干以塞其口;否则职员固可上下其手,使工头不独无红利可图,且将大折其本。工头与职员于是双方勾结,一方尽力剥削工人之血汗。一方又着手于"吃点"①"买空"②"做窿"③"买灰"④等弊,从矿局方面攫得许多利益。

窿外各种包头于工人之[工]资,皆有同等之剥削,间有剥削至工人工资三四倍以上者。

萍矿工人每日工作时间为十二时。工人皆系成年工人,惟一小部分之学徒及守房子送饭等工人为童年工人,女工绝无。矿局对于工人生活的设备,极不完善。窿工有食宿处四区,计屋百余间,每间约丈余宽,二丈余深,须住四十八人,然因房屋过

---

①工头向矿局领取三十人之工资,而只雇用二十人,余十人之工资即为工头囊中物,这便是"吃点"。——作者原注。
②实际上出产只九百吨,而工头勾结各方,向矿局虚报一千吨,此中一百吨之价值又为彼等囊中物,这便是"买空"。——作者原注。
③扣发做隆(窿即隧道)应用之材料与人工,使窿湫隘难行,而工头仍向矿局虚报,从中攫取利益,这便是"做窿"。——作者原注。
④萍矿设有化验处,特延化学专家专任其事,逐日窿内所出之生煤洗煤,各机所出之净煤炼焦,各炉所出之焦炭,均按次分别提送化验,日不下百数十次,磷灰轻者奖,重者罚,严定分数。工头为求奖免罚起见,便贿买专任化验之化学专家。金钱一到,磷灰立减,不爽毫厘。其贿买之最周到者,该化学专家即取纯煤一块,为之化验,另由他处撮取些须之灰加入搅拌之,此种化验之结果,乃为上等;若久不献殷勤之工头,化学专家即呼而语之曰:"你的分数到了五十几分了(指磷灰而言)!"此即催促贿赂之隐语。这便是"买灰"。——作者原注。

少,竟有每屋住至五十人以上者。房中床俱叠置,大类柜橱,空气恶劣,地位低湿,诚一"栖流所"之不如!窿外工人亦稍有寄宿房屋,但亦不敷用。他如食宿处之食料更属粗陋无比,工人洗澡池直等于一小市之泥沟,实为世间绝无而仅有者!诸如此类,均非生人所能堪。余如工人游艺及工人教育设备,皆一无所有。卫生方面,设有一萍矿医院,然亦仅潦草塞责,司其事者初不类减少工人痛苦一如天使之慈心医士,直一性情暴躁如狼似虎之市侩耳,屠夫耳!

萍矿当局对于各职员工头对工人之无理打骂及无情剥削与压迫,初不加以制止,时且助长职员工头之威风以对待工人。以故萍矿职员工头得任性而行,毫无忌惮。其中重重之黑幕,实有非吾人所忍言者!矿局职员,自矿长以至各下级职员及工头管班等,无不可以殴打工人,工人对于彼等之无理命令,亦莫敢稍有违抗。工人有稍不如意者,即滥用私刑,如跪火炉、背铁球、带篦枷、抽马鞭、跪壁块等,或送警拘留蛮加拷打。人生而受此,诚奴隶牛马之不如矣!

株萍路局工友共有一千一百余人,工作制多系点工,其中黑幕较少,惟其职员平日无理之压迫,亦不稍减于矿局,工人教育及卫生之各种设备,亦均付缺[阙]如。

安源路矿工友性质俱十分激烈,不畏生死,重侠好义,极能服从,又以万余工友,团聚一处,声息相通,故团结力亦十分充足。而另一方面,工作既如是之苦,压迫既如是之重,待遇既如是之虐,剥削既如是之深:故"组织团体,解除压迫,改良待遇,减少剥削"之口号一出,即万众景从,群焉归附。

(三)第一个工人补习学校——俱乐部的成立

安源工人向来并无何等之组织。间亦有结兄弟及同乡会等小结合;但此种小结合于工人利害初无何种意义。年来因潮流之澎湃,工会运动及罢工运动既已弥漫于全国,安源工友之较为明了者,因之亦渐感本身痛苦之难忍与四周形势之可图,遂有意顺应此种潮流而谋自身之解放。

民国十年,中国劳动组合书记部成立以后,特托人介绍安源路局火车房数工友通信,此后书记部所有各种书报及各处劳工解放运动之消息均次第传来,"工人周刊"等出版物,乃时出张于工厂附近之墙壁,宣传因而大广,于是要求解放之念,在此少数工友之心中,乃如雨后春笋,勃然怒放!适湖南中华工会机械会,于九月(一九二一年,即民国十年),派人到安组织分会,路矿工友加入者达二百人。但机械会之组织是狭义的,只限于机械工友,对于此地久受压迫困于地狱中的大多数煤矿工友,不免有向隅之憾。此间一部分较觉悟的工友渐觉此种贵族式,排他式的机械会,绝对无发达之可能,遂于十二月中函书记部,请求派人到安帮助并指导一切。书记部当即特派毛润之,李能至,宋友生与张理全四人到安考察情形,开始活动。毛等先以朋友的关系与各工友接洽,渐谈及工人受痛苦受压迫及有组织团体之必要等情,于是大得工友欢迎。书记部因是乃决定在安源办一工人补习学校及国民学校;特派李能至及蔡增准充当教员,学校于民国十一年一月成立,校址设于安源五福巷,这便是第一个工人补习学校。斯时工人夜晚至校补习者有六十余人,其中以路局工人为多。李等于教课之中,即略事宣传"工人在世界上之地位及有联合起来组织团体与资本家奋斗以减少痛苦解除压迫之必要与可能",此外并常与各处工友接洽联络。二月之久,工友因此而觉悟者甚多;且辗转传播,来与李等接谈者日众,最后乃共集议组织俱乐部。三月十六日开第一次筹备会,推出筹备主任;四月一日开第二次筹备会,即由发起人李能至朱少连等十人联名呈请萍乡县立案,并请出示保护,当蒙批准出示在案。因官厅之保护与发起人之宣传,俱乐部遂稍形发达,乃迁入牛角坡五十二号。四月十六日开第三次筹备会时部员已达三百余人,遂选举李能至为正主任,朱少连为副主任,并选出评议,干事若干人。五月一日劳动节,俱乐部遂宣告成立。当日举行大游行,并散发传单,向社会及工友表明俱乐部成立之意义,晚间并演新剧及他种游艺,藉娱群众。

俱乐部成立以后,加入者并不十分踊跃,良以当时俱乐部对外宣传之宗旨,仅为联络感情,交换智识等数句空话,对于工友切身之利害,初未明言。后乃以"创办消费合作社可买便宜货"为口号向群众宣传,加入俱乐部者因是渐众。

(四)"挺〔铤〕而走险"的大罢工

十一年七月,湖北汉阳铁厂工友因所组织之俱乐部为武力强迫解散而全厂罢工,不数日且获胜利。安源工友得到此项消息,甚为惊奇。俱乐部乘此时机,即向工友明白宣告:"俱乐部之宗旨,为保护工人的利益,减除工人的压迫与痛苦",群众为之大动。矿局路局方面初对俱乐部甚不注意,及汉阳铁厂既罢工,乃渐觉俱乐部实含有几许其他作用,因之俱为不安而思有以消弭之。又因汉阳铁厂之罢工,乃由于武力压迫铁厂工人俱乐部而起,以故对于俱乐部虽十分恐惧,但亦不敢遽行压迫,遽尔封禁,只得以笼络手段假意敷衍。此时俱乐部正主任李能至已去长沙,部内办事人除朱少连外,尚有蒋先云、蔡增准数人。矿局当时系副矿长舒楚生握权,舒遂亲身至俱乐部探听情形,一面恐吓蒋、蔡等,一面又以津贴俱乐部经费拨给俱乐部房屋为言,希用笼络手段,借保无事。但彼时蒋、蔡等皆未为所诱动,反向工人大为宣传,谓"舒矿长都到了俱乐部,矿长都不敢轻视俱乐部,可见俱乐部是正当的机关了。"于是俱乐部乃以此事及汉阳铁厂罢工胜利事件日夜在俱乐部宣传,每日分做数处演讲,工人之来听者日众一日,加入俱乐部者亦日以数十计。空气愈造愈浓厚,形势愈趋愈严重,资本家恐惧之余,破坏之手段乃立至。

舒矿长见威吓不灵,利诱无效,且形势日趋险恶,不得已乃邀同路局机务处徐处长等联名具禀萍乡县署及赣西镇守使署,谓俱乐都为乱党机关,请以武力封禁。九月七日,赣西镇守使肖安国换防抵萍,路矿当局便大施恐吓手段。路局职员徐海波装神作鬼,以虚伪之友谊,警告俱乐部副主任朱少连(路局行车部总司机,与徐为同学)并加恐吓,促其速走,否则必有杀身之祸。次日两局挂名职员沈开运(湘人,素称当局傀儡),同样恐吓俱乐部职员蒋先云、蔡增准者数次。他们以为将朱、蒋、蔡等数人先行吓走,俱乐部必定自然瓦解。那知朱等强硬异常,不为所动,且切实声明:"秉正大光明之宗旨,作正大光明之事业,死也不怕!"九日俱乐部正主任李能至由长沙到安源,态度更为坚决,誓死不离安源。徐海波、沈开运等知诡计不行,乃请萍乡县正式出示,训令俱乐部自行停闭。但此时粤汉路罢工风潮又起,路矿当局恐慌万分,将从前破坏俱乐部之手段完全软化,忙请李能至不要发表萍乡县训令,并承认往官厅疏通保护俱乐部。俱乐部乃趁此时机,竭力训练新加入的多数工友,并向路矿两局提出条件如下:

(一)路矿两局须呈请行政官厅出示保护俱乐部。

(二)路矿两局每月须津贴俱乐部常月费二百元。

(三)从前积欠工人存饷限七日内发清。

并限于二日内完全答复。俱乐部在此二日内,即竭力宣传"如不圆满答复,即行罢工",并竭力宣传须服从俱乐部之命令,须依指挥而动作。此时群众激昂,已无可制止。及十二日路矿两局第一次答复,俱乐部认为不圆满;遂再通告路矿两局限即时答复;一面即准备各项手续以谋最后之对付。当日路矿两局虽一变从前欺压的态度为谦虚的态度,作具体答复,但尚圆滑,于存饷一项之答复,仍不圆满。至此俱乐部复提出增加工资减少剥削等条件,要求答复。同时又接上海中国劳动组合书记部来函,略谓:"……请你们努力作最后的对待,不要为官威所降服!我们奋斗的精神,自有奋斗的代价。我们因压迫而死,毋宁奋斗而死,死有代价,死有价值!我们对于你们表无限的同情,决设法为诸君的声援!"罢工行动,这时已勃不可遏。十三日火车房工人即无心作工,人人相遇即聚谈罢工;并声言:"若本日下午四时萍乡县保护俱乐部的告示不到,并本月饷银不能答复在十五发给,即行罢工。"同时矿局窿工及各处工人也都跃跃欲动。迨至晚间十二时,萍乡县告示还未到部,俱乐部此时已成骑虎之势,乃断然将罢工命令发出,时为一九二二年(即民国十一年)九月十三日午夜十二时也,俱乐部部员时仅七百余人。

(五)罢工以后

先是工友既如此激烈,俱乐部已知非罢工即无法解决;但深恐万余工友不能齐心,又恐不能维持秩序,而各处工人代表无不满口承认,担保己部工友能够齐心,能够维持秩序。并声言罢工期内,各工友的举动,当比平时更加文明,维持的方法只有各归住房而不外出。俱乐部见各方皆有把握,且情势已迫,故于十三日夜将各处罢工命令,分别同时传出。即于是夜开赴株洲之元次车先行停开,将车头及水柜各种重要机件完全卸下,并通知机务处各工友,次早不放进班号。当夜三时,矿局东平巷电线忽然断绝,运炭电车不能行走,各工友皆已知当夜罢工,遂如潮水一般,一群群涌出窿外,大呼"罢工"不绝。工友出窿后,即争取树枝将窿口塞满,先通知当晚四时接班的不要进班,再派人在各窿口把守,并竖立大旗一方,上写"罢工"二字。于是窿工完全罢工了。其余如洗煤台,制造处,修理厂,炼焦处等均于十四日上午停止工作,各归住房去了。此外尚有八方井锅炉房一处及电机处电机二架,俱乐部命令仍照常工作。因为八方井锅炉房乃供给窿内打水机、打风机之用,若停止工作一小时,全矿即将完全被水淹没,无风全窿即将着火。这一部分工作乃萍矿最险要的工作,所以不能停工。电机除供给电车外,尚供给安源全市电灯及窿工食宿处之饮水。若停止工作,则全市黑暗,且万余工人无水可饮,故亦不能停止工作。

大罢工实现后,俱乐部恐怕这日会要被封。遂把各种重要文件及办事地点均先行迁开,仅由俱乐部接收各方报告及发布各种命令布告而已。总指挥李能至秘密策应,俱乐部全权代表刘少奇长住俱乐部应付一切。十四日清晨,俱乐部监察队各持白旗密布街市及工厂附近,以维持秩序。各处墙壁满贴俱乐部布告,有"候俱乐部通告方准开工"及"各归住房,不得扰乱"等语。一面并密派侦探队随处刺探消息,防止破坏。同时发表宣言如下:

萍乡安源路矿工人罢工宣言

各界的父老兄弟姊妹们呵!请你们看:我们的工作何等的苦呵!我们的工钱何

等的少呵！我们时时受人家的打骂,是何等的丧失人格呵！我们所受的压迫已经到了极点,所以我们要"改良待遇"、"增加工资","组织团体——俱乐部"。

现在我们的团体被人造谣破坏；我们的工钱被当局积欠不发,我们已再三向当局要求,迄今没有圆满答复,社会上简直没有我们说话的地方呵！

我们要命！我们要饭吃！现在我们饿着了！我们的命要不成了！我们于死中求活,迫不得已以罢工为最后的手段,我们要求的条件下面另附。

我们要求的条件是极正当的,我们死也要达到目的。我们不作工,不过是死！我们照从前一样作工,做人家的牛马,比死还要痛苦些,我们誓以死力对待,大家严守秩序！坚持到底！

各界的父老兄弟姊妹们呵！我们罢工是受压迫太重,完全出于自动,与政治军事问题不发生关系的呵！请你们一致援助！我们两万多人饿着肚子在这里等着呵！下面就是我们要求的条件！

（一）俱乐部改为工会,路矿两局承认工会有代表工人向路矿两局交涉之权。

（二）以后路矿两局开除工人,须得工会之同意。

（三）从本月起路矿两局每月例假废止大礼拜,采用小礼拜。

（四）以后工人例假、病假、婚丧假,路矿两局须照发工资。

（五）每年十二月须发给夹薪。

（六）工人因公殒命者,路矿两局须给以天字号棺才并工资三年,一次发给。

（七）工人因公受伤不能工作者,路矿两局须营养终身,照工人工资多少,按月发给。

（八）路矿两局从前积欠工人存饷,一律发给。

（九）罢工期间工钱,须由路矿两局照发。

（十）路矿两局须指拨火车房后之木围及南区警察所前之大坪为建筑工会之基地,并共拨一万元为建筑费,每月两局各津贴二百元为工会常月费,从本月起实行。

（十一）以后路矿两局职员工头不得殴打工人。

（十二）窿工全体工人须加工资五成。

（十三）添补窿工工头,须向窿内管班大工照资格深浅提升,不得由监工私行录用。

（十四）窿工食宿处须切实改良,每房至多不得过三十八人。

（十五）洗煤台须照从前办法,每日改作三班,每班八小时,工资须照现在长班发给,不得减少。

（十六）制造处、机器厂将包工改为点工。

（十七）路矿工人每日工资在四角以下者,须增加一角。

萍乡安源路矿两局全体工人同启

又一面具禀萍乡县署及赣西镇守使署,呈明罢工原委;一面将上述十七条用公函递送路矿两局,并函达两局:"如欲调商,即请派遣正式代表由商会介绍与俱乐部代表刘少奇接洽。"

(六)屡战皆北的破坏手段

路矿当局此时已不知手段之何出,恐慌万状,一面派代表经商会与俱乐部接洽,一面仍无调和诚意,极力设法破坏,思将此掀天风潮消灭于无形。

萍矿工头平日剥削之苛刻,前已略述。工友平日对工头敢怒而不敢言者,此时之欲尽行发泄此不平之气,固为意中事,是故工头对于此次罢工,当然有切肤之痛。于是百计从中破坏,思借此以自保。其中尤以由卖工头职位每月收入数千元〈的〉总监工王鸿卿（鄂人）为最厉。大罢工实现后,王即召集全体窿工工头会议,商议破坏罢工方法,议定由各工头各去请其亲属的工人数人,许以入窿不作工,仍照常给价。有少数工友为亲谊及金钱所惑,颇思照计而行。但工人监察十分严密,不许其入窿;如有入窿者,即以武力对待,即公司职员亦均不能入窿。工人之已入窿者,复不准其出外,任其在内饥饿,候至次日下午方由俱乐部下令,将入窿之工人放出,再详加劝导,令其改悔。于是各工友再无一人敢自行上工者。王鸿卿见此计不行,便又密遣暗探刺杀李能至,悬赏洋六百元。工友闻此大愤,宣言俱乐部主任若被害,当使路矿局全体不得生离安源。一方面严加警卫,不许李能至外出,即偶尔出外有所接洽,不出二十分钟,必有数百人围其所入之房屋,不许出入,工友保护首领如是之周到,王鸿卿狡酷的手段,自无从施为了。王便又改途易辙,想用武力压迫,遂联电镇守使,请将安源划为特别戒严区域,设立戒严司令部,于重要地方俱安置机关枪,大肆威吓;并出价每人二元一天,请来军队数百,占住俱乐部及各处重要工作处。工人一见武力,愈加愤激,即有数千工人冒死冲入俱乐部。起首军队把守头门,不准入内,工人愤极,一拥而入,军队无法,乃群由后门山背鼠窜而出,口里并说:"我们都是别地人,谁愿意来干涉你们这种事?我们不过是王老爷两块钱一天请来的呀!"十六日有军队把守各工作处,保护工人入班作工;但工人乃在食宿处把守,故仍无人上工。此外复有多数工友围住工作处坐守,不准任何人入内,军队来驱,至死不退。

(七)"军队没有这样的纪律!"

矿山工人,分子甚为复杂。在一小市镇内,万余人举行罢工,无一人不为秩序吃虑。罢工后,商家大起恐慌,以为抢劫会即刻实现,天尚未黑,即纷纷闭市,市面自八九时后,除工人监察队及警兵外,便没有人行走。乃这次罢工秩序之好,初非意料所及。此时俱乐部命令之严,远过军令。平时街上赌钱及窿工食宿处之赌博皆在所不免,而于罢工期间内,赌博乃绝迹;即非工人之在街市赌钱者,见俱乐部监察队旗帜一挥,便都四散。平时星期日街上工人拥挤不开,独这几日内,工人皆归住房不出。各工作处之监守员监守极严,无论何人,皆不准入内,即有路矿两局及戒严司令之特别徽章的人及兵士,都不准通行,惟有俱乐部的条子方可。故路矿两局及戒严司令部均到俱乐部请发徽章,这时候的俱乐部真是唯一的独裁政府呀!有一次工人集聚多人,军队用机关枪向他们假作射击,他们不怕死,一拥向前,势极危迫,恰好工人监察队到,旗帜一挥,便无一人不四散了!至是戒严司令李鸿程旅长也叹惜他部下的军队没有这样的纪律,声明工人不妨碍秩序,彼亦决不干涉工人。李旅长盖亦知工人此举在要求改良生活,非武力所能解决,因而对于这次罢工,后来反积极维持,出力甚多。有人常说工人无智识,见此也可以稍塞其口吧!罢工后,工人各归住房,每房派一人到俱乐部打听消息,如有事故,即一呼数百,如臂使指。罢工前一日李能至到车务处与矿长路局长谈话,适正有专车将开赴萍乡,工人疑为路矿两局谋挟李能至到萍乡去,于是数千工人将车务处围住,由众寻出李能至送回俱乐部始散。罢工后有一工友为戒严司令部拿去,不一刻即有数千工人将军队围住,声言请军队快些释放,军队拿枪驱逐,工人不动,军队不得已乃将该被捕工人释放,于是俱乐部监察队旗帜一挥,大家便散了。

(八)资本家终于屈服了

十四日上午初罢工,就有商会代表谢岚舫及地方绅士陈盛芳来俱乐部愿任调人,工人代表出与接洽,将所要求之条件提出,当由谢、陈二君携往路矿两局,至晚回信,略谓:"路矿两局对于工人所要求各条,皆可承认;但现时做不到,请先邀工开工,再慢慢磋商条件。"工人代表谓:"工人所希望的在于解决目前生活问题,若路矿两局不派全权代表从磋商条件下手,徒用一句滑稽空言作回话,事实上恐万不能解决。"十五日路矿两局派了全权代表到商会,俱乐部主任李能至亦到。路矿两局仍以先开工后商条件为辞,工人方面绝对拒绝,仍无结果。十六日早,绅商学界来信劝

工人让步先开工,工人宣言不承认条件无说话之余地。同时并发表如下之宣言:

各界的父老兄弟:

　　米也贵了,布也贵了,我们多数工友——窿工,还只有二十个铜子一天,买了衣来便没有饭吃,做了饭便没有衣穿,若是有父母妻子一家八口的那就只有饿死的一条路了!我们不能饿着肚子做工,所以要加工钱,我们不能赤着身体做工,所以要加工钱。路矿两局只要将那纸烟酒席费节省一点下来都够给我们要加的工钱,但我们停工已是几天了。他们还是不理,不是要强迫我们向死的路上走吗?

　　我们从前过的生活,简直不是人的生活,简直是牛马奴隶的生活,天天在黑暗地底做了十几点钟的工,还要受人家的打骂,遭人家的侮辱,我们决不愿再过这种非人的生活了,所以要改良待遇。现在我们停工几天了。路矿两局还是不理,不是要强迫我们向死的路上走吗?

　　路矿两局要强迫我们去死,我们自然是非死不可,现在两万多工人都快要死了!亲爱的父老兄弟们!你们能忍心见死不救吗?

　　我们要求路矿两局的条件是救死的唯一法子,不达到我们的要求,便没有生路,我们也只好以死待之。

　　各界的父老兄弟们!我们两万多人快要死了!你们能忍心见死不救吗?

安源路矿两局全体工人同启

　　十六日午刻两局派人来部,请代表至戒严司令部商量解决办法。工人代表去后,仍声言不从磋商条件入手无解决之希望。戒严司令便立刻现出本来面目,多方恐吓代表,谓:"如果坚持作乱,就把代表先行正法!"不料这位代表毫不为动,反谓:"万余工人如此要求,虽把代表斫成肉泥,仍是不能解决!"司令复谓:"我对万余人也有法子制裁,我有万余军队在这儿!"工人代表愤然说道:"就请你下令制裁去!"随后舒矿长到了,与工人代表说了些工人无理罢工的话,要求工人即时上工;工人代表请其磋商条件,舒氏不肯。后参谋长也来了,说了些不关紧要的话。这时候外面喧声如雷,有数千工人把司令部围了,声言请代表出来,有事请旅长与矿长到俱乐部商量。代表出外向大众解释以后,复入与旅长矿长该[谈]话。旅长方拿出调人的口气来说,"请代表下午再来这里商量。"代表即厉声说:"若不磋商条件,即可以不来;至说用别的方法可以解决,请你们把我斫碎罢!"言时怒不可遏。这时旅长与矿长都软了下来,唯唯要求而已。代表回俱乐部后,旅长即来一信,代表驻军向俱乐部道歉,并愿自为调人,请从速解决。

俱乐部组织既十分严密,群众又如是勇敢,一切破坏的手段亦均归失败。同时电机处及八方井打风打水机等险要工作,亦因烧炭告罄,势极危迫。且路矿两局职员内部分为数派,对于此次大罢工,都想利用俱乐部将敌派打倒而自握实权,暗中与俱乐部接洽者,时有其人。两局当局际此危岌之秋,又迫于商会及地方士绅之请求,于是矿长李镜澄氏乃出而主张实行调和,从事磋商条件。十七日晚,两局及俱乐部代表会同商会地方士绅等调人将条件细加磋商,订就草约;十八日早,由三方代表在路局机务处签定正式条约。五日之大罢工,至此始告终止。

条件原文如下:

1、路矿两局承认俱乐部有代表工人之权。

2、以后路矿两局开除工人须有正当理由宣布,并不得借此次罢工开除工人。

3、以后例假属日给长工①,路矿两局须照发工资;假日照常工作者须发夹薪;病假须发工资一半,以四个月为限,但须路矿两局医生证明书。

4、每年十二月须加发工资半月,候呈准主管机关后实行。

5、工人因公殒命,年薪在百五十元以上者,须给工资一年,在百五十元以下者,给一百五十元,一次发给。

6、工人因公受伤不能工作者,路矿两局须予以相当之职业,否则照工人工资多少按月发给半饷,但工资在二十元以上者,每月以十元为限。

7、路矿两局存饷分五个月发清,自十月起每月发十分之二;但路局八月份饷,须于本月二十日发给。

8、罢工期间工资,须由路矿两局照发。

9、路矿两局每月须津贴俱乐部常月费洋二百元,从本月起实行。

10、以后路矿两局职员工头不得殴打工人。

11、窿工包头发给窿工工价,小工每月〔日〕一角五分递加至一角八分,大工二

---

① 原文如此,未改,存疑。

角四分递加至二角八分,分别工程难易递加。

12、添补窿工工头,须由窿内管班大工照资格深浅提升,不得由监工私行录用。

13、路矿工人每日工资在四角以下者须加大洋六分,四角以上至一元者照原薪加百分之五。

萍矿总局全权代表　舒　　印
株萍路局全权代表　李义藩印
工人俱乐部全权代表　李能至印
民国十一年九月十八日协定

(九)罢工胜利庆祝会

条件签定后,俱乐部即召集工人到大操场开庆祝大会,工友到的一万余人。操场中间立了一个演说台,撑起俱乐部的旗子及国旗。下午两点钟,数百工友手持小旗拥着李能至来了。李到场时,掌声雷动,万余人执帽呼跃以欢迎之。李登演说台,宣布条件毕,接着说道:"我们这一次罢工胜利,全在各位齐心。希望各位将此种精神永远保持着。因为我们工友的痛苦很多,一次是不能完全解决的;现在虽说胜利了,但所得的幸福究竟不多,所以这次不能解决的问题,只有留着以后再来解决,终究我们是得最后胜利的。望各位暂且安心上工,保持着今日的热度去上工。"演说毕,共呼"劳工万岁!"者三。随即数十人燃爆竹,李主任前导,群众后随,旗帜蔽天,爆声震地,由安源新街旧街大游行一次,返至俱乐部摄影而散。

当日所发之上工宣言如下:

萍乡安源路矿工人上工宣言

罢工胜利了!气也出来了!从前是"工人牛马",现在是"工人万岁"!我们的第一步目的已经达到了,我们宣告上工。

我们这次所得的胜利虽是很小,但这是第一次胜利,以后第二次第三次……的胜利是无穷的,故我们的痛苦在这次不能解决的,以后第二次第三次……再解决;只要我们自己的团体——俱乐部在这里。

我们这次罢工的"秩序,齐心,勇敢",要算是我们神圣精神的表现。各界的朋友们！你们不要说工人无智识呵！

我们得了肖镇守使及戒严司令的维持,与绅商学各界的调停得力,使我们的条件完满解决.我们深深的谢谢他们！

我们这次罢工是安源工人出头的第一日,是露布安源黑幕的第一日,我们从今日起,结紧团体,万众一心,为我们自己权利去奋斗！我们现在要祝

工人万岁！

工人俱乐部万岁！

萍乡安源路矿全体工人同启

中国劳动组合书记部对于俱乐部实多所助益,该部得着安源罢工胜利的消息以后,复致函俱乐部,慰勉有加,俱乐部对此亲爱热诚之导师,实具无限恳挚之钦仰与谢意！兹将该部来函录下：

安源路矿工人俱乐部全体工友：

诸工友这次的罢工,敝部已经看见了诸工友是很有战斗能力和组织能力的,对于诸工友这次的大胜利,敝部是很佩服的欣喜的,敢向诸工友前庆祝胜利,大呼：

安源路矿工人俱乐部万岁！

全世界劳动阶级万岁！

敝部又敢用十二分的诚意敬告各工友：诸君这次的胜利,不是诸君终极的胜利,诸君终极的胜利是在于把资本阶级打倒,将全世界的产业由劳动者自己管理,建设共产主义的新社会之后。诸工友为得要达到终极的目的,终极的胜利起见,在现在中国无产阶级还没有实力举行社会革命的时期中,一方面要发展诸君已经学会了的战斗能力和组织能力好打倒资本阶级；一方面要设法练习诸工友的管理能力,好待社会革命后,管理一切的产业,建设共产主义社会,这才是诸工友的真正胜利。诸工友的责任是很重大的呵！努力呀！奋斗呀！

全世界劳动阶级万岁！

共产主义万岁！

中国劳动组合书记部敬祝

这一次大罢工,共计罢工五日,秩序极好,组织极严,工友很能服从命令;俱乐部共用费计一百二十余元;未伤一人,未败一事,而得到完全胜利,这实在是幼稚的中国劳动运动中绝无而仅有的事。追忆往事,仰瞻前途,于欣幸之余,实令人起无限兴感,增无量勇气!

(十)俱乐部的改组

此次罢工的意义,对于安源工人直接的利益,工人"阶级的觉悟",及中国劳工解放运动前途所发生的影响,至为巨大;而意义在安源之明而易见者,厥为打破"包头制度"。前此工头与职员之虐待工人,压迫工人,剥削工人,以及工头职员彼此勾结弄弊之种种黑幕,至此已扫尽无余。万余工友在安源做了二十余年牛马的工作,过了二十余年的非人生活,忽然得此出头的一日,直似出于烈焰之中而入于清凉之世,因是对于自己利害相关的团体——俱乐部——之信仰与保护,亦跻于最高的程度了,于是全体万余工友均争先加入俱乐部。俱乐部便乘此从新改组,选举各级代表及职员,至十月始行竣事。当选出总主任李能至,路局主任朱少连,窿外主任刘少奇,窿内主任余江涛,及总代表四十五名、百代表一百四十余名、十代表一千三百八十二名,并委任各股股长七人,各股委员三十余人。至是安源路矿工人俱乐部始克完成。

(十一)包工制打破了——工头职员反动的结果

罢工以后,工头职员已不能勾结弄弊,不能剥削工人了。他们那种肥厚的意外之财再不能有了。他们对于俱乐部的愤恨自不待言。他们心里总是时时记念着前此的甘味,渐渐图谋推倒俱乐部而恢复他们从前的权势和利益。于是萍矿工头四百余人都是这样感觉着,一部分职员也从中挑拨。他们对于工程故意不负责任,一任工人自己去作,事情坏了,便说"这是工人的错过;现在有了俱乐部,我们管不着工人了。"复从中挑拨一部分工人故意捣乱,破坏俱乐部的秩序。工头职员利害是相同的,因之渐渐团结起来,筹谋恢复原有地位的办法。十一年十月萍矿工头四百余人仿照俱乐部办法,从新组织游乐部。其手段即系召集所有失业工人(在安源有数千人)及被俱乐部摒退之工人与各工头职员有亲密关系之工人联络一气。预计待稍有成绩,职员即假借他种名义,将俱乐部工人渐次裁减,再以种种方法挑拨或强迫工人罢工。待俱乐部罢工,彼即将游乐部所联络之各项工人,补充作工,旁面再以武力帮助,如此一来,俱乐部那不为所推倒?他们看错了!他们以为俱乐部唯一的手段只有罢工,他们不知道罢工是"工人的自由",权柄完全操在工人手里,不受任何方面之威迫和利诱的。他们想到了上面的那个办法,以为是绝妙的办法,俱乐部绝难有法抵制,必堕入此计无疑了。所以他们洋洋得意,天天开会讨论,正式组织团体。但秘其宗旨及办法,对外宣布,只说组织团体加入俱乐部。可是他们做事无经验,开会时意见纷歧,彼此争论,并临时主张刺杀俱乐部主任李能至,再行发动。此时正值李能至赴长沙有事数日即归,闻他们竟遣人在路上拦阻李能至,不使他再到安源。不料其事为工人所知,群情激昂,誓将予以严厉之对待!群众此时之心理,对于破坏俱乐部者,有若劫其衣食夺其生命者然。故即将犯嫌疑之数工头送司法课拘押,一面质问各工头是否破坏俱乐部?是否谋杀李能至?各工头皆矢口不认,只说开会组织团体,系集议加入俱乐部及议定各处包工改成分账(合作)事。次日俱乐部即召集各工头开会,询问各工头昨日云云是否确实?各工头皆首肯者再。包工制本于工人极不利益,自罢工以后俱乐部久有意将各处包工制改为合作,自无问题。所以当表决萍矿各处包工改为合作制;此次各包头既承认愿改合作,工人方面自亦十分赞成。于是俱乐都议定合作条规,将窿工处及窿外各处包工悉改为由工人合作,窿工处工头每月工资自十元起至三十元止,工人工资照罢工时条约规定不改,其余各项消耗归合作账内开支,所得红利工头占百分之十五,管班占百分之五,余百分之八十,由工人平分(详见最高代表会议报告)。窿外依各处情形不同临时规定。要之,工人从正当工资外,还可得着若干红利。于是破天荒改包工为合作的办法,在萍矿乃告成功了。萍矿工人受包工制之痛苦已二十余年,至此始完全打破,萍矿之黑幕亦将廓清,于工人之利益固属无穷;为矿局斩绝弊病,亦为实业前途之大幸。此次风潮并要求矿局开除主动工头六人,其余各工头均加入俱乐部为名誉部员。自此以后工头职员皆不敢明白的反对俱乐部了。

(十二)汉冶萍总工会成立

十一年七月汉阳钢铁厂工会罢工胜利以后,安源路矿工友阶级的觉悟愈加明了,即有联合组织一总工会的动机;徒以时机尚未成熟,故未提出;九月安源大罢工胜利以后,汉阳轮驳工会,大冶钢铁厂工人俱乐部及下陆铁矿工人俱乐部先后筹备成立,于是组织总工会之提议,乃如箭在弦上,不得不发。大冶向安源提议以后,俱乐部即特派代表朱少连、朱锦棠赴汉阳参与筹备事宜。适各处代表均到齐,乃于十一月十二日成立汉冶萍总工会筹备处,当晚开第一次筹备会议,当议定组织大纲,取权力集中制,决定总工会地址在汉阳。并议决为谋感情的密切与总工会基础的坚固起见;由第一次筹备会议各代表组织参观团,参观大冶、下陆两俱乐部,一以联络感情,交换意见,鼓励会务之发达,二则促大冶新厂俱乐部早开成立会,结果参观团之目的完全达到。五工团代表于十一月二十日同返汉阳,开第二次筹备会议,修正章程及代表会议细则,起草宣言,定期十二月十日开成立大会。三万余人之总工会,便由此组织成功了。(关于汉冶萍总工会成立大会详情附后)[①]

(十三)几件琐事

至此俱乐部规模已立,反动派亦不敢再动,因是便太平了几个月,俱乐部除每日排解各项内部纠纷及办理各项小交涉外,即专事工友之训练。至十二月底,因十三条内有"每年十二月须发给夹薪半月,候呈准主管机关后实行"一条,此时工人即向矿局要求发给年终夹薪,矿局以"公司无复电","矿局经济困难,难于照发"推诿。后经过几许交涉,路矿两局尚不能圆满答复。且十一、十二两月份之本饷亦因经济困难不能发给,后工人即要求将本饷待下月再发,先发年终夹饷,矿局亦不承认,于是群众气愤,愈逼愈高,以致于怠工,致于演出各种纷乱。最后结果,路矿两局承认发给年终夹薪,惟以当时经济困难,先发夹薪之半;而将十一、十二两月份工资移作下月补发,余一半之夹薪待后缓发,风潮因以平息。

一月十七日为劳动界先驱黄爱、庞人铨被害纪念日,俱乐部大开追悼会演说并举行大游街。群众精神,为之一振。

二月七日京汉铁路之惨变发生后,中国各处工会受其影响因而被封闭者甚多。安源亦接交通部来电要路矿两局封闭俱乐部。但安源情形不同,工人势力太集中,产业又极险要,封闭俱乐部必致引起重大纠纷,于实业前途,于地方治安,皆非福利。路矿两局深明于此,故不敢遽尔压迫,俱乐部亦对此十分注意防范,故将此重大之风浪消弭于无形。

五月一日为劳动纪念节,全世界各处工人皆于是日举行悲壮之示威运动,且是日系安源俱乐部之成立周年纪念日,故俱乐部于是日特开全体部员大会一次,并举行游街。是日路矿两局俱停工一日,全体工友一万三千余人皆各持旗帜至大操场集合,以"八小时工作、八小时休息,八小时教育及俱乐部成立万岁"为口号,沿途旗帜掀天,呼声雷动,颇极一时之盛。此次示威运动以后,工人更知自己力量之浩大,精神为之大振。

---

① 附录包括《汉冶萍总工会成立大会纪盛》、湖北全省工团联合会等14个团体的祝词,施洋等7人的演说词,本书均已略去。

(十四)第二次与矿局协订的条件

十二年六月复发生加工资问题,此问题之发生,原系矿局职员私自增加少数工人工资,其中不无情面的关系。固〔故〕此牵动多数工友要求照样增加工资,未几而牵动全矿。矿局不知如何办法,请俱乐部出来负责解决,俱乐部以此系矿局职员惹出,事前俱乐部并未与闻,因即声明对于此次问题不能负责,仍请矿局负责解决。但矿局以经济困难,不能普遍增加工人工资,故对此风潮之解决绝无办法,只得再四要求俱乐部帮助。同时风潮愈延迟愈扩大,此问题愈难解决,俱乐部以此难可完全卸责,但以国家实业、地方治安与俱乐部前途种种关系,不能不出来尽力消弭。矿局经济困难,普遍增加工资既为事实上所不能;他方又以时局的关系,万不能让风潮再加扩大;而在工人方面形势,非得要求增加工资不可。在此种困难情形之下,俱乐部与矿局一连磋商十余日,始设一特别办法,即由矿局每月津贴俱乐部教育经费一千元,俱乐部将工人常月费减半,聊以表示矿局职员之错误,借解工友之愤懑,俱乐部将此种办法宣布,工友甚不满意,解释无效。后由工人代表复向矿局提出租借建筑工会地皮及津贴建筑费一万元,矿局允与呈请公司实行。于是复经半月之演说解释,工友始得相当谅解,依从此种办法。俱乐部即向矿局提出条件四条,矿局完全承认,同时矿局以近来出产日渐减少,应请俱乐部特别维持;又工人对于厂规常常不能遵守,应请俱乐部向工人加以劝告等向俱乐部提出三条。俱乐部以此均系应尽之义务,亦予以承认。于是由矿局及俱乐部续订条件七条。此次风潮遂告终结。

条件原文如下:

萍矿总局与安源路矿工人俱乐部协订条件:

1. 凡薪资每日在一元以上之工人,上年罢工时未增加工资者,照原薪增加百分之五。

2. 矿局每月津贴工人俱乐部经费一千元。(原有二百元之津贴在内)从十二年七月起付给。

3. 矿局以后增加工人工资,须通知俱乐部。

4. 矿局对于学徒,每年须考查其成绩一次。

5. 俱乐部对于矿局出产应竭力维持,照现人数,使每日平均出产额达到二千三百吨以上之数目。

6. 矿局所定工人通〔遵〕守规则,无论何处工人及代表,皆应共同遵守。如有违犯,照该规则办理。

7. 以后工人如有事项,应由俱乐部主任团与矿局接洽,不得动辄聚众喧扰要挟,并不得动辄罢工妨碍工作,如有此项情形,应由俱乐部负责。

萍　矿　总　局　舒　印
安源路矿工人俱乐部　刘少奇印
民国十二年七月十一日协订

(十五)庸人自扰的路矿当局

在京汉惨剧发生,四围空气恶劣之时,萍矿当局曾向公司主张停工改组(即将萍矿故意关门,将工人遣散,再从新召集工人开工),公司未加允许。随后发生增加工资问题,矿局当局报告公司,故意张大其词,谓工人如何骄傲,不服管束,并聚众要挟,无法维持等情,又以出煤减少之过,完全推到工人肩上,并以工人要求租借地皮及建筑费一万元事严电公司,作为工人骄横之左〔佐〕证。当局并因此电请公司辞职。公司远驻沪上,莫明真情,紧急报告既如雪片飞来,遂以为工人真正骄横无比,无法维持,一面电江西督军蔡成勋,请其派队到处维持实业,以戢工人盛焰,并请转电赣西镇守使即地相机办理,又电赣西镇守使肖安国略谓:"萍矿工潮,愈演愈烈,公司损失,为数至巨,请即就近相机办理"等语,一面并遣人调查实在情形报告公司核办。当此情形之下,适矿局工人谢怀德与路局站长伍寿廷发生小小冲突,路局职员亦故张大其词,联名具禀镇守使署,涉及俱乐部,风传此时即有派队来安解散俱乐部之举。群众得此消息,十分愤激,以为当局对待工人太无诚意,一面派出监察队多人,从事严防。如当局终不谅解,即以最后手段相见,亦所不惜;一面即迳函路矿两局质问,略谓"敝部自成立以来,对于路矿两局,无时不谋其前途之发展,所以裨益于矿政路政者,实不在少数,事实俱在,有目共睹;而路矿两局对于敝部初无维护之心。敝部自维力薄,然自卫亦尽有余;徒以路政矿政之兴废,地方人民之安危,对于国家前途,关系綦重;是故敝部一切措施,但所以谋矿局路局前途之发展。此旨竟不能为两局当局所谅解,敝部实深遗恨。今特函达,希即将贵局今后对敝部之态度,明白惠复,以释工人疑虑"等语。后各方见形势不佳,此举即无形消灭;蔡督亦以时局关系,派队到安,恐惹起政治纠纷,碍难照准等语回答公司及萍矿局;萧使亦以此事系内部纠纷,碍难以武力压迫,致酿成不可收拾之局面等语回答公司。俱乐部见风潮已过,亦不复追问了。

(十六)俱乐部维持产业之诚意与努力

俱乐部宗旨除保障工人利益外,他如提倡工人自治,促进实业进步,在工作上服从职员责任范围内之正当指挥,都是俱乐部的主要任务。此旨终始可以昭告世人,即工友方面亦尽能了解遵行。现在萍矿出产减少,在工人方面固不无错过,但矿局缺少煤桶及缺少材料与工头职员对于工作上全不负责,实为主要原因。不料矿局恐见责于公司,将此种出产减少之错过,悉数委之于俱乐部,知之者固不值一哂,不知者且将以讹传讹,俱乐部之冤将终无剖白之日了。故俱乐部于前次风潮经过后,即召集各处总代表与矿局矿师及总管段长等开一联席会议,共商整顿矿局出产办法。始则提出出产减少之原因:第一为缺桶;第二为工头职员在工作上太不负责;第三为一部分工人见职员工头完全不负责,亦效尤偷懒,不服指挥。对于这数种原因之补救办法:由矿局添制新桶,赶修烂桶,严令各工头职员在工作上切实负责。由俱乐部训示工人竭力作工,在工作上服从工头职员责任范围内之正当指挥,如有故意违犯,即照规则办理。自此次会议后,烂桶已陆续修起,新桶亦逐渐添造,最近每月煤炭出产已超过二千一百吨,渐恢复旧日原样。由此可见出产减少之原因,大部分实应由矿局负责,亦可见俱乐部维持产业之诚意与努力了。

(十七)俱乐部建设方面之过去与今后

上面系一年以来俱乐部所经过的重大事件,至俱乐部在建设方面所作事业,亦不甚少,成绩亦尚不恶。其详情见各股报告,兹略述如下:

工人子弟学校,十二年度已办三校,学生六百人;工人补习学校因事实上难于进行,无甚成绩。

消费合作社亦于十二年三月开办,至今已开三店,凡五股,资本约二万元,营业亦甚发达。

又俱乐部近因经济扩充,特组织经济委员会,专事保管本部经济并审查各项账目。

又对于部员彼此间及与外人间之纠葛纷争,特组织裁判委员会,专事此项排解剖断。并设问事处于部内,受理各种纷争事件。

他如游艺、讲演、互济各股,亦均稍有进行。建筑工会,扩充学校,亦正在筹划进行中。

本年俱乐部所做的重要工作,多半为应付各种变故及各种事务上的处理,其成功仅达到打倒包头——中间剥削阶级——制度的目的。关于工人教育及工人训练,在本年未能十分注意创办。此种设施,关系俱乐部前途发展至大且巨,今后当努力于这一方面,俾工友实明了自己阶级在世界上之地位,俱乐部终极的目的以及达到此目的之途径。

(十八)结论

在这一年中,俱乐部以幼稚的组织,新结合的群众,不断地与恶势力奋斗,尚能日跻于健全,此亦非偶然的事情。产业的发达,资本主义自己之措施,已经付与工人以团结的机会及自己解放的力量;工人苟运用得法,则在长途的阶级斗争中,雄壮的凯旋声将永远为工人所歌唱。安源路矿工人过去的胜利,一面是靠着工友坚强的团结,得时的反抗,以及对自己的团体——俱乐部——之悦意的服从与热诚的拥护;一面乃是由于路矿两局前此森森的黑幕与此时不智的应付。对于路矿两局及各派反动之势力,我们要明白的恳挚的告语:历史的大轮盘已经载着吾人向全体人类解放的方向前进,已经叫工人起来为他们自己的阶级——并要为全人类——谋幸福,试问谁有力量能将这大轮盘阻住使之后退呢?"反拨适助前进",这是物理学的公例。不要说"回天有术",老实说,拦阻在进化途中的人们,只是促自己的生命,速自己的灭亡而已。我们盼望大家不要再做出这种历史上的大错误来!

说到我们自己,过去的经验,固然证明了我们精神的坚强,魄力的雄伟;但同时世界的大势——国际资本帝国主义最后的侵掠,国内军阀最后的反动,我们开赴前线的伙伴,在这种侵掠反动的炮火中,已经一排一排的阵亡了,睡在后营〈的〉预备军,还在迷迷糊糊地做那"苦是命定","十六小时的工作是对养活我的厂主应尽的责任"的苦梦——已把我们的担负加重了,加到十分重了!我们今后不仅应为我们自己的团体,为我们万余苦朋友,努力奋斗;我们更应为我们全国乃至全世界的苦朋友努力奋斗!我们一面要去唤醒后营的伙伴,一面自己打叠精神收拾器械预备开赴前敌。时机何等紧迫,责任何等重大!伙伴们,庆祝过去的事小,预计将来的事大,我们应从今天便着手收拾预备,我们此时当高呼预祝:

安源路矿工人俱乐部的发展万岁!

全国各工会的恢复的胜利万岁!

全世界无产阶级的解放万岁!

对俱乐部过去的批评和将来的计划

（1923年8月20日　安源）

刘少奇

我们抱定社会主义的思想,从最黑暗的家庭奋斗出来,到中国这样沉寂的社会里面,干这种改造社会的事业,去年奉到我们的总部——中国劳动组合书记部——命令到安源来帮助路矿工友办事,至今已是一年了。这一年过去的事实,实使我们得了许多很大的教训;关于将来进行的方针,也因此得以稍事计议。此时我将个人所感觉的,用极忠实的态度披露出来,使大家对俱乐部得一种统系的观念,以便批评指正。

社会改造的步骤,我们所主张的是:（一）使无产阶级团结起来养成无产阶级支配社会的潜伏势力;（二）实行夺取政权,由政治的力量消除社会一切阶级的压迫——人的压迫;（三）在产业公有制度底下以极大的速力发展实业,减少人类自然的压迫。

在（二）（三）两项是我们无产阶级终极的目的。以中国现在的情势看来,这样幼稚的无产阶级当然说不上马上就拿来实行。既是很远的事实,也用不着说很多的话来讨论他。在（一）项里面又应该分为下列几个步骤:（1）由争得工人直接的利益——加工资——使各个工场的工人团结起来;（2）由争得工人第二步本身利益——减少工作时间——使各地同产业的工人型〔形〕成产业的大联合;（3）以过去奋斗的经验切实教育工人,使工人明了自己阶级在现在及将来社会上的地位,工团终极的目的,与达到这个目的的方法,养成极健全的奋斗者,成功无产阶级有方法的支配社会的潜伏势力的大组合。

由上面社会改造的步骤看来,工人以罢工手段要求普遍的增加工资和减少工头职员无理的压迫与剥削,并不是我们工人的目的;乃是一种手段,即是利用群众的"利害"心理划清资本家与工人之界限使工人阶级自觉的团结起来。增加工资减少时间这种经济的奋斗,在工人将来全部的利益上看来是很小的,但是我们必得要做这种利益很小的运动,才能使工人目见利害的关系团结起来,才能训练工人的奋斗能力及方法。这是工人解放运动最初步的工作。

我们安源自去年九月罢工胜利以后,继续至今,所得的胜利——增加工资,打破包工制度——要算已经成功第一步的工作——工人解放运动最初步的工作。在这一点点的成功里面,我们已经用尽了许多的力量,经过了许多的危险,做出了许多的错误,这总算使我们这些缺少奋斗经验的人,在这里面得到了很多的教训;在另一方面,我们应该不使前日的成功失败,赶紧引导全体工友向劳工解放运动的正当道路前进。在以上两个意义里面,所以我不惜把俱乐部过去的一切,切实批评一番;把俱乐部将来的计划,具体的向大家宣布。

(甲)过去的批评

(注)我对于过去的批评,专注意各种错误,大略的写出来,至于各人的好处和事件之办得很对的,均从略不说。特此声明。

(一)主任团:第一届主任团在俱乐部所办的事,算是很多,大体上看来也还可以过得去。但是主任团对于事务进行,太散漫,太无统系,彼去此来,行踪不定,以致弄到一些事情,常常摸不着头脑;就是主任团对于各股统辖,也不集中,各股常有单独进行的弊病,即以干事会在这一年内开不到几次会看来,主任团办事的散漫就可知道了。主任团办事人太少了,四个主任平日只有两个人办事,每人担任事务太多,以致对工友训育太少。主任团办事计划只知道应付事变,而不在事变未来的时候设法预防。又主任团各主任到后来都有点官僚的态度,对工友很少细心和悦。这些都是主任团的错过。至于各主任的错过分说如下:

(a)李能至:办事能力甚大,长于应付,但他太疏忽,常不注意小事。不善于整理,作事手续太不清楚,俱乐部内部办事无秩序,主任团的散漫,多半是他这等错处的缘因。

(b)刘少奇:作事精神不好,过于审慎,平时对工友的交际和谈说,都表现一种不愿意的懒散态度。作事也不大加整理。到后对俱乐部事务不十分负责,以致引起工友的误会,这都是他的错过。

(c)朱少连:因自己要做工,作事不能负专责,只是零碎的干一点。他的精神亦大不好,对事务只能有计划,而不能实行。还有对于自身太不检束了。

(d)余江涛:对于工人运动的意义不明了,态度太浪漫,不成整片的做事,不光明磊落的表示,喜以手段笼络人,以至引起工人对自己很大的误会。

(e)陆沉:作事能力甚大,但态度过于强硬,对工友缺乏一种亲悦的表示。

（二）教育股：上期教育股所创办者，子弟学校稍有成绩，但职员权限不清，三校行政不统一，教员时常斟换，不能有分别儿童个性的教授，且教员内部常有纷纠，不能有统系的支配。教授方法和材料尚属不错。工人补习学校，在上期可说完全失败；原因即系教授方法不得当，不能有合于工人心理的教授，教材太缺乏。教育股对于补习学校的工作太少，偏重子弟学校，此为教育计划之大错误。

（三）互济股——合作社：合作社开办仅数月，三换总经理，以致社内事权和经济不能统一，各股单独进行，弄成一种无政府状态。经济的支配不能均匀，各股扩充各股，以致现在资本周转不灵。全社无一种统一的营业计划，只知卖东买西。社内办事无统系的规则，又无划一的簿记，账务的清理甚难。但在七月清理后，前述的各种错误免除甚多。合作社在组织上应属互济股，但现在直独立于互济股之外了。

（四）文书股：俱乐部文书股长五易其人，各种文件及手续算是糟极，全无一点整理。往来公函布告杂件等底册，均无完全保存；各股的报告及表册统计等，也无一个很整齐的规划。但自李求实君任股长后，前弊已稍除。

（五）会计股：因驻部办事者只一人，事务又甚繁多，账目的清算及常月费的清查，也有些须缺点。

（六）庶务股：因事务不甚多，开支亦不甚大，错误甚少。

（七）交际股：各交际员多不知自己所负者为何种责任，以致作事时有出乎自己责任范围之外，而且无统系。

（八）游艺股：上期游艺并未开办，事务甚少，但有些须的设备，也不免单独的自由进行。

（九）讲演股：因从前人员不定，讲演责任完全未尽，后担任各处十代表会的讲演，也时常中断。但自袁达时君担任股长以后，讲演事业稍为整理，对普通讲演完全未举行，实是讲演股很大的缺点。

（十）代表：代表可说就是工人的领袖，上年代表在组织上算有统系，能尽责任，并且还是很努力的。不过有一部因自己居在领袖的地位，对于俱乐部的宗旨和目的，或者还有些不大十分明了，以为俱乐部是行政机关，以为自己有很大的权力和威风，因此自己渐习于一种官僚绅士的态度，对工人的态度和说话，多骄傲不和悦；且久而见只有牺牲没有权力就不快活了。还有些不知道我们帮大家工人做了事，虽然有点功劳于俱乐部和大家，自己是不应该居功，不应该求报酬的，所以有功不得大家的恭维，不得俱乐部的报酬就灰起心来，生起气来，在旁面说坏话。还有以为自己要帮助工人,对于工人无理的要求,也一概赞助的。这些都是去年代表中确有的错处。这都是不诚实的努力,有用意的努力。工人领袖如果都是这样,那我们的事业便非常危险。因为我们将来的事业还很大,还要管理世界一切的,假若各人都要得相当的酬报,那不又把社会上弄到很不平等很多阶级吗?那我们就用不着改造现在不平等的社会了!我们既为改造社会而尽力,我们只知道牺牲,不知道权利,把自己心里洗刷得清清洁洁,然后不致做出违背主义的事情,他方也须把改造社会的步骤和现在外面的大势看清楚,然后在我们处置事情的时候,不致有手段上的错误。

还有些以为工人是无产阶级,办事情不应该有秩序,不应该有时间的限制,这种观念是很错误的。因为我们的组织不仅是只这样大就止了,将来组织还是极大的,将来的事业还极多极复杂的,假若现在不养成办事的秩序和守时刻,将来不会弄成一桶乱糟样吗?

还有我们大家既是为改造社会努力,我们的心理就早已洗刷清洁,我们既同是很清洁又抱同一的主义,我们做起事来,当然会相同,其余对于私人的态度不好,意气不对,都是不成问题的小事,我们哪应该闹个人的小意见而妨害我们前途的工作和进行?!上年有些工人领里[袖]对于这种地方不十分明了,闹出很多个意见的乱子,这是我们不应该的,是我们的错过。因为感情的意气不消除,于是彼此间就有些意外的猜疑,这种猜疑是我们以前的错误!前途的危险。望各工人领袖再不要做出这种历史上的错误来!

上面说的是各级代表——工人领袖——普遍的错点,现在分述如下。

(A)总代表:总代表在俱乐部及工友中所负责任很大,作事更多,在上年各处总代表大部分是努力尽责的。但有一共同的弊病就是每次在俱乐部开会后,回去不将结果报告大家,以致弄成工友与俱乐部中间有很深的隔阂,这是总代表的错。工人代表——工人领袖——一面固替工友解决各种临时发生的事,但一面必须引导工人,训练工人,使工友有相当的明了,事事归于正轨。上年各总代表对于工人训练没有尽多大的力,这也是一个缺点。

(B)百代表:在上年俱乐部组织的统系上说来,百代表在会议上只有复决最高代表会提交案件及接受最高代表会议决案的报告。在办事统系上,负十代表责任与总代表接头。但上期百代表常因责任分析不清,不知自己所负的是那些十代表的责任,十代表也找不着自己的百代表,以致弄成百代表无事可做,若有若无,这是百代表不明了自己责任的错。

(c)十代表：十代表在俱乐部基本小组织——十人团——上面，负的责任是很重大的，十人团组织的好，十代表能尽责任，俱乐部的团体基础就稳固了，对于办事上极为灵敏，就是有人有不正当的行为或谋害俱乐部者，也很容易找出。上年俱乐部的十人团的组织，不十分坚固，职权和界限都分不大清楚，十代表除缴常月费外，其余都不负责，所以十人团根本的职能也不能做到，这是各十代表对于十人团的团结没有尽到力量。

(十一)部员：安源的工友——俱乐部部员——在极残酷的压迫和剥削之下作了二十余年的工作，大家的心理只知道作工伏受雇主们的欺侮，也绝不想本身有团结反抗这种压迫的可能，绝不觉到能有这样的俱乐部来做拥护自己权利的武器。去年罢工胜利以后，事实已明明白白的在大家的面前表现，各工友都是出乎意外的打破从前一切的糊涂观念，很猛勇的趋向俱乐部这一线之光明。所以大家团结的能力，奋斗的精神以及在罢工时能服从统一的指挥，都是极令人佩服的。就是从来俱乐部经过各种危险，大家能够消除内部一切的纷争，专心对外，这点有阶级认识的事实，也是表现得清清楚楚。但是我们大家在这一年里面也做出不少错误的事实和表现许多错误的观念。

我们工人的组合，是一个极大的组合。全世界都要联成一气，并要组织的和军队一样，才能与那有坚固组织的资本阶级奋斗。我们那里能够分出什么省别县界来呢？但我们在安源去年的事实上看来，还有些工友不能免掉这个观念，如认某桩事情是"排外"哪！"我们是这一帮的"，"他们是那一帮的"等话，都是同乡观念的表示。又如关于两省或两县工友的纷争及两段或两处工友的纷争，总是较难解决，彼此都要争个高低，不服这一口气。在平时这种有界限的纠葛，俱乐部都也来得不少。以后我们大家都要努力消除这个观念，关于有界限的纷争，两方都应该特别谅解些，不要坚执，这样，——俱乐部的大团体，才不致破裂！

大家组织俱乐部，固然是拥护我们的权利减少我们的压迫，工友受雇主或外界人无理的欺凌，俱乐部在可能范围以内，都是应该保护的，但我们俱乐部总不应该庇护工人不正当的过犯，或助长工人欺凌外人的威风，我们工友在去年以来有些以为"现在我们有了俱乐部保护，闯出祸来有俱乐部乘肩"，于是就只凭自己的气愤，一意横行。这是何等的错误？如打张万发铺店，与军警盘查所发生殴打的冲突，以及各个人在外面闹出各种不正当的乱子等，都是绝不应该的事实，当工人还没有能力支配社会的时候，我们大家应该极端明了，不要闹出这种问题，弄到外面的人，个个痛恨俱乐部,使自己生命一样的团体受危险。

我们安源俱乐部的力量虽大,但是还要靠着外面各地的工友联络,互相援助,才能立脚;所以我们有些事情,应看外面的形势如何,全中国工人阶级的力量怎样才着手来办,我们不能只看安源工友的力量可以办到,就不顾一切的做起来。这种幼稚的毛病,盲目的奋斗,有些工友犯得很深。如遇事就要罢工,在此时就要减少工作时间等,都是这种幼稚病的表现。当中国这样幼稚的无产阶级,我们不能事事冒险直冲,使全部劳动运动受打击。

工人组织团体的目的,极为远大!将来还是要管理世界一切的。增加工资,不过为争得目前很小的利益使大家认识阶级的利害而结合团体的一种手段,绝对不是我们工人的目的,我们俱乐部第一步替大家做的事,固说是加工资,但是俱乐部绝对不是只加点工资就完了的,而且工资是绝对不能常时增加的,安源的工友有好些认俱乐部增加工人工资的手段,就是俱乐部的目的,以为工资既已加了,就是目的达到了,俱乐部就抛到侧面去了;或者总望俱乐部怎样第二次普遍加我们的工钱;或者又要求普遍加工钱。这都是认俱乐部以加工资为职志的错误。还有些只知道加几个钱,其余一切什么"联合"、"训练"、"阶级争斗"等……都不关他的事,概不过问,这种错误的观念,实大足以防阻团体前途远大的发展。望大家都认清自己阶级的地位和真实的目的,努力前途!

俱乐部,在现在社会之下,为自己立脚起见,不得(不)与环境稍加妥协,故他——俱乐部——在现社会的地位只是一个正式"公团",他的职权只能行使在他的范围以内。他绝对不是一个"衙门",不能受理或干涉社会上一切事情。有些工友误认俱乐部是"青天衙门",什么事情都拉扯到俱乐部来办,范围以外的事情,都去干涉,呈文禀牒纷纷望[往]俱乐部呈递。这种错误的认识,望各工友明了改掉。

罢工是工人底武器,不是好顽[玩]的;是对待敌人的,不是对待自己团体的。我们工友有些因要求不遂,即行部分的罢工,以(为)罢工是随便可以举行,或者以罢工来对待俱乐部,这是怎样的错误?望各工友切不可轻于动武,不要拿武器杀自己家里的人!

我们大家都是工友,世界一家,是兄弟一样,应该怎样的互相亲爱互相帮助?就是别人对我有点不好,也可原谅下去,总不要记仇记恨,不要闹起来打起来。但是我们工友有好些因一点小事便打得皮破血流,互争长短,到俱乐部来又要受罚,送警,开除。这是何等痛心的一回事呵!并还有工友不关自己的事,看见别人家闹乱子,无故暗地打伤别人。又有些因为闹乱子恐怕理由失败,便邀一些的人来帮助,横直要争了这口气。如是就邀茶哪!结盟哪!为自己将来吵架子有一伙人说话。此一帮,彼一派,到俱乐部来几天还扯不清楚。唉!我们大家都是兄弟一样,何必这样不能谅解!何必这样记仇记恨分成一些界限,使大家的团体不能结紧!上年俱乐部所办的事,工友争斗案件占一大半,请大家一看裁判委员会的报告,则我们工友之好争斗可想见了。俱乐部办事人因大部分的力量办了这些无益的纷争,反使很多重要的事不能办了。工友争斗的害处,真是说不尽!并还有许多危险。望各工友切要自己明了,不要争意气!不要记仇恨!不要打架!更不要无故打伤别人!大家和和气气,亲亲爱爱,才是正理!

我们都是相信社会主义——工人的主义——才到安源来帮大家做事的,我们并且都是劳动组合书记部命令我们来做事的,我们绝对不是为名为利个人跑得来的,所以大家工友既相信我们做事是帮助大家不致害大家,就应相信其他相信社会主义的人来做事也是帮助大家不致害大家。大家不要相信某一个人,应该相信是社会主义者的人。应该相信劳动组合书记部派来的人都是一样的。倘使各工友只相信一个人,不找这个人的来历及为什么使大家相信,这是很危险的,因为一个人不能守着大家做几十年几百年的事。并且各工友还要相信自己团体是可信的可靠的,不能永远靠一个人的。望各工友相信社会主义者,相信自己的团体。

有了事情,俱乐部万余工友不能人人各干各的,必须有统一的指挥,有规则的动作;因为万余工友必须服从指挥才有办法。又俱乐部的议决案,总是顾及大局,顾全万余工友的,或者有少数工友有不利益的地方,也应为大局的关系而服从。这样俱乐部才有办法。这点以前工友的精神甚好,但后来也有少数对于指挥上或议决案表示很难服从的样子,以为"谁不要服从谁",这是很大的很危险的错误。俱乐部是奋斗的营盘,大家要组织得和军队一样,应该要保存以前那种服从的精神。

我们既要组织团体——俱乐部——就要有人和地方来办事,既要人和地方办事,就要用费,这种用费是要大家凑拢来,每人凑多少,就看用多少来决定,俱乐部要收常月费,也是这样一回事。若是大家不缴常月费,俱乐部就无从维持了。所以俱乐部规定对于三月不缴常月费的即行开除。但还有些工友把常月费拖欠的,或者私地瞒没不缴的,这都是无心保护团体,只要明白点的人都会知道是不对的!

我们痛苦,我们要增加工资,要减少压迫,但我们不能吃了饭不作工。"吃饭不做工"是我们社会主义最反对的。又我们很多人作工又不能不有一种统系和秩序,所以工厂也要一种正当的厂规。有些工友以为厂规是资本家订的,不管他正当与否,故意不守,工头职员在工作上正当的指挥,也故意不听,如是工头职员也落得不去干涉,大家不负责指挥,工友见工头职员不负责,以为没有人管他了,也效尤对工作上不负责偷懒起来,如是使出产及工人秩序均受很大的影响,这种错误我们也是有的,我们应该守正当的厂规,我们应该自治,保持自己的秩序,不要人家说我们的坏话。

我们每天作十多点钟的工,得了一点子工钱,身体是很疲倦的;生活是很困苦的,哪里有时间去赌去嫖!又哪里有钱去嫖去赌!嫖,赌,我们工友都不应该去做,而且种种作恶的缘因,都是赌嫖,我们应该归正轨做各种发展的事业。有好些工友对于嫖赌仍是深好不改,这是极不对的!这种不良的习惯,堕落的嗜好,我们工友应切诫切诫!

俱乐部的敌人很多,他们都想方法来破坏俱乐部。他们时时刻刻到工友里面来放散谣言,以图扰乱俱乐部的秩序。工友常常有受这种谣言的引诱,而蜂动,而怀疑俱乐部,或向俱乐部吵闹的。这种误会是很危险。我们不要听信谣言,有事尽可正式来俱乐部很诚恳的质问。

无论什么人做事,不能够没有过错;做事越多,错过越多,但我们做事绝对不要怕错,绝对不要隐瞒自己的错过。因为错过越多,经验越多,下次就可以不再错了。俗话说的好:"错一事,长一智",我们应该把这句话牢记着。俱乐部已经有了一年的历史了。这一年里面各人所经过的错误,我已用极诚实的态度将其大而易见的批评在上面,各位以为正确么?"往者已矣,来犹可追"。我们应该虚张胸怀,把我们一年来所做出这些历史上错误的经验一点点都灌了进去,努力革除,才不致辜负这一年的苦劳,才有以发展将来的事业。同志们!工友们!勉哉勉哉!

(乙)将来的计划

安源俱乐部在去年一年奋斗的成绩,已经做到劳工解放运动最初步的工作;此后继续的工作,除保持以前的成功不使失败,并竭力增进工人直接利益外,前进方针,绝对应该遵循前面所说劳工解放运动各一定的步骤,就是努力第二步的预备工作,具体说来:(一)努力建设与内部整顿,以稳固并扩大安源团体的基础;(二)扩大组织,由安源地方的组织进而为全国的组织;(三)训育部员,提高工人阶级的智识并训练工人作事的能力。

以上三项工作,是付与俱乐部下届办事人代表及全体工友之责任,主任团固应

统率全体在这个正道上努力,但详细说来,尚多属各股的专务,故特将各股进行计划披露如下:

(一)互济股——合作社:合作社因从前事权及经济支配未能统一,以致弄出资本周转不灵的错误。到下期合作社营业范围,又有不能不加扩大的形势,缺少股本已成合作社的大问题。对于补救这个问题的办法,一,增加股本,但增加股本暂不向工人加招股份,只清查上次股票有未入股者加补,再在兑换股加设储蓄部,提倡工人储蓄,实行发散合作社纸币一万元。二,营业机关,不再扩充。三,服物股屯货宜变为流动资本。

合作社事权及经济支配,在事实上应绝对集中,实行新式簿记,由总经理担任全责,主任团严加督促。从前账目,由主任团会同经济委员会彻底清查。

故工抚恤会:各工作处故工抚恤会,属工友互助事业,俱乐部应该提倡,并须统属于俱乐部互济股,故工抚恤会之名称及组织章程等,均须统一,由俱乐部规定原则,通告各处照行。

劳动介绍所:切实加以整顿,须改为以职业的标准而区分,不能以工作处而区分。以后并准许非部员报告,号码的先后,仍按报名的先后而定,俱乐部截止工人入部,以后入部由劳动介绍所介绍。

(二)教育股。下期教育股须加扩充。一、对于子弟学校扩充计划:安源扩充国民班四班,校址仍分三校,紫家冲开办第四校,招学生两班,湘东开办第五校,招学生一班,醴陵开办第六校,招学生一班,株洲开办第七校,招学生两班,共收小学生新旧九百名。二、对于补习学校扩充计划:上期工人补习学校以种种缘因,甚无成绩。下期须极力整顿并加扩充,预定在安源收学生四百名,紫家冲一百名,株洲六十名,湘东醴陵各四十名,但在事实上可能时还可扩充班次,分为日班夜班两种。对于工人不愿读书者,实行强迫教育,强迫者暂以工人百分之二为标准。

小学校注意与学生家庭联络,由学校开恳亲会。下期并须举行成绩展览会及运动会一次,此外并举办图书室、贩卖所等。教员共聘齐三十人,经费,每月经常费九百五十元,扩充开办费,定一千四百元。

(三)讲演股:训育部员除教育股所负责任外,讲演股负责甚大,各处十代表会的讲演,仍须照旧进行,作一种统系的训练。此外应特别努力普通公开的讲演。对于不愿听讲的工友,在讲演时,可特别备置幻灯留声机等游艺器具,并须由俱乐部多派人到各工作处及工人寄宿舍去讲演,此时俱乐部应特别提倡工友自身讲演,特别提倡工人领袖到处讲演的精神。

(四)游艺股:大会场尚未建筑,现因房屋的关系游艺股尚不能照我们的计划开办,下期暂时只能派设幻灯留声机及足球队、篮球等。此外并提倡各工作处会所之游艺设施。

(五)文书股:为使工友切实明了俱乐部各项情形及提高工友普通知识起见,下期须出版"月刊"发给各代表,文书股负编辑之责。部员表册下期按改选结果改造一次。从前各种存稿及往来公函杂件等切实整理保存。

其余会计,庶务,交际三股,无若何可进行之事,按照各股从前办事细则办事。

(六)工厂委员会:英俄各国工人在各工厂内皆组织"工厂委员会"。工厂委员会的意义:(1)明了资本家之生产情形及生产组织,以决定采取临时的奋斗方式;(2)训练劳动者管理生产的知识;(3)在相当的时候,防止资本家破坏生产品及生产机关。工厂委员会既有以上三种意义,故在安源也有组织的必要。至工厂委员会之责任:(1)调查资本家之生产方法及原料之来源,屯集地点与生产品之多少,时价和资本家之买卖契约等;(2)调查资本家对待工人之手段;(3)调查资本家工厂内各种黑幕及压迫工人的方法与工人生活状况。工厂委员会的组织:(1)由资格较深的工人组织之;(2)在资本生产制度之下保持秘密的组织;(3)直接受工会之指挥。安源的产业属汉冶萍联络的产业,故工厂委员会亦须联络汉阳大冶组织之。下期俱乐部当在工人中创设此种组织。

俱乐部办事人应特别尊重办事秩序,办事的界限和手续应竭力要求清晰。主任团亦应分工,俾有专责。各办事人须设办公室,规定办事时间,按时到公签到,使俱乐部各种事务之办理均有规则的进行。

俱乐部每月经济的支配,预算案应准下表为原则,详确之数,可在月刊第一期发表。

(一)收入:

矿局津贴一千元;

路局津贴一百元;

常月费约四百八十元。

共收一千五百八十元。

(二)付出:

会计处每月三百二十元(汉冶萍总工会常月费八十元;湖南工团联合会常月费

四十五元；粤汉铁路总工会常月费二十元；各分部常月费十元；驻部办事人十一人生活费一百六十五元）。

庶务处每月开支一百八十元（伙食，房租，印刷簿册、纸笔，邮电，灯油器具杂用等。但每月出差费及各项特别费不在内）

教育股每月开支九百五十元（共教职员三十人，生活费四百五十元；七校工人十一人，工资五十五元；每月伙食四十一人，二百零五元；只教员与工人两项开支共占七百余元。其余二百余元为七个学校的房租，灯油，教学用品，册簿，纸张，邮电，使力，出差费，器具添修，杂费等）。

月刊社：每月开支五十元上下。

以上各处经常费共开支一千五百元外，每月尚余八十元，此八十元即作为俱乐部特别费。（但俱乐部特别开支每月或不只八十元。）

以上系我对俱乐部下期的几件具体的进行计划，希望俱乐部下届办事人及代表与全体工友采纳。至于下期的奋斗方式与扩大组织的方法，事先我不能具体的写出来，那是在临时的应付。但我希望下届办事人对我上面批评内所说几种危险的错误，设法预防，勿与敌人以破坏之机，再努力各种稳固团体基础的建设事业．则俱乐部的前途，便无所顾虑了。

今日正当热烈纪念上年罢工胜利的日子，各工友心里当然个个回想到上年罢工时间的情形和俱乐部一年来所经过各种艰难困苦的事变；大家尊重这个纪念日并尊重俱乐部而庆祝，使我不得不以十二分的诚意希望俱乐部在将来有无穷的发展。我不愿意使庆祝会白白地开了，我不愿意使这一年的经过在大家脑筋中记念着而不能得到一种历史的教训，故我把过去一年发生的各种错点，及将来一年的进行计划，由我个人的判断写了出来，使大家在回想中得一种统系的观察，并同时使大家在希望中得一条努力的道路。望大家力改前非，保持前日团结的精神，奋勇前进！则我诚意希望之将来的俱乐部，当从大家的齐心努力中得来。此时我的热潮已禁不住不断的祷祝！

"安源路矿工人俱乐部万岁"！

俱乐部组织概况

少奇　求实[①]

在资本主义支配的社会里面,工会的意义是:(一)保护工人阶级的利益;(二)反抗资产阶级的作战机关——营垒;(三)加深工人的"阶级觉悟",训育工人抵抗的能力与产业管理的知识。工会的组织必须十分严密,极有统系,和军队一般,如此,在工作上才能完成他的使命,才能达到他真实意义的目的。

考察世界各国最完善的工会组织法,皆有下列两种共同的原则:(一)由极小的基本组织而至于极大的阶级组织;(二)采用民主的集权制。

俄国工会的"可罗波"(giuppa),法国工团的"新提加"(Cindikat),都是工会中极小的基本组织,工会是一种极大的群众组织,若无此种极小的基本组织深入群众内部,则必无法指挥群众的行动,群众的行动只是盲目的,极无系统的。而且群众运动的热度是不能持久的,若无此种小的基本组织,则运动过后,群众气冷,即成盘一〔一盘〕散沙,无法使之维持永久。又当资本家压力极重不能自由集会的时候,必须此种极小的基本组织来作秘密的运动;否则工会一经封闭,群众的团结也必随之而涣散,再无法收拾了。所以此种小的基本组织,于工会的生命及其前途的发展都有极大的关系,是十分重要的。

至于工会组织采用民主的集权制,在历史上实有很多的事实告诉我们了。"没有组织集中的有统系的工团,不能与组织集中的有统系的资本阶级奋斗",此语已成工人运动里面不移的诫语。我们只有采用资本阶级的组织法——民主的集权制——极严密地组织自己的团体,才能与有组织的资产阶级厮拼,才有战胜的一日!

安源路矿工人俱乐部就是根据上面两种原则组织而成的。其组织之大概如下:(参看附图一与附图二)

俱乐部的基本组织是十人团,即部员每十人(或十人以下)联成一团,选举十代

[①] 少奇,即刘少奇;求实,即李求实。

表一人;再由十个十人团(或十个以下)选举百代表一人;每工作处②选举总代表一人。总代表百代表由各该处十代表选举之。

由各处总代表组织最高代表会,为俱乐部最高决议机关。俱乐部各种较大事项,皆须在最高代表会通过。最高代表会每月一号及十六号各开常会一次;有要事即开临时会。会中由各总代表,互选书记一人,开会时为主席。

再由各百代表组织百代表会议,为俱乐部复决机关,每月一号开常会一次,报告俱乐部一月中之经过,或议决最高代表会提交之复决案件。

全体十代表会议原定每月开会一次;后因十代表共有一千三百余人,俱乐部没有这大的会场,所以改为每月开每工作处全体十代表会议一次,会期轮流。开会时由各该处总代表主席,报告俱乐部一月经过之大事,讨论各该工作处之问题,并由讲演股负责讲演。

各工作处部员大会也因会场关系,未曾实行。全体部员大会定期五月一日一次,有要事时,召集临时大会。此种大会只能简单报告,余则全为演讲。

俱乐部办事系统,则由全体百代表会议选举主任四人(总主任一人,窿外主任一人,窿内主任一人,路局主任一人)组织主任团,总理俱乐部一切部务,各级代表会议闭会期间,主任团为俱乐部最高机关。再经最高代表会之通过。由主任委任股长八人,

各股委员若干人;由各股股长及主任团组织干事会,为俱乐部办事机关,主任团为干事会的首领。因事实上的需要,俱乐部只设八股,即,教育股,互济股,会计股,文书股,庶务股,讲演股,游艺股,交际股。每股各设股长一人,委员人数随事实的需要而定,各股办事另订细则。

因俱乐部经济扩充,事实上需要一监督与保管的机关,遂由最高代表会议定推选九人组织经济委员会;又因部员间或部员与非部员间纷纠繁多,事实上需要一裁判机关,遂由最高代表会决定推选七人组织裁判委员会;这两个委员会为最高代表会的直辖机关,各自有其简章。

各股及各委员会之组织详情,参看各该股或该委员会之报告。如事实上的需要,最高代表会或主任团得组织各种临时委员会,如罢工委员会,改选委员会,纠察

---

① 俱乐部的组织多按照路矿两局原来的组织而区分为若干部(即工作处)。路矿两局工作处共有四十余处,大部份集中在安源,株洲,湘东,紫家冲等处仅有数厂。——作者原注。来的组织而区分为若干部(即工作处)。路矿两局工作处

团,监察队等。

俱乐部的组织,本来多系采取苏维埃俄国的成例;但因为事实上的困难所限制,从前许多地方都只得委曲迁就。所以现在俱乐部的组织,就现时中国国内的各工会说起来,虽然是比较进步些,严密些,有系统些的一个;可是和无产阶级的祖国——苏维埃俄罗斯——的原型与精神比较看起来,便只是一个极幼稚的,松懈的,没有系统的罢了!

过去的一年中,事业的发展,经济的扩充,部员的进步,乃至各种经验的昭示,已经使我们深感俱乐部现时的组织有改进的必要。我们固不敢妄自尊大,我们亦不愿妄自菲薄。我们深知自己地位的孤独,我们亦知自己责任的重大,所以,凡所以谋自身之健全的事,我们无不竭力维持。

情形既然如此,我们便拟在未来的一年中,即催促俱乐部的组织更走近于他的母亲——苏维埃俄罗斯的组织。自然许多情形,在最近的时期中,终会拦阻我们的进步,我们却也只是量力而行,求一种比较的接近罢了。我们拟了一个较进步的组织法(参看附图3、4、3〔三〕、4〔四〕五与六)预备在下届最高代表会中作一种提议;现在先附录在这后面,以便大家研究讨论。我们极盼望大家对于这种组织法过细地研究一下;我们尤盼望国内诸先进予我们以正确的批评与指导。

"解说"

一、我们为求大会中的代表所代表的群众意见,更新鲜,更直接起见,所以以十代表大会为俱乐部的最高权力。

二、由十代表大会选出的总代表与百代表所组织的总代表会议与百代表会议,是俱乐部立法,行政及管理的最高机关,等于苏维埃俄罗斯的中央执行委员会。

三、因总代表人数较少(四十余人),恐难直接代表万余人的意见;又因百代表人数太多(一百三十余人),集议很不方便,所以把这两种会议的地位划一(姊妹的关系)而分其权力。

甲、总代表会议有权指挥俱乐部及俱乐部所属一切机关;整理统一立法上行政上的行动;监督由俱乐部总章〔部〕,十代表大会、百代表会议、总代表会议及执行委员会所发出的一切命令、布告的适用。

乙、总代表会议审议并批准执行委员会或其他各专任委员会所提出的各项草案,又发布自己的布告和规则。

丙、百代表会议监督并襄助总代表会议一切的行动,审议总代表会议所提交之复决案。

丁、总代表会议与百代表会议因为要执行俱乐部一切事务,遂选任执行委员会。——这是他们的另一重大任务!(因为事实上的关系——见"解说"第三项——执行委员会委员长四人,暂由百代表会议选举,专任执行委员十人暂由总代表会议选任。)

四、执行委员会等于苏维埃俄罗斯的人民委员评议会,与别的国家的内阁相似;各专任委员会等于苏维埃俄罗斯的人民委员会,与别的国家的各部相似。

执行委员会是受总代表会议及百代表会议的委托,处理俱乐部一切事务的。他能发布种种布告,命令及规则,并能进行一切必要的设施关于各种重要的事项,除在紧急情形之下以外,须提交总代表会议通过。

五、执行委员会由正执行委员长一人,副执行委员长三人与专任执行委员十人组织而成。执行委员会之下有下列十种专任委员会:

(一)教育委员会(二)宣传委员会(三)交际委员会

(四)财政委员会(五)裁判委员会(六)纠察委员会

(七)互济委员会(八)出版委员会(九)游艺委员会

(十)庶务委员会

这十种专任委员会是由执行委员会选任的, 十名专任执行委员便是这十个专任委员会的委员长。专任执行委员对于各委员会的一切事务,虽付议于各委员会,但得依己意加以最后的决定。专任执行委员的决定与该专任委员会的意见相反对,委员会或其一委员得上诉于执行委员会或总代表会议。

6〔六〕、执行委员会对十代表大会,总代表会议及百代表会议负完全责任;专任执行委员及其委员会对执行委员会,总代表会议及百代表会议负完全责任。总代表会议及百代表会议对十代表大会负完全责任。

7〔七〕、经济审查委员会及秘书厅由总代表会议选任,直隶于执行委员会,为执行委员会直辖机关。

8〔八〕、十代表大会,每三日〔月〕开一次;百代表会议每月开一次;总代表会议每月开二次;执行委员会每星期开一次;各专任委员会每星期开会一次。

(附图表六)

安源路矿工人俱乐部组织图
（附图一）①

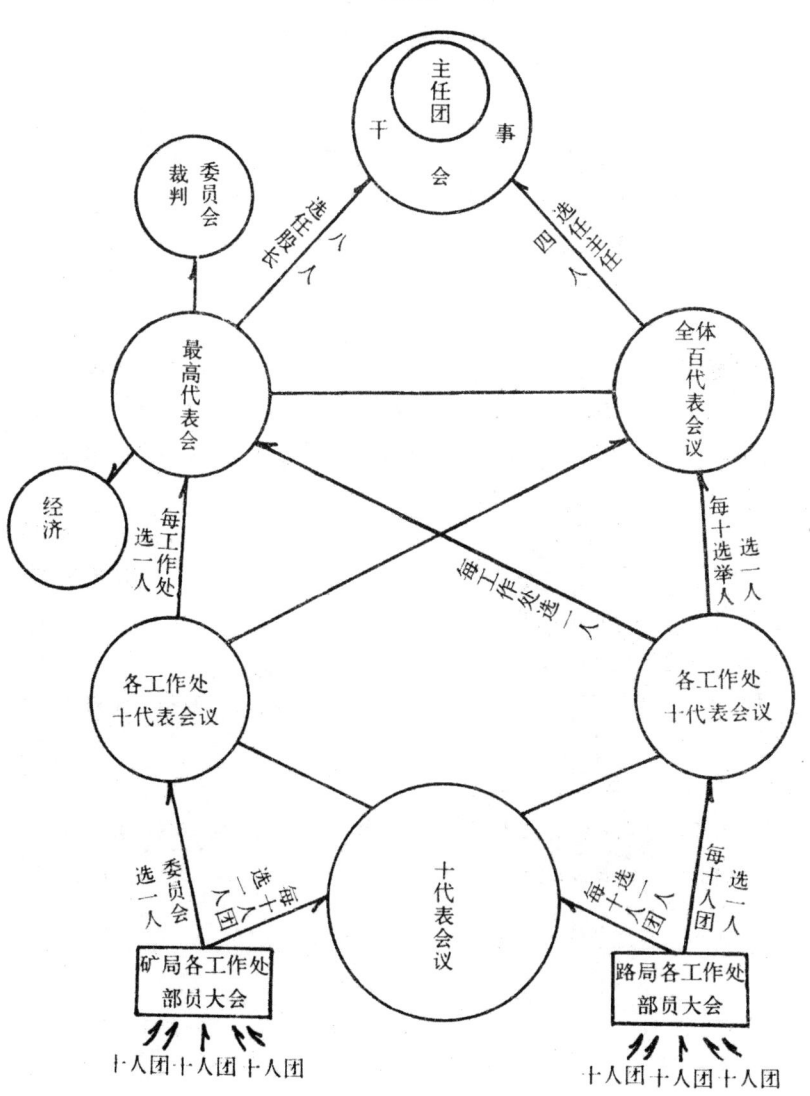

① 本图和以下五个图表的原稿均为由右至左的竖式排版，现改为横版排印。

安源路矿工人俱乐部组织图二

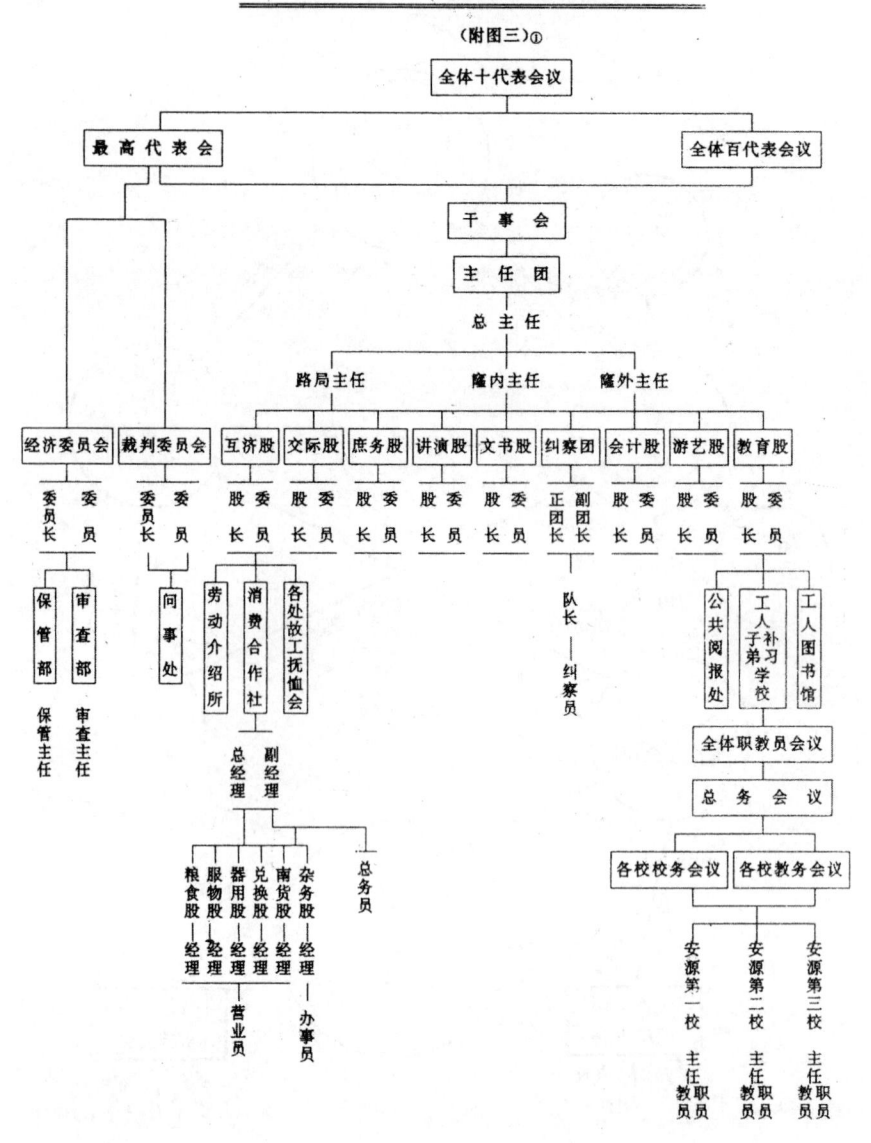

(附图三)[1]

```
                         全体十代表会议
        ┌────────────────────┼────────────────────┐
    最高代表会                                   全体百代表会议
        │                    │
        │                  干 事 会
        │                    │
        │                  主 任 团
        │                    │
        │                   总主任
        │         ┌──────────┼──────────┐
        │       路局主任    窟内主任    窟外主任
   ┌────┴────┐   ┌────┬────┬────┬────┬────┬────┬────┬────┐
 经济委员会 裁判委员会 互济股 交际股 庶务股 讲演股 文书股 纠察团 会计股 游艺股 教育股
```

经济委员会	裁判委员会	互济股	交际股	庶务股	讲演股	文书股	纠察团	会计股	游艺股	教育股
委员长/委员	委员长/委员	股委员长/股委员	股委员长/股委员	股委员长/股委员	股委员长/股委员	股委员长/股委员	正团长/副团长	股委员长/股委员	股委员长/股委员	股委员长/股委员
保管部/审查部	问事处	劳动介绍所/消费合作社/各处故工抚恤会					队长—纠察员			公共阅报处/工人子弟补习学校/工人图书馆
保管主任/审查主任		总经理/副经理								全体职教员会议 → 总务会议 → 各校校务会议/各校教务会议 → 安源第一校/安源第二校/安源第三校 主任/教职员

粮食股经理 / 服物股经理 / 器用股经理 / 兑换股经理 / 南货股经理 / 杂务股经理—办事员 / 总务员 / 营业员

---

[1] 原稿为"(附图二)",现按正文解说订正。

安源路矿工人俱乐部组织图二

(附图四)

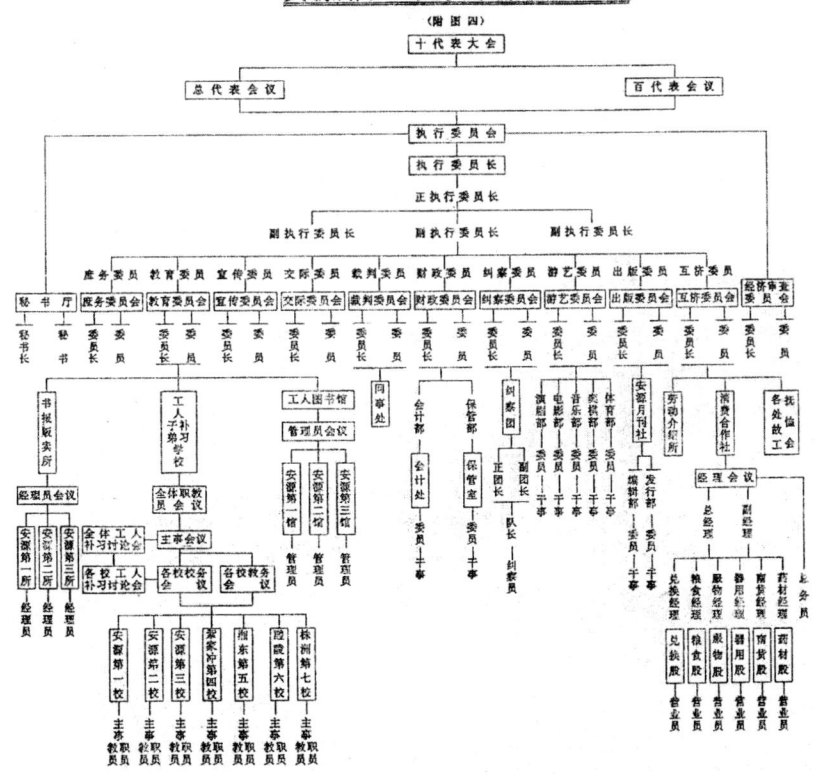

安源路矿工人俱乐部组织图一
(附图二)①

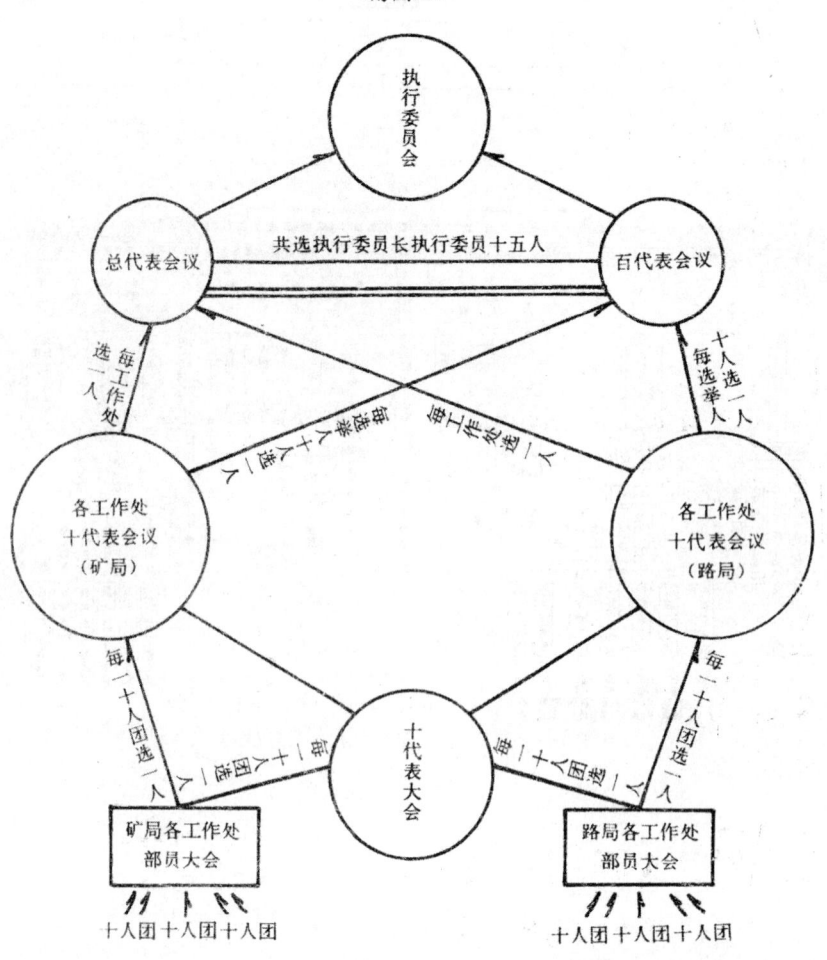

---

① 原稿为(附图三)现按正文解说的内容订正。

职员名称新旧对照表

(附图六)

现在的名称	将来的名称
文书股长秘书长	文书股长秘书长
各股股长	各专任委员会委员长
经济委员会	经济审查委员会
裁判委员会	裁判委员会
教育股	教育委员会
游艺股	游艺委员会
会计股	财政委员会
纠察团	纠察委员会
文书股	秘书厅
讲演股	宣传委员会
庶务股	庶务委员会
交际股	交际委员会
互济股	互济委员会
路局主任	副执行委员长
窿内主任	副执行委员长
窿外主任	副执行委员长
总主任	正执行委员长
主任团	执行委员会
干事会	执行委员会

救护汉冶萍公司

（1924年6月于安源）

刘少奇

（一）

汉冶萍公司为中国最大的产业，开设已有三十余年了，近年因借款无着，营业萧条，股东会议已有三年未开，而破产的"汉冶萍停工"的消息，甚为喧腾。因此各方有关系的人们，闻之莫不呈恐慌之状，但对于下述的问题，到底：汉冶萍停工于各方有什么关系？停工是否会实现？有无办法可使之不停工？万一硬要停工又如何补救？非对汉冶萍的产业情形有明白的观察的人，答解上面几个问题是没有把握的。兹就我个人所见略述如左：

（二）

汉冶萍在东亚，他的存在比平常产业有更深几层的重要。他不独在国民经济上占了极重要之地位，且为发展东方"物质文明"之根据。在汉阳、大冶、萍乡各厂矿之下直接倚为生活的工人有四万人，联同此四万人之家属，不下十余万人；再依各处厂矿间接生活之商民各业人等亦达数十万人，联株萍、粤汉铁路，湘江，长江直至上海日本一带之直接或有联带关系之人民，亦不下数十万人；故汉冶萍之存在与否，实为百余万人民之生计所关。担保此百余万人民之生计不恐慌与不流为游民土匪，及收容中国各种游民土匪化为有职业之正当国民，均为汉冶萍前途之责任。

欧美列强限制中国实业发展使中国永成他们工厂制造品之销场的经济侵略政策，在销〔稍〕具世界眼光及注意过中国外患历史的人，都是看得到的。但中国如欲自强，发展中国实业，实为先决条件。中国实业的发展，修造铁路轮船工厂无处不须用钢铁，欲使列强不能把持世界钢铁以阻挠中国实业的发展，及发展中国实业能够得到有力之帮助,均非使汉冶萍永远的存在不可。十余年前列强即指汉冶萍为"黄祸之源",其意亦以汉冶萍为发展东方(黄种民族)物质文明之根据,而作此恐怖之言。故汉冶萍之存在与否,实关系于人民之生死国家之兴亡。关系既如此重大,凡我国民皆应负责拥护:第一,使他能够永远存在;第二,使他的主权完全属于中国不旁落于外人。如此才不致辜负他前途的使命。

(三)

可是,汉冶萍现在传出来的消息,却是说要破产停工了,日本也将以债权者的资格来侵略汉冶萍的主权了。这些恶耗传到我们的耳里,很引起一般人的注意和恐慌;不过我们的耳从前听惯了这个消息,而且又不愿意他停工,所以总以为是谣言,将信将疑的。事实上到底会不会发现停工呢?那便不得不作一番深切的考虑,以窥测汉冶萍前途之命运。汉冶萍开办有三十余年了,在欧战期间营业大盛,得利数千万元。因欧战时军需品之制造,须用钢铁甚多,世界市场上钢铁不能供给,价格因以大起,销售亦极容易,汉冶萍故因此得利。不独此也,各国投机家见钢铁事业之可图,起而开办钢铁厂者亦复不少,如中国之扬子厂,日本之九州制钢所以及欧美各国之钢铁业无不大加扩充,所以世界上之钢铁生产总额大事增加。不料欧战一停,钢铁销售量顿减,且欧洲各国之工商业也被战争破坏殆尽,至今无力恢复,世界各国除美国能销用本国钢铁外皆无能力购买钢铁了,即世界固有之钢铁销售量,亦骤然减少到极小,而世界已经扩充之钢铁生产总额反形加大,因此酿成世界钢铁业之"生产过剩"的恐慌。钢铁生产品,累集如山,无人过问,价格亦顿形减落,世界各国钢铁厂因之停工闭门者不少。汉冶萍自然不能跑出这个"天数"之外去发财,因为本国还未到销售钢铁的时期,汉冶萍的钢铁是要到世界的市场上去销售的;世界的市场既如此萧条,汉冶萍也只有跟着走背时的一条路了。

汉冶萍的"八字",既然是走"背时运"了,但将来还有"行时运"可走没有?还要多少年才能脱掉他的"背时运"呢?第一,中国的实业能够发达,汉冶萍的营业可以兴旺起来;但以中国现状观之,在十余年内,中国的实业恐是不能发达。第二,欧洲各国在战争中破坏的工商业,十余年内能否恢复原状,尚成问题;即能恢复原状,也不需用多量的钢铁,更不致到中国的汉冶萍来购买钢铁。第三,美国现在虽然能够需用钢铁,但他本国生产钢铁甚多,自己尽可供给,也不致要买汉冶萍的钢铁。以上几条都是走不通的路。第四，就是日本这条路可走的，因为日本此时还须用汉冶萍的生铁，且在最近恢复地震所破坏之产业须用钢铁甚多；又当世界第二次大战时，日本必为参战之主要国，此时日本亦必须用多量的钢铁。但日本对汉冶萍的关系太密切，有种种条约的束缚和债权者之优先权的享受，汉冶萍的钢铁只有向日本"贱价供给"的义务。如此日本亦只能为不利于汉冶萍的交易。第五，就是新兴的俄国将来有希望；俄国经济事业虽在欧战及国内战争里面破坏得很利〔厉〕害，但有"新经济政策"实行后，三年来已有恢复之可能和准备，李〔列〕宁等所主张之"电气化"的计划，尤为伟大。所以将来的俄国可为世界钢铁之最大的销场。不过现在俄国所需要的非为做机械材料之钢铁，乃为已成制造品之机械，其销售钢铁的时期，纵少亦在五六年以后。但俄国将来虽然销售钢铁，到底会不会销售汉冶萍的钢铁呢？此点在俄国自无成见，只视价格之高低为转移，欧洲钢铁的价格如果比汉冶萍的低廉，俄国的购买者自然趋向欧洲去了。但我们知道在欧洲生产钢铁的"成本"，比较在中国汉冶萍生产的要高（此处原因从略），因此可以决定汉冶萍钢铁的价格比欧洲低廉，俄国的钢铁购买者自然会到中国的汉冶萍来。总上面的情形，汉冶萍前途发展的希望，只有将来的日俄和发达实业时之中国，现在的汉冶萍断无发展的可能。

汉冶萍既然是走"背时运"，单靠着借款来维持现状，前途的发展在最近的将来又是不可能和无希望的，所以汉冶萍停工是事实上之逼迫。汉冶萍的炼钢厂在三年前即已停工了，现在只留着炼生铁的一部分，这一部分其所以能在欧战后六七年还能存在的原因不外下列五种：1. 生铁在日本和中国都能销售，市场情形尚好；2. 有须以生铁还日本借款本息之条约的限制；3. 因借日债太多，如若完全停工，恐日本实行债主权吞灭汉冶萍；4. 美国此时极欲染指汉冶萍，故百端暗中活动，使不完全停工以为日本独吞；5. 停工后之收束，尚无妥善办法。

（四）

汉冶萍虽无向前发展之希望，但"维持现状"尚属可能，因为生铁的市场情形还好；况有日美之关系及中国国民与国家前途之种种关系，更有维持现状的必要。既有此等"必要"与"可能"，为何又不能维持现状呢？是则不能归之"天数"（其实并无谓"天数"，市场恐慌生产过剩都是人造出来的），乃是"办理不善"。那些办理不善的地方，在稍为知道汉冶萍的历史及内面情形的，就可看出很多。不过汉冶萍的内幕，办事人素来保守秘密,我们局外人无从知道;不独我们不知道,就是汉冶萍的股东也大半不知道(去年申报载汉冶萍两年未发股息,而营业状况及帐略又未切实报告……)因此办理不善的处所,不能说得淋漓尽致,兹姑就所知略举数端如次:

汉冶萍自创办至今已有三十三年,光绪二十二年以前由张之洞主持,此时即做出两种错误:1. 未经预先筹备燃料,远购英日比等国焦煤,损失甚巨;后复用土煤,致火力不足,铁液凝结,大伤炉座;至光绪二十四年始从事开采萍矿。2. 未验明矿石成份,所用比色麻酸法化铁炉性质与矿石相反,成绩极恶;光绪三十年始费去银五百余万两改用麻钉碱法炉。光绪二十三年以后由盛宣怀等主持,其铸成最大之根本错误为借款与条约,今就我所知的列举如次;(参看孤军第三期)

(一)光绪二十八年盛氏向德商礼和洋行借债四百万马克。

(二)光绪二十九年盛氏向日本兴业银行借债三百万元,借款条约要点:1. 年利:六厘;2. 限期:三十年;3. 抵押:大冶德道湾矿山及建筑物、车轮、机械、修理工厂,上项抵押品三十年内不得让卖他国,且将来另作第二次借款时,应先向日本商借;4. 偿还:以日本每年所购之矿石价目偿还本利;5. 矿石价目:一等矿石每吨作价三元,十年内不得更动。

(三)宣统三年三月盛氏向日本正金银行借债六百万元。条约要点;1. 按年扣付生铁之款,以十五年为限;2. 年利六厘,共须还本利七百四十四万元。

(四)宣统三年四月盛氏向日本正金银行预借生铁价值日金二百万元。

(五)民国元年贰月盛氏向日本订立中日合办契约,借拨日金三百万元,以大冶矿山铁道及其他财产为抵押,年利七厘,后因公众反对,取消合办契约。

(六)民国二年盛氏为大冶新办化铁炉二座并扩充汉阳萍乡厂矿及偿还短期旧债,与日本制铁所订立五种大合同。

合同 A:

1. 借债九百万元,扩充厂矿用。
2. 偿还:自本年起还到第四十年(民国四十二年)为止。
3. 付利:第六年为止年利七厘,第七年以后六厘,皆付现款。
4. 抵押;现在所有财产及因此次借款发生之将来附属的财产,并应将所有财产开列清单交与日本保管。

合同 B:借债六百万元,偿还旧债用,其他要点与"合同 A"同。

合同 C;自本年起至民国四十二年以内,以头等矿石一千五百万吨、生铁八百万吨供给日本,作为还债之用。将来即使能以现款偿还债务,然此合同仍然继续有效。

合同D、合同E:

1. 聘请高等顾问工程师。

2. 聘请会计顾问。

3. 一切工程,购办器械以及出入款项,应与顾问协商实行。

4. 顾问可将公司内情报告日本,可以随时查看财产,对于清理财产可以要求,可以质问,又日后有新起之借款等事,不论巨细须与顾问协商。

(七)民国四年中日交涉二十一条之结果,中国政府与日本订立断送汉冶萍契约,条约要点:

1. 以后汉冶萍公司与日本资本家成议中日合办时,政府须承认之。

2. 非得该公司同意,不能收归国有。

3. 除日本以外不得纳入外资于该公司内。

(八)民国五年孙宝琦与日人安川订立中日合办之九州制钢所合同,合同要点:

1. 资本定为一千万元,中日人各任半数。

2. 董事会会长为日人,副会长为中国人。

3. 厂地设在日本九州,并准据日本法律办理。

(九)民国六年六月盛恩颐与日本八幡制钢所订立矿石生铁价值及分年交额合同(此系对民国二年之合同加以订正者)。合同要点:

1. 矿石一千五百万吨,自民国九年起算至四十八年按年付清;

2. 生铁八百万吨,自民国十年起算至四十九年按年付清;

3. 矿石每吨作价日币三元八十钱;

4. 生铁价值,以交货前一年之英国格立夫伦三号铁之十二个月平均价目,及日币二十六圆,两数合并折半计算之数,为一年之定价。

(十)同年九月,孙宝琦与日本借债一百二十五万元。条约要点:

1. 用途:交付九州制钢所股款。

2. 担利〔保〕:股票全数。

3. 自第六年起分作十年摊还。

4. 利息最高七厘最低六厘。

(十一)同年十月孙宝琦与日本人订立生铁供给合同。要点如下:

1. 日本九州制钢所所需用之生铁,悉由汉冶萍供给。
2. 生铁以每年交六万吨为最少限。
3. 生铁价值,以大冶之生产费,并加该生产费之百分之二为准。

(十二)民国八年孙宝琦与日本借债一百二十五万元。合同要点与民六九月所订者同。

以上共借债三千多万元,此外尚有若干临时借款,未悉条约明文但知其数目者,列表如左:

"以上共日金九百〇四万五千余元又十二万海关两。外又有俄法等国借款共四十余万两〇[①]

以上共约一千万元。

以上借款总数共约四千余万元,此专对外债而言;内债若干,尚不知其数。汉冶萍股本有二千万元,但有三百多万元(又闻六百万元)未缴现款,股本实数不过一千六百多万元,是借款超过股额三倍(但汉冶萍条例:债务不得过已缴股款总数)。外债偿还办法,多以矿石及生铁价值作抵,根据条约须至民国四十九年方能偿清。据日人方而〔面〕预算自民国十一年起至四十九年止应还日本银行的款项共须三千四百余万元,每年应还之数如下表:

以上合计三千四百十二万六千四百另七元五角八分

又据民国六年盛恩颐所订合同,用矿石、生铁去偿还外债,每年应付日本矿石、生铁的数目如下表:

矿石分年交额表

自民国九年至二十二年十四年间	每年交额二十六万吨
自民国二十三年至三十年八年间	每年交额三十八万吨
自民国卅一年至卅四年四年间	每年交额四十八万吨
自民国卅五年至四十二年八年间	每年交额六十万吨
民国四十三年	交额三十五万吨

[①]原文如此

自民国四十四年至四十八年　　每年交额二十五万吨
五年间
以上共合一千五百万吨

生铁分年交额表

自民国十年至十四年五年间　　每年交额十三万吨
自民国十五年至三十一年十七年间　　每年交额二十五万吨
民国三十二年　　交额二十一万吨
自民国卅三年至四十九年十七年间　　每年交额十七万吨
以上共合八百万吨

看了以上的条约、借款和偿还办法之后,就知道了汉冶萍的危险,即汉冶萍是否有能力偿还外债?汉冶萍所产之矿石,生铁,是否够付外债?我不厌麻烦再把汉阳大冶的生产量来算一下给读者看看。据去年调查的报告大概如下:

汉阳厂有新化铁炉二座,旧化铁炉二座。新炉每日最多可出生铁(翻砂铁)约共五百吨。旧炉每日最多可出马丁铁(炼钢用)约共二百吨。

大冶厂有化铁炉两座,每日最大生产量可共出生铁八百吨。大冶矿每年最多可出矿石约六十万吨,交付日本者占百分之五十四,自用百分之四十六。

汉冶萍每日最多可出生铁一千五百吨,每年可出五十四万吨。每年最多交付日本生铁额为二十五万吨,表面上似可过得去,但上数生铁生产额是照化铁炉的生产口①计算的,闻现在汉阳大冶都只有一座化铁炉开工,那就每日最大生产量只有六百五十吨,每年只有二十三万吨,即不够交付日本之数了。每日六百五十吨还是最大生产力,确实出产数目还不能达到此数!又况日本所须生铁多系马丁铁呢!是所产之铁还不够还账。

大冶每年最多产矿石六十万吨,百分之五十四只有三十二万吨;但对日本每年之最多交付额有六十万吨,在自己的铁厂纵然一点也不用,恐怕不能有如最大产额的出产矿石来还清外债,该死!还了矿石就不能还生铁了!汉冶萍的办事人!还不趁

---

①原文不清,似是"力"字

早预先筹划,届时怎样办法呵!能够停工吗?"停工"即"断送"之别名!

汉冶萍的出产品完全只能还外债,还恐其做不到。但还债的出产品又要借债来开支。借债生产又以之还债,这是办法吗?汉冶萍已经是替外人办的了。其所以到这个万劫不复的地步,第一,实为借款与条约铸成之大错;也就是日本人所索来希望的,竭力经营的结果。此种根本大错铸成后,一切枝叶吃亏的事情,皆由之而生,如议定矿石,每吨作价三元,后来每吨价涨到数十元,也只作三元来还帐。以前因借款吃亏有那多了,但是现在还在进行两种借款呢!一为五百万元借款,一为向正金银行按月借款八十万元,至汉冶萍每月收入可以敷出的时候为止。又据报载,目前复借日债四千余万元(?)呜呼!汉冶萍!

第二,当局人无观察世界市场之远大眼光,在欧战时期间没有认真整理,不将所赚的钱留着偿清外债,稳固产业根基,只知道目前利益,决不计及战后之恐慌。且在这个期间不独没有去清理外债,反添借了大小九笔借款,并闻此时各地向汉冶萍要订定大宗钢铁,竟因公司内部意见不合,而未成功,丧失利益不少。

第三,是办事人之政客化,毫无工程师实业家之精神和计划,对于"情面"、"自私"、"拿架子"等,可说是十八世纪的中国祖传下来的,所以只顾你蒙我混;公司之折本,产业之危亡,视为非关己事。

第四,太无精密的计划:这只看以前的借款皆非整顿公司,只拿来耗用就是了。如合办九州制钢所,只是以债作股,倒还加重了公司负担,供给了日本很多贱价的生铁,自己毫无所得。

第五,未看明钢铁业在东亚之地位。上面已经说过钢铁为一切实业之根据,东亚煤铁事业全操之中国之手。日本所需煤铁专赖中国供给,若办理得善,中国即此可以左右日本国势。但中国之煤铁不与日本建筑一种交易的关系,而偏偏拱手奉送,如东三省、开滦、山东、河南等处之煤都是赠品。汉冶萍亦不是卖铁给日本,而以借债关系酿成一种供给的义务,反使自己折本,无时不仰人鼻息,受人把持,从此日本亦可以之左右中国国势了。

第六,各厂矿之工程负责人员,多非专门人才,无改良工程或整顿工程之本领和计划,致将工程弄出许多错误,妨害生产,糜费金钱。

第七,机械陈旧:汉冶萍各厂矿所用机器,多系十八世纪时代的。机器如此陈旧,"生产率"自然缩小,成本必然加大,更何能与别人竞争?

第八,办事人之内讧:汉冶萍各厂矿办事人分出派别甚多,彼此不能合作互助,更或互相掣肘,互争意气,互相抵毁,而不重公务。因此妨害进行和计划甚多。

第九,办事人之个人思想太甚,很多办事人来到汉冶萍办事,非为汉冶萍而来,乃为个人而来。为个人而来办汉冶萍的事,所做一切都是为个人着想,不为公司着想。对汉冶萍应尽的责任是什么?到现在恐还不知道。有了事,只顾目前带得过的就带过去,瞒得过的便瞒过去,至将来使公司如何发生不好的影响,绝不计及了。所以只图个人便利。对公务多不负责。这也是中国人缺少公德心之表现。

第十,组织制度不良,汉冶萍各厂矿之办事人及工人之各种组织统系不明,各处之工场及管理制度亦极疏略而不划一,所以常是你做你的,我做我的,你订你的制度,我订我的制度。发生的现象,有互相出入的,互相矛盾的,极不平等的;如是弊病丛生,黑幕层出。

第十一,工人无公德之涵养。"各人自扫门前雪,不管他人瓦上霜",中国人之公德心,由这句古谚可以反衬出来。大的产业之组织,工人上了几千,一切产生品皆由工人手中创造出来,一切机械器具皆操工人之手,工人为直接工作之生产者,若无一种拥护产业之公德心,则无形中之损失必属至巨。汉冶萍办事人素不注意涵养工人之公德,对于工人教育等事亦毫无设备,且与工人十分隔阂,互相仇视,因此以素无公德心之中国工人,又受了这些非公德的教训,而要工人节省公费,拥护产业,其可得乎?汉冶萍以前所属此中损失,实不堪言。

以上系列举汉冶萍"办理不善"之大端,此外还受中国政治阻挠上之影响不小,国内每次战争期间,总要使汉冶萍停工或阻隔其运输,此历年来之事实。

(五)

汉冶萍虽因市场恐慌而使营业衰落,若办理得善,必不至有今日之破产情形,尚可维持现状以待中日俄销售钢铁之良机,他将仍不失为发展东方物质文明之根据。今则以中国实业之基础事业,拱手奉诸外人,又加以种种之错误处理,致使不能维持现状,而发生破产的停工主张。唉!谁之罪欤?

(六)

汉冶萍因为"市场恐慌"与"办理不善"的两种原因,弄到现在只有"无办法"三个字可以形容了。但是,以关系国民生死国家兴亡之中国最大基础的实业汉冶萍,就让他这样破产!这样停工!这样断送给外人!我们国民一声也不响吗?如此,那便亡国奴的根性,未免表示得太利〔厉〕害了!我们国民此时大家应该起来救护汉冶萍,督促汉冶萍!使之不致于破产停工!这比抵制日货,收回旅大更还重要些。

要来救护"无办法"的汉冶萍,从那里下手呢?第一,不能使他停工!要汉冶萍宣布公司内情,让我们国民大家来设法救济。这次成功的借款,专用以整顿工程。第二,改良办法。将从前留下办理不善的地方,竭力去掉,同心协力,共救危亡。(因生产过剩之市场恐慌,乃现在社会制度使然,并非各个人之错误,在现在社会制度之下,无办法可以救济。办理不善乃系各个人之错误,有方法可以救济。)第三,利用日美之争:日美两国在欧战后更因种种利害冲突,已有不免于战争之势,在日美战争(世界第二次大战)时,汉冶萍的主权,若还属中国,是一个最好发展的机会。日美战争既然不能免去,所以此时日美两国在战略上皆欲吞并汉冶萍为将来战争时供给制造军需品的原料之根据,或把持汉冶萍以减灭敌势。日本在汉冶萍的关系已是根深蒂固的了,忽见新来的美国要到汉冶萍插脚,心里十分恐慌,于是千方百计在此时要把汉冶萍吞下去,免得招惹美国的是非。所以向他借款就不肯了,或提出吞并的条例,逼得你汉冶萍停工,他就来实行债主权下手吞并。美国恐怕日本吞并了汉冶萍,在战争时占了优势,也千方百计在那里使汉冶萍此时不停工,好象对汉冶萍说:"日本没有款借,我借给你吧!"他这样说.一方可使汉冶萍不停工,一方又可插脚进去,是一举两得了。美国此时本不要买钢铁,也偏到汉冶萍来买点铁,发生点交易关系。如此,吓得日本左右为难,借款也不好,不借款也不好。而且美国在汉冶萍有两种优势,一为现在汉冶萍办事人多亲美者;二为现在北京政府可以帮助美国,而不帮助日本,日本处在此种情形之下,对着汉冶萍笑也笑不得,气也发不得,真是为难极了!汉冶萍既已处在日美这种关系之下,应用极灵敏的外交手段,应付他俩的纷争,而使汉冶萍存在,并脱离日本之羁绊,而渐渐使汉冶萍独立。(此中手段,系属临机应变,不能具体举出来)不过一则不要任人争夺,自己处于鱼肉地位;二则不要脱离了日本之羁绊,而又入美国之羁绊。第四,扩充萍矿收入:萍矿煤质甚佳,市场情形极好;扩充萍矿出产,以一部分冶铁还债,以一部分向外销售。缩小铁厂工程以节用费,扩充煤矿收入以维持现状。

以上几个办法若还做不到,势必要出于破产停工,则其补救办法为使萍矿脱离三公司而独立。是则如何可能?因为:(1)以前是汉冶萍背时,并非萍矿背时。(2)汉冶萍受了条约的束缚,但萍矿受条约之束缚的地方甚少。(3)汉阳大冶厂矿(资本约三千余万元)被日本吞并,对四千万元的借债,可以还清,纵或保留一小部,萍矿亦可担负还清。(4)煤的市场情形甚好,世界正是缺煤时期,决无生产过剩的恐慌,销售极其容易,且在中国市场上一定可占优胜。长江流域现销日本煤甚多,但据日本东亚同文会调查说:"萍乡煤现在未多向外销售,但汉口行销之日本煤,已势难与之竞争。照此推想,如果照其预算每年出煤一百万吨,成本减轻。恐怕日本煤从长江上流以下,都要被他扫尽了。"如此可见萍煤并无不能畅销之理。(5)汉阳大冶厂矿如落日本之手,不必须萍矿之煤,因其奉天抚顺之煤,尽可供给。(6)现在销售长江流域之日本煤,即抚顺之煤,抚顺煤如供给冶铁之用,萍煤可取抚顺煤之销场代之。如此,当汉冶萍破产时萍矿离三公司而独立是绝对可能而必要的,且可大加发展,有把握可以赚钱。不过把汉阳大冶厂矿送给日本,实是我们所极不愿意而且痛心的。但当此"救了娘娘救不了太子"的时候,这亦还是一种悲惨的补救。

再者可由国民仿照"储金赎路"的办法,由国民集股还清日债,完全由国民主持监督办理。是则靠中国国民之热心爱国及各界宣传之努力而决定。

中国国民呵!关系国民生死国家兴亡之中国最大基础的实业汉冶萍,要停工破产了呵!其速起救护吧!

(原载《新建设》杂志第 2 卷第 2 期,1924 年 8 月 20 日)

整顿萍矿意见书

（1924年11月于安源）
刘少奇

煤铁事业，为一切事业之基础，国家之盛衰，国民之生死均系之。故欧美各国无不竭死力把持世界煤铁产业以称霸于天下。中国汉冶萍公司，即东方最大之煤铁产业，他的衰败兴隆比平常产业有更深几层的重要。他不独在国民经济上占有极重要的地位，且为发展东方"物质文明"之根据。现在该产业之下汉阳、大冶、萍乡各厂矿直接倚为生活的工人并工人之家属，不下十余万人，再依各厂矿及株萍、粤汉铁路与长江湘江一带之直接或间接生活之商民各业人等，亦不下百数十万人，故汉冶萍之存在与否，实为此百数万人民之生计所关。又发展中国实业，无处不需要用煤铁，故欲使列强不把持世界煤铁以限制中国实业之发展，及发展中国实业能得到充分之煤铁的供给，均非使汉冶萍永远存在不可。故汉冶萍在中国实业上之地位，实为担保现今倚为生活之百数万人民之生计不起恐慌与不流为游民土匪，及发展中国实业能得到煤铁之根据，而收容中国游民土匪为有职业之正当国民，均为汉冶萍前途之责任。汉冶萍之存在与否，既关系国民之生死与国家之兴亡，故凡中国国民皆应尽责拥护：第一，使该公司能够永久存在；第二，使该公司主权完全属于中国不致旁落外人，如此才不致辜负它前途的使命。

汉冶萍公司统属汉阳铁厂、大冶铁矿及萍乡煤矿各部，以大冶所产之矿石及萍乡所产之煤焦运至汉阳、大冶各厂炼铁，所炼之铁即由上海汉冶萍公司向外销售，各厂矿生产用费，由该公司供给，故该公司之生产为钢铁。在欧战期间钢铁缺乏，市场价格甚高，汉冶萍公司营业亦极为发达，得利甚多。但自欧战终局以后，世界钢铁销路停滞，钢铁生产已有过剩的恐慌，因之钢铁价格亦异常低落，汉冶萍公司在此情形之下，营业萧条，年年折本，至今已有不能维持之形势。且该公司主办人又以种种设施上之失策，大借日债，滥订合同，至今已负外债五千余万元，所有各厂矿及轮驳财产，均经抵押，又以生铁矿石等生产品付还外债本利，定价低廉。至今汉冶两厂所出之铁及大冶所产之矿石均只能以之付还外债，而萍矿所产之煤，复不能供给汉冶两厂之消耗，是举该公司生产全部，贱价供给外人，生铁矿石焦煤等之生产费，又须添借外债开支。似此情形，汉冶萍既因市场恐慌，前途无发展之希望，又因条约与借款限制，主权全落外人。至今"汉冶萍破产"之恶〔噩〕耗，业已响破全国国民耳鼓。呜呼！汉冶萍公司！

汉冶萍在中国实业上之地位既关系国民之生死，国家之兴亡，但其现状已入破产的情状之中。当此之时，中国国民应急起直追，设法挽救，否则，以中国一切实业之基础事业全部断送给日本，从此日本即能以此左右中国国势，制全国国民之使命也。

至其救护之法，可分下列数项：

1. 再不加借外债。汉冶萍失败之最大原因为滥借外债。观其过去之历史，无日不在借款中过活，即欧战期间营业发达之时，也借了大小九笔借款。该公司股款合农商部股本共仅二千二三百万元，至今借日债已累至五千余万元。条约一次苛酷一次，至最近商借之八百万元，日本已有委派该公司办事人之要求条件。似此办事人由日本派，借款必得要向日本借，生产出来的钢铁和矿石又必须送给日本还老账不能自由出卖，发展无希望，停办又不能，是该公司之主权已因借款关系全部落于日人之手，所剩者仅"中国汉冶萍公司"之"中国"两字而已。若再添借外债，日本所要求之条件已会要将中国汉冶萍公司之"中国"两字改成"日本"两字。是外借再不能添借，添借外债即亡汉冶萍。

2. 缩小汉阳大冶厂矿范围以节省开支。汉冶萍既不能添借外债，又因要生铁矿石还日本旧账不能停工，那现在各厂矿之生产费从何支出？因此汉阳大冶各厂矿范围不得不相当缩小以节经费。缩小至每年所产生铁矿石足够付还日本旧债本利之数为止。照现时汉阳有化铁炉一座，开工每日可出生铁二百余吨，大冶有化铁炉一座，开工每日可出生铁四百余吨，该两厂每年合计可出生铁四十余万吨，但照约从民国九年至二十二年间每年应交付日本之生铁额数仅二十六万吨，是两钢铁厂之范围可以缩小。因所多产之生铁，现在市价不好，不独无利可图，且须折本故也。又大冶铁矿每年所产之矿石约六十万吨，预算交付日本之数为百分之五十四，合三十二万余吨；但照约从民国十五年至三十七年之间，每年交付日本矿石数目为二十五万吨；民国十四年十三万吨，是大冶矿厂范围亦可相当缩小。该两处矿厂范围缩小，开支减少，负担自可减轻，勉强维持现状，至民国四十九年照约还清日债，汉冶萍公司仍不失为发展中国一切实业之根基。

3. 扩充萍煤出产以增加收入。汉阳大冶厂矿范围虽然缩小，每月仍需巨万之开支；若不添借外债，则此种开支仍无从取得。因此只有扩充萍矿工程增加萍煤出产，以一部焦煤为炼铁之用，以其余之一部向外销售，复以煤价收入来维持各生产机关之开支。似此公司现状才得维持，外债才能少借或不借。因为：一，以前是汉冶萍衰败，并非萍矿衰败；二，汉冶萍受了不少条约的束缚，但在萍矿方面受条约束缚之地甚少；三，萍矿产量极富，煤质甚佳；四，交通便利，在株萍粤汉铁路之萍煤运费较客煤运费轻过一倍有余，为世界最低之铁路运费，且该公司有自用之轮驳运输；五，煤的市场情形甚好，在中国在世界现今均是缺煤时期，决无生产过剩的恐慌，销售极为容易，且萍煤在中国市场上一定能占到优势。据日本东亚同文馆调查说："萍乡煤现在未多向外销售，但在汉口行销之日本煤已势难与之竞争，照此推想，如果萍矿每年能产煤一百万吨，成本减轻，恐怕日本煤从长江上游以下，都要被它扫尽了，"由此可见萍煤在中国市场之优势，并无不能畅销之理。

现在萍矿每年出炭约六十万吨，倘真能增加出产至每年一百万吨，则以六十万吨煤焦运至汉阳大冶炼铁，余四十万吨即向外销售，每吨折价八元，共计有三百二十万元之煤价收入。以此三百二十万元作各厂矿开支，勉强可以够足。如此即可不必续借日债，而各厂矿又有款项开支，不致倒闭。斯诚救护汉冶萍公司之唯一方法。

准上述情形实为救护汉冶萍之唯一方法，一面增加收入，一面减少开支，再不添借外债，维持中国汉冶萍公司之"中国"两字，以待钢铁市价高涨之良机，艰苦维持至民国四十九年还清日债，则汉冶萍乃可脱离日本一切欠款与条约之束缚而得自由。因此应扫除专赖借外债过活之根性，与竭力生产折本钢铁之错误，而有努力从各方面严加整顿之必要。

兹以扩充萍煤出产极重要之一部，敢就萍矿急待整顿之各种意见，略述如左：（至于根本救济公司办法，尚待大事扩张工程，一时殊难计及，仅就目前可能之处论之）

一、经费方面

萍矿开支全部照期预算，每年须二百六十七万元。开支既如此之巨，而公司方面以营业萧条，借款无着，不能按月照数汇来，致萍矿常累欠数十万元。因而开支愈大，各项欠款须付重息，往来筹款，事务费又复增加，而负责人员，因要筹款，整日东奔西走，精力全用于此种于工程实业毫无裨益之琐事。而工人方面，则因工食久欠，冻馁交加，对于工作无形中自要疏忽许多。种种方面，均于公司及萍矿有极大之损失,故要整顿萍矿,必先将经费问题解决,方可说到其余。但萍矿系属汉冶萍公司之一部,经费素无独立之可能,今欲解决萍矿经费问题,自不能仰赖公司之供给。换言之,即公司经费问题能可解决,所给萍矿之数能按月付来,萍矿经费方面,自不成为问题了;但公司此时已因营业萧条,专赖借款过活,经费问题终无根本解决之可能,纵借款成功,亦不过解决目前之一时的困难。故值此情形之下,公司对于萍矿经费之源源的供给已不可能,萍矿此时不得不谋经费的"自救政策";公司亦不得不使萍矿在经费方面力谋自救,以减轻负担。此萍矿经费问题,不得不由萍矿本身设法解救之情形也。

解决萍矿经费问题,不外"节省浮费"、"增加收入"之两法,但萍矿开支工食与材料两项每年占二百三十余万元,此两项开支均难减少。其余事务等费每年不过三四十万元,纵或减少一少部的浮费,而所得此例对二百七十万元之预算有何补益?节省浮费一法实不能解决萍矿经费问题也。

节省浮费既不能解决萍矿经费问题,此外就只有增加收入之一法。但萍矿所出焦煤,专以供给汉冶铁厂,向外销售仅粤汉株萍两铁路每年生煤五六万吨;外销造币厂及各处焦块,每年亦不过一二万吨,得价洋五六十万元,但销粤汉株萍两路之煤,其价均以运费作抵,萍矿实无一钱之收入。由此言之,故欲增加萍矿收入必须"另辟生路",方有解决经费问题之可能。若就现有收入方面设法,皆属无从奏效也。

上面已经说过,现在煤的市价甚好,销路亦旺,萍矿煤质之良又为中国之冠。故萍矿欲增加收入以谋经费之自救,惟有扩充工程增加出产,以多产之煤向外销售,以煤价收入来作开支,经费方面不专赖公司之供给,如是方为解决萍矿经费问题之根本方法。

萍矿每日能加出产五百吨,每吨折洋八元,每日共计洋四千元,每月可得煤价一十二万元。以每月二万元作增加出产五百吨之用费,每月尚可增加十万元之收入,以此发给萍矿工食即已足够。此外萍矿每月所出池焦油煤等价值万余元,造币厂所销焦煤约值二三万元,余如屋租、地租、山林、电灯、肥料、烂材等收入,每月亦可千元。每月以此种收入发给员司薪水奖金亦已足够。余如材料税捐等费,每月只数万元,萍矿每月输焦六百吨于公司,公司每月供给萍矿数万元之材料等费,在公司力量当可做到,在萍矿亦不发生问题,如此,萍矿经费问题方可永久根本解决也。就萍矿一面而言,固应如是;即就救护公司大局而言(缩小汉阳大冶范围,以节省经费,扩充萍矿出产,以增加收入),亦应如是。云〔至〕多出之煤,究由萍矿向外销售,或由公司向外销售,皆不成问题。即公司方面如毫不向外销售而能按月汇款接济萍矿,亦不成问题。

2. 工程方面

经费困难,固为萍矿根本问题,就上述言之,每日加出煤炭五百吨可以解决。但萍矿出产不旺亦为最大问题,现在每日增加产额五百吨,又要怎样方可做到? 现在的问题,就是怎样增加萍矿产额?

增加出产办法:1. 扩充工程;2. 增加工人;3. 就旧有工程员司工人各方面力加整顿。欲增加产额五百吨,固须扩充工程,增加工人,但萍矿原以经费困难,欲增加出产以图解决,若工程大事扩充,工人亦多增加,则萍矿开支自要更加巨大,换言之,在萍矿的力量上有所做不到,故现在所能做到而又有裨益于出产之增加者,除必要的扩充工程增加工人外,惟有竭力从工程及员司工人方面力求整顿。今敢先就工程方面言之。

1. 总平九段十段之嘈口极不好,现在所掘取者为以前掘过数次之浮炭,化灰至四五十分重,煤质尚不如洗煤台弃掉之壁末。似此该两段并无煤可取,工程亦无希望。现在两段每日出炭三百三十吨,内中不独无煤,且须很多经费运出冲洗,并送上土窑。故此两段应即停止掘取。但直井现停工之一二段及七段尚可加做,嘈口亦甚好,应以总平九十两段之工人大部拨至直井一二段来做,经费不至〔致〕加重,每日可多出炭三百三十吨。又总平一段,亦以嘈口不好,可以减做,将工人调至直井。

2. 窿工处"工程窿"久停未做,实为萍矿前途之危险,出产将日就减少而至无炭可挖。现在铜冒引线均已采到,炸药尚有,各处工程窿应即照旧推广。

3. 萍矿现在每日出炭二千吨,煤桶尚不够用。将来若增加产额五百吨,缺乏煤桶,极须设法补救。不然工人掘炭虽多,而无煤桶运出,终究使出产减少。若再加出炭五百吨(一千桶),又必加土数百桶,故以现有炭桶输送,当不能灵通,因此应即增加煤桶。增加煤桶之办法;1. 加制新桶;2. 赶修烂桶。但加制新桶,复因材料缺乏,有所不能。为补救此种缺点计,可加制"木桶"数百个。所需材料,萍矿自身均能设法办出,经费亦不至超过新制铁桶之数,而木桶在八方井及洗煤台电机处直井锅炉等处均可使用。至赶修烂桶,则须矿局将修桶材料办足。现在修桶厂所存烂桶有五百四十余个,修理完好,而因缺少弹簧心子不能提出作用者有四百二十余个,似此修桶厂应将车床开晚工赶做弹簧心子,并须多做存备留用,务使修桶厂少存烂桶,如能将所存烂桶修好,则可增加用桶四五百个,每桶每日运煤数转,即可增加出产数百乃至千余吨。

4. 洗煤台为全矿出产咽喉,必须力求灵转,不使停滞妨碍出产。现在洗煤台每小时能洗煤口十吨,每日洗煤一千八九百吨。若每日增加出产五百吨,如不洗过,小洗煤台自要开工,但若以生煤向外销售,则可竟由大洗煤台倒入车箱。大洗煤台之倒炭架须添用一个,又洗煤台之小块仓常满停车,妨碍出产甚巨,应设法补救;其法即须磅秤房每日确切派定大火车箱九个预备装运小块,无论如何不得提作别用,以免仓满缺车箱之虞。又小块仓复有水筒二道入净煤仓,现停未用,将来出产能够增多,小块仓若满,应即将小块由水筒导入净煤仓,以免停车。又洗煤台机械应注意修理,皮带应用质品良好者,以免坏事。洗煤台如若坏事,一时停碍出产,窿内所出之煤应即时倒入瓦厂,以免阻滞窿内工作。洗煤台洗过之壁末每日有六七百桶,内中杂炭四五成,即以弃掉,殊为可惜,现有洗壁机一架,每日洗壁末六七十桶能得净煤二十四五桶。若将所有壁末通同加洗一次,则每日可得净煤百余吨,所加经费甚少,而能每月增加出产数千吨。现在矿局有旧洗壁机一架修理已竣,新做之洗壁机二架,复快成功,而均停放未用,应将此项洗壁机安好洗壁,以增产额,而免暴殄天物。

5. 总平四五段之冷气窖,常因冷气不足,不能开车,致四五段之炭,均阻不能出。四五段为平巷出炭最旺之段,如此时常阻滞,应即设法补救,使冷气不致缺乏,或改安电车。

3. 员司方面

整理萍矿,员司所负责任甚大,故须摒除一切意气,协力从公,方于事实有济。以前员司有不进班者,或进班亦不十分负责者,如此一来,于萍矿前途发展上不无影响,同时给工人以不好印象。故员司须切实负责,秉公正之旨处理一切,裨益萍矿出产当不在小也。但早班同事早六时进班至十二时出班,中班同事须下午三四时方能进班。是则上午十二时至下午四时,窿内并无员司管理工人出早班乃正在十二时至四时之间,故在出产及管理工人方面,以斯时为最重要,但斯时独无员司管理。故为救济上列毛病计,员司出班进班时间,必须改变,即改至上午十二时至下午四时之间,必得有员司在窿内指挥也。

员司处罚或开除工人,自应公直。但以前每当处罚或开除工人时,并未将两造情由问清,如此即不免发生一些错误,因两造争执,各有理由,亦各有苦衷,甚或因宿怨借图报复;若听一面之词遽行处罚或开除,其中不无冤屈欺隐之处,因此,将更至闹大不能收束。故当处罚或开除工人时,应当面问清两面情由,方于决定。

4. 工人方面

萍矿工程组织,各部均有密切关系,如有一部分工人,出班太早,则影响出产甚大,故须严加整顿,限制工人出班时间。在消极方面严加整顿,限制出早班,固可收一部分效果,但在积极方面,设法补救,效果当必更大。至积极的整顿方法,1、为教育工人,去其不良之习惯。但于目前救济,收效稍缓。2、为采用花红办法以促进工人工作之热心,即工人如能多出煤炭,矿局除工资之外,另加花红是也。以前萍矿花红仅及一部分员司,实为失策。因工人无花红,自不热心工作,而员司因急于求得花红,所以肆意强迫工人工作,致构成前日种种不良的局面。如能另加工人花红,则工人自能多事工作,出产必因而增加,此萍矿应实行另加工人花红办法也。另加工人花红办法,略拟如左:

1. 给赏花红在矿局方面以一工头为单位。

2. 凡每工头出炭能超过额数百分之五以外,则按其所超过之数,全部赏给花红。

3. 凡每工头出炭如不足额数百分之五以外,则按其所少之数,全部处罚工资。

4. 化灰如能在一月内平均之数不超过额数或轻过额数时则赏花红。

5. 化灰如在一月内平均之数重过额数若干分以外,则罚工资。

6. 如因工程坏事(塌窿,坏运道,或洗煤台停车等)致出炭不足额数时,则照给工资,但超过额数者照赏。

7. 凡与窿工出产有关系之杂工,及外段工人(如洗煤台、运道、土窑等处工人)均应赏给花红,但较窿工须少。此外尚须限制工人出班时刻,又近来工头全不负责,应特别严厉工头,对出产负责。

照以上办法在工程工人员司各方面力加整顿,互相辅助,群策群力,自能使出产有加无已,每日超过额数五百吨,事实上亦不难作到。救萍矿于危亡,救公司于危亡,除此实无二法也。关系国民生死、国家兴亡之中国最大基础实业汉冶萍既处此危亡破产的情状之中,任何中国国民皆应尽责救护。谨就所见略书如此,时机紧迫,惟公司当道,萍矿当道,加意采夺,努力进行,国家幸甚!国民幸甚!

一九二四,十一。于安源

(原载长沙《大公报》1924 年 12 月 19—26 日)

"二七"失败后的安源工会

(1925年4月)①

刘少奇

中国的工人运动,自民国十二年二月七日京汉罢工失败后,所有各处的工会,除广东以外,差不多都被封闭,或无形消灭了。一直到今年二月七日,仍是继续这种情形。但是在这种全国工人运动极沉寂的时期里面,独有一个安源路矿工会,偏偏不是这样,偏偏还能打破一切障碍发展自如。

"二七"失败以后,全国空气,十分恶劣,安源工会也经过很多的危险:资本家时时想法来破坏,甚至勾结军阀,贿买官厅,豢养工贼……,种种方面设法来破坏工人的组织。安源工会眼见全国工会的失败,立取守势,并劝戒工人不要骄傲,不要乱动,竭力团结内部,以防资本家之进攻。一方对资本家的破坏,奋斗到底,毫不退缩。结果,因为工人能够服从指挥,一致奋斗,资本家的破坏手段着着失败;工人反能更加团结坚固,声势日大。

安源工人在"二七"失败后,不独没有被资本家取消已得的利益,并还争得不少的胜利条件:如矿局每月津贴工会教育经费一千元,每日工资在一元以上之工人增加工资百分之五,学徒每年考查成绩一次,以后矿局增加工人工资须通知工会同意,路局按月送给工会长期免票三张,年节、中秋、端阳工人回家者咸用半票,矿局增加工人或添补工人尽先由工会劳动介绍所介绍等……,都是"二七"后所争得的利益。此外还争得各种小的部分的利益,不计其数。

安源工人在"二七"失败后,创办了不少的事业。如设立工人学校七所,工人读书处五处,工人图书馆一所,有工人子弟学生七百余人,工人补习学生六百余人。又办有消费合作社二所,资本二万元。建筑大讲演厅一所,能坐听众二千人,购买房产三栋,并有化装讲演,各种游艺。又组织有青年部,经常纠察团,裁判委员会等。现在安源的工人,作完了工可以读书,可以看戏,可以听讲;又可以做各种游艺。子弟读

---

① 此系本文发表的时间。

书不要钱,秩序有自己的纠察团维持,不受兵警的蹂躏;犯事有自己的裁判委员会裁判,不致受腐败法庭的虐待;青年工人有工会的青年部游戏教育,不致年长失学;买东西有自己工会的合作社,不致受商家的剥削。此外工会订购有各种报纸,印刷各种传单小报,及工会纪念册等,工人处处都可看到的。

安源工人在"二七"失败后,各种大的会议及示威运动,仍是继续公开的举行,并无一时停顿。如两次"五一"纪念,均举行大游街,一万三千会员,个个加入。罢工胜利纪念、"二七"纪念、列宁、李小〔卜〕克内西纪念、黄庞纪念、十月革命纪念等均有数千人之公开集会,游行讲演,及扮演新戏等。此外如学校之游艺会,成绩展览会,及各例定代表大会等时常举行。每次游行及集会,群众精神异常振作,秩序异常严肃,旗帜、口号、呼声等,莫不惊振一时。

安源工人在"二七"失败后,不独强固自己的工会,竭力向前发展;并于援助同阶级的伙伴,和谋全国工人的团结上,尽了很多的力。如以经济援助唐山、京汉、水口山、汉阳铁厂等处失业工人者近二千元;援助株洲、长沙被水灾的难民千余元;又尽力联络各处工友组织汉冶萍总工会、湖南工团联合会、粤汉铁路总工会,又加入全国铁路总工会,并每月缴纳各总工会联合会之月费百五十元。

"二七"失败以后,全国各处的工会都被军阀解散,反动势力,弥漫全国。安源工会处在这洋黑暗的环境里面,为什么做出那样光明的事业呢?军阀、资本家为什么不用军队去压迫他解散他呢?资本家的破坏手段,为什么次次失败呢?这是我要替安源工友告诉全国各处工友的。安源工友其所以在"二七"失败后能做到这样好的原因,就是工友能够齐心,能够奋斗,又能夠(够)看清环境。"二七"失败后,军阀资本家向工人进攻,安源工会在那时候,能够立取守势,叫工人团结内部不要乱动,不要骄傲,莫假敌人以破坏之机;又能乘着资本家与军阀勾结未深,资本家内部党派纷歧之际,拿拢地方绅商,制止资本家之破坏手段。资本家之诡计从〔纵〕施,工人反能藉资本家破坏工会之口实,提出种种要求,资本家内部党派纷歧,彼此都想凭口工人势力,推倒异己,巩固自己地位,结果,工人得利用其党派取得种种实际的利益,不为任何派别利用。此为阶级斗争的手段,巧妙复杂,除"二七"以前所用之硬的方法外,还有软的方法,也可以对付资本家致胜。

安源,市镇甚小,工人集中,每当工会危急之际,个个工人无不拼命保护工会,常自动的做侦探,把口子,四处逡巡,日夜不息,满市只见工人密布,如何尽力维护工会,如何向资本家示威恐吓,如有工贼,工人即群起提至工会,加以惩戒,或在工人寄宿舍禁止口自由行动。所有各军警及重要机关,与邮政、电报、电话等交通机关均有工人暗中把守。如此在一小市镇之中,万余工人全体动员出发,资本家稍有动作,工人即刻知道,如是资本家的秘密不能保守,行动不能自由,工贼的破坏无从下手;在工会方面的一切秘密反能保守,行动反能自由。工会能够知己知彼,所以百战百胜;资本家彼此消息不能互通,更不知道工会的消息,所以百战百败;如果资本家以军队包围工人,工人即包围工厂,包围资本家、职员等,要死即行大家死在一块,资本家终有投鼠忌器之忧,不敢与工人流血。又工人每当工会危急时,内部意见及扯皮打架等事即刻完全消灭,一心对外。资本家当这种时候,意见更加纷歧,相互倾轧。故安源工人能够齐心、奋斗,所以能打破一切障碍,拥护自己的工会日见坚固发展。

安源工友办得这样好,我们无不羡慕,但原因,不过就是工友能够齐心、奋斗,与看清环境取决阶级争斗的手段而已。我相信无论那处的工友只要能够齐心、奋斗,并能服从指挥,看清环境,也一定能够致胜,能够办得安源工会那样好或还要更好。工友们!注意!注意学安源工友的战术——齐心、奋斗、看清环境取决自己战斗的方式!

(原载《中国工人》第 4 期,1925 年 4 月)

后　记

"追寻刘少奇足迹"丛书《刘少奇与安源》是为纪念刘少奇诞辰120周年,由中国中共文献研究会刘少奇思想生平研究分会和湖南宁乡刘少奇同志纪念馆统一组织、安源路矿工人运动纪念馆编著的一部著作。

安源路矿工人运动纪念馆副馆长、副研究馆员黄洋任主编,该馆业务人员参加撰写。其中,前言和第四、五、六章为黄洋撰写,第一、二、三章为张丹撰写,第七、八章和"刘少奇与安源大事记"由黄领撰写。特邀中共萍乡市委党校教授黄爱国负责全书统稿。

本书的撰写参考和吸收了中共十一届三中全会以来出版的有关刘少奇在安源革命活动的研究成果。在此特作说明,并向相关专家、学者致谢。

由于作者水平有限,本书瑕疵在所难免,不妥之处,敬请读者批评指正。

编　者
2017年12月18日

图书在版编目（CIP）数据

刘少奇与安源 / 中国中共文献研究会刘少奇思想生平研究分会，安源路矿工人运动纪念馆编；黄洋主编 .--北京：中共党史出版社，2021.7（2021.11 重印）
（追寻刘少奇足迹丛书）
ISBN 978-7-5098-5923-0

Ⅰ.①刘… Ⅱ.①中… ②安… ③黄… Ⅲ.①刘少奇（1898-1969）—生平事迹 Ⅳ.① K827=7

中国版本图书馆 CIP 数据核字 (2021) 第 123420 号

出版发行：中共党史出版社
责任编辑：潘　鹏　金松林（特约）
社　　址：北京市海淀区芙蓉里南街 6 号院 1 号楼
邮　　编：100080
网　　址：www.dscbs.com
经　　销：新华书店
印　　刷：北京中科印刷有限公司
开　　本：170mm×240mm　1/16
字　　数：230 千字
印　　张：14.75
印　　数：3001—5000 册
版　　次：2021 年 7 月第 1 版
印　　次：2021 年 11 月第 2 次印刷
ISBN 978-7-5098-5923-0
定　　价：36.00 元

此书如有印制质量问题，请与中共党史出版社出版部联系
电话：010—82517197